中国社会科学院创新工程学术出版资助项目

王船山《尚书引义》之德性论与治道思想

以尚书引义为中心

陈 明 著

中国社会科学出版社

图书在版编目(CIP)数据

王船山《尚书引义》之德性论与治道思想：以尚书引义为中心/陈明著. —北京：中国社会科学出版社，2016.4
ISBN 978-7-5161-7867-6

Ⅰ.①王… Ⅱ.①陈… Ⅲ.①王夫之（1619—1692）—哲学思想—研究 Ⅳ.①B249.25

中国版本图书馆CIP数据核字（2016）第063141号

出 版 人	赵剑英
责任编辑	冯春凤
责任校对	张爱华
责任印制	张雪娇

出　　版	中国社会科学出版社
社　　址	北京鼓楼西大街甲158号
邮　　编	100720
网　　址	http://www.csspw.cn
发 行 部	010-84083685
门 市 部	010-84029450
经　　销	新华书店及其他书店
印　　刷	北京君升印刷有限公司
装　　订	廊坊市广阳区广增装订厂
版　　次	2016年4月第1版
印　　次	2016年4月第1次印刷
开　　本	710×1000 1/16
印　　张	17.25
插　　页	2
字　　数	281千字
定　　价	65.00元

凡购买中国社会科学出版社图书，如有质量问题请与本社营销中心联系调换
电话：010-84083683
版权所有　侵权必究

目　录

第一章　导论 ……………………………………………………（ 1 ）
　　第一节　王船山与其所面对之时代课题 ………………………（ 1 ）
　　第二节　《尚书引义》之著述特色与其在船山学术中
　　　　　　所处之地位 ………………………………………（ 5 ）
　　第三节　选题设想与研究现状综述 ……………………………（ 9 ）

第二章　王船山《尚书引义》中义理学之认识论 …………………（ 14 ）
　　第一节　"己"、"物"关系视野中的儒家认识论立场 ………（ 14 ）
　　第二节　"知、行"与朱陆异同 ………………………………（ 27 ）

第三章　王船山气论视野中的人性论 ……………………………（ 36 ）
　　第一节　"形、气"与"衷" ……………………………………（ 36 ）
　　第二节　"形色"与"天性" ……………………………………（ 44 ）
　　第三节　"成性"与"成德" ……………………………………（ 51 ）

第四章　王船山之心性论与治心工夫 ……………………………（ 61 ）
　　第一节　"人心"与"道心" ……………………………………（ 61 ）
　　第二节　"性、情、才"与"诚、神、几" ……………………（ 78 ）
　　第三节　"敬"与"无逸" ………………………………………（ 89 ）
　　第四节　"止"与"几" …………………………………………（102）
　　第五节　"克念"与"成德" ……………………………………（115）

第五章　王船山之身心关系论与其复礼之学 ……………………（131）
　　第一节　"身心"、"物情"与"礼" ……………………………（131）
　　第二节　"礼内"与"成德" ……………………………………（143）

第六章　王船山天人视野中的政治秩序与治道原则 ……………（154）
　　第一节　"理一分殊"与天人秩序 ………………………………（154）

第二节　《洪范》与治道 …………………………………（169）
　　第三节　五行与王政 ……………………………………（182）
　　第四节　"皇极"与"好恶" ……………………………（188）
第七章　王船山天人视野中的民本思想与政治正当性问题 ………（197）
　　第一节　"人之天"、"贤智之天"与"民之天" ………（197）
　　第二节　"天显"与"民祇" ……………………………（205）
　　第三节　"天听自民"与"听民自天" …………………（210）
　　第四节　"五行、三正"与帝王赏罚 ……………………（219）
第八章　王船山的制度论与其政治思想 ……………………………（229）
　　第一节　禅让与传子 ……………………………………（230）
　　第二节　立相与分权 ……………………………………（236）
　　第三节　刑法与教化 ……………………………………（247）
结语 …………………………………………………………………（256）
参考文献 ……………………………………………………………（261）
后记 …………………………………………………………………（269）

第一章 导论

第一节 王船山与其所面对之时代课题

王夫之,字而农,别号姜斋,湖南衡阳人,晚年隐居于湘西蒸左之石船山,时人称船山先生。万历四十七年(1619)生,卒于康熙三十一年(1692),得年七十三岁。

船山见证了明清鼎革的历史巨变,其个体人生也经历了由反清复明义士到遗民学者身份的转变。年轻时,船山以直接参与政治行动与军事斗争的方式,反抗满清入主,希望能挽回明朝败亡的命运。但当他感到复明无望时,则将其身为士人的忧国济世之心,付诸学术研究与著述,立志以创造性的学术思想工作,总结与保存他所珍视的文化传统,并掘发其价值内蕴与思想精神,以回应其所面对的时代课题,并为未来中国文化的发展贞定方向。船山住观生居时曾自题堂联"六经责我开生面,七尺从天乞活埋",七十一岁时自题墓石云"抱刘越石之孤愤而命无从致,希张横渠之正学而力不能企",由此亦可见其怀抱与志向。

船山基于对明亡教训之检讨,对于明代在政治制度、社会治理、思想文化、民情风俗等方面所出现之问题,皆有深刻的反省。更为可贵的是,船山能够以历史的纵深视野,将明代所遭遇之问题,放在整个中国史的宏观脉络中加以审视,既能看到历史问题之延续性,又能注意到在新的历史条件下所出现之新境况与新课题。这些思考集中体现在《尚书引义》、《黄书》、《噩梦》及其晚年所著述之史论当中,并散见于其他著作中的片段论述。笔者认为船山对明亡之反省,更为深刻的地方在于,他除了对于制度与举措等具体层面的问题加以关注外,更为注重反省与考察士大夫群体在人格精神状态与学术知识品质等方面所出现之问题。船山注意到,在晚明的政局中，很多君子都身居显位与要职，他们既有很高的道德节操与精神品质，亦勇于同朝堂上的小人展开激烈的斗争，直至身陷牢狱、进而付出生命的代价也在所不惜，但他们终不能挽救明代败亡的结局。一方面船山为这些忠臣与君子的道德精神所感动；但另一方面，船山基于其对政治的深刻洞识，也痛切地感到，这些忠臣与君子其实缺乏思考与解决政治问题的能力，他们往往基于道德的信念而行动，或期待依据儒家经典与史书所载，直接找到解决当代问题的措施与方法，结果都无法真实有效地解决现实问题，甚而加剧了现实问题的恶化。基于此反省，船山开始深切思考士大夫应当具备何种德性能力与精神品质，才能在现实中承担起治理与教化的政治责任，以及一种什么样的儒学才能不断培养出此种人才，这也成为伴随船山学术工作始终的核心追问。

基于人才培养之现实关切，船山进而对于他所面对的思想状况与学术传统展开深入检讨，并针对理学程朱、陆王两派于后学传习中所见之弊病，从而对儒学的思想宗旨、整体架构与理论基础等方面提出新的主张与观点。晚明以来，随着阳明学影响的扩张，在其后学中出现专求心悟、空疏不学，以及冒认良知、猖狂放肆等流弊，而以东林为代表的学者，开始针对阳明学的主张与观点展开批评。明亡之后，一些学者在检讨明亡教训时，更将亡国原因直接归诸王门之讲学，并出现由阳明学复返朱子学的学术倾向[①]。船山对于理学问题之反省与探究，亦是由朱、王异同的问题所导引。

船山对于朱、王异同的关注，主要着眼于二家有关认识论问题之分歧及其教法之流弊。程朱以"格物"之说为核心的认识论主张，建立于其理气、心性二分的理论基础之上，主张性即理也，心非即理，仅为气之虚灵而有知觉之能，可经由格物之功，致知以穷理。依据其"理一分殊"

[①] 明清之际学者在检讨晚明学术，以及探索新的学术方向等方面，呈现出较为多元的形态。如所谓"晚明三大家"中船山以外的两位学者，其中黄宗羲立基于阳明学之立场，通过强调江右王门之传承以矫挽浙中王门以及泰州学派之流弊，并撰作《明儒学案》以学术史的方式整理与评断明代学术，同时亦有其他经史学之撰述，如《易学象数论》、《明夷待访录》等。而顾炎武则将阳明良知之说拟之于"王夷甫之清谈，王介甫之新说"，持完全否定之立场，虽推尊朱子但反对空言心性，强调儒学当以经学为核心。此外尚有其他或调和朱陆，或接轨经史等不同的学术形态。

的本体论观点，物理与性理本相互一贯，故由格物穷理之功可以知性明善，并经由逐事逐物的格物工夫，积累渐久将会有豁然贯通之一旦，以达"众物之表里精粗无不到，吾心之全体大用无不明"的最高成德境界。此外，基于程朱气质之性的观点，认为人性皆本完具善理，但因气质清浊昏明之分别，导致人有智愚、贤不肖等先天差别，后天为善亦有难易之不同。圣人由于气质至清，故其心不受障蔽，可生而知之，自然而明理。但众人则由于气质之障蔽，不免因感物情动而陷于私欲，故当以主敬之功，于思虑欲情未发之际，存养虚明以立其本，于感物之际，又当随时省察以克其私。由此又将持敬之功与格物之说相互挽合，以成"敬义夹持、明诚两进"之完整的为学工夫体系。根据朱子的理气论，事物之理乃永恒不易，在认知过程中，人心当运用知觉之能，即物穷理，再以此所得之理，作为行动之依据与准则，从而将知行工夫，分成先后之两段。此外，程朱持敬之功，无论于未发之时存养虚明，或于已发之际省察克欲，皆专主于内心之道德警觉。朱子将其与格物之功，分作两路，不免有两歧支离之弊。以致朱门后学将"格物"局限于经书考订的范围之内，陷溺于见闻之学，反而轻忽了道德修身与现实关切，终将知行打作两截。在朝廷崇奖朱子学，并将朱子之经悬注为朝廷功令后，这一问题便更趋严重。

阳明正有鉴于朱门后学痼弊于见闻之知，不能切于己心用功，并忽略道德践履之流弊，从而提出其个人之主张与教法。阳明认为自己与朱子之分歧主要在为学用功下手处之不同。在阳明看来，朱子格物之法不免流于"义外"之说，且以"尽心知性为物格知至"，实令初学人去做"生知安行事"，终不能有成。阳明认为"心即理也"，心外无事、心外无理，至善即是心之本体，但由于本心良知受到私欲障蔽，故不能见于大用，但仍能随处发见而有分辨是非善恶之能。因此，阳明以发明良知为宗旨，强调在日用常行的伦理生活中随时随地施以心地工夫，通过切实的道德实践以提升个体的精神境界。依据阳明的教法，为学的终极目的是恢复至善无恶的良知本体，而为学之要则在诚意，便是于应接事物时落实致良知的工夫。阳明针对朱子之说，对《大学》"格物"提出新解，认为格物对象便是意念所在之物，人心与事物相接引动意念而有善恶之别。由于人人本有分别是非善恶的道德良知，在意念发动甚微之处自可因循所萌现之良知，格其不正以复其正，切实于念虑几微处为善以去恶，不自欺其良知而意诚。工夫用久，待到人欲克尽，良知不受障碍得以充塞流行之时，"自然感而遂通，自然发而中节，自然物来顺应"。阳明认为社会共同体可以通过社会成员道德伦理的改善加以维系，经由人人修身成德的实践，可以最终达致理想社会的实现。但由于阳明学之修习更多倚赖个人证悟之经验，在心之障蔽未除的状况下极易错认良知而流于放荡，加之偏主心上用功，其末流又有废书不学之蔽。

在朱、王之辨的问题上，船山虽然对阳明及其后学严加指斥，但却并未完全转向朱子学立场，而是基于其经世取向的儒学关切，以其个人眼光，在检讨与别择程朱、陆王主张的基础上，对理学之核心议题提出其个人见解，并最终完成其哲学思想体系之建构。

晚明三教合一的思想潮流与氛围，也迫使船山深入思考，如何在新的思想状况中，通过哲学建构的方式，为儒家之价值立场与生活方式重建形上基础，并彻底厘清儒家与二氏之学的关系①。在船山看来，在程朱与陆王的思想体系中，仍存在二氏之学的思想因素。船山认为朱子理气论中，强调理气二分、理先气后，将虚静无造作之理作为世界之本源，近于老子之说，与儒家的伦理、价值观及积极有为的人生态度实有内在之冲突，不仅不能为儒家的伦理、价值主张奠立基础，反而会对其产生威胁与破坏。此外，船山认为无论程朱与陆王皆主张人有至善圆满的本性，但因气质或私欲的障蔽，不能显发其用。由此，其心性工夫论，往往偏主于对内在私欲的检省与克除。无论朱子未发存养虚明的主敬之法，或是阳明慎独克己的致良知之功，在船山看来，都将心性工夫的操持自限于主体内部，从而隔绝于日常的政治伦理生活，实近于禅宗治心之法。而船山的人性学说与心性工夫论，正是针对这些问题而展开。

此外，如何因应新的历史状况，以创法立制的方式，解决现实中的政治问题。以及如何有效回应明代中晚期伴随工商业及早期市民社会发展，社会中出现的以"尚情"之说批判礼教的思想潮流，重建一种将生养需求之满足内在于道德伦理生活的礼俗教化体系，亦是船山学术探究所特别

---

① 台湾学者戴景贤先生曾将"如何自儒家之性理思想中，有效厘清道、释二氏之影响成分，并自一种'结构性'之思惟逻辑中，将之排除"作为船山义理学所关注焦点之一，参见《论王船山哲学之系统性及其基本预设》，收入戴景贤撰《王船山学术思想总纲与其道器论之发展》，香港中文大学出版社2013年版。

关注之议题。

第二节 《尚书引义》之著述特色与其在船山学术中所处之地位

　　船山著述众多，内容兼涉经、史、子、集四部，而其大部分著作皆以诠释阐发经史典籍与注释评论前人思想著述之形式加以呈现。若从著作形式看，可将船山阐发儒家经典的著作，略分为三个阶段：

　　第一阶段，为船山早年所作之诸经稗疏与考异（包括《周易》、《尚书》、《诗经》、《春秋》、《四书》之稗疏与《四书》、《诗经》之考异）。稗疏类著作的内容主要为训释经书文句，并对经书所涉及的典制、名物、人物、地理等问题加以考订。考异类著作，主要根据《说文解字》及其他典籍中所引用的经书文句，对于经典本文个别字句的异文进行举列，间或加以注音与简单训释。这些著作主要着眼于对经书本文字句的解释，及相关经学史问题。

　　第二阶段，主要包括船山三十七岁始著之《周易外传》、四十五岁完成初稿之《尚书引义》、四十七岁修订完成之《读四书大全说》、约五十三岁完成之《诗广传》①。从这些著作的命名看，虽似承继经书传记之学的著述传统，但所谓"外传"、"引义"、"广传"皆暗示此类著作并不局限于解释经书文句与本义，而更着重在对经书义理的引申与阐发。从这些著作的形制来看，皆依照经书篇目次序，以文章或札记的形式附于经书篇题之下。或针对经典的个别文句而就相关思想议题展开论述，或对全篇主旨加以阐发，或征引前人有关经典文句的诠释与论说，以为立论之对象，在对前人论说之得失展开批判性分析的同时，提出其个人的诠释观点与思想主张。

　　从内容看，这一时期的著作由于撰述形式的自由，船山随其所感而引申经义加以发挥，涉及的问题极其丰富。但整体阅读这些著作，仍能从中发现船山所关注的议题，主要集中在宋明学术中的义理问题，与治

---

① 据袁愈宗：《船山〈诗广传〉成书年代考》，载《衡阳师范学院学报》第28卷第4期，2007年8月，第6—8页。此外，船山这一时期诠释经典的著作还有，船山五十岁完成之《春秋家说》、《春秋世论》，五十一岁完成之《续春秋左氏传博议》，但这三部著作形式近于史论，与同期其他诠释经典的著作有所不同。

理、教化相关的治道问题两个部分。虽然船山在著作中也会处理一些同经学史脉络相关的问题，但大体而言，船山主要以其个人所关注的思想议题结合经典展开其论说，并未以解说经书本文原意，或处理经学史问题作为重点。

在《尚书引义》之外的几部著作中，由于船山必须迁就经典自身的篇章结构与文本脉络，只能随机性地依托相关的经典文句阐发其思想，往往造成针对同一议题之讨论，却被分散于各处，彼此又多有重复或抵牾的情况。《尚书引义》虽然仍依循《尚书》的篇目次序，并直接以《尚书》篇目原题名篇，但与其他几部札记体著作不同的是，全书由单独成篇的论说文章所组成，每篇文章论说主题非常集中，论证结构极其严密，议论展开十分充分。不同的篇目之间，亦形成议题的呼应与关联。在这一时期的著作中，是完成度较高的一本。船山于其去世前第二年，七十一岁时，曾对《尚书引义》加以修订，或许这也是此书较其他著作更为成熟与完善的原因，由此亦可看出船山对这部著作的重视。

第三阶段，则包括船山五十五岁完成初稿之《礼记章句》，约作于六十岁左右之《四书训义》，及成书于六十八岁之《周易内传》。与前一阶段随感而论、较为自由的撰述风格不同，此一阶段的著作大都贴合经书本文以对经书文句与义理思想加以注释与解析。如在《周易内传发例》中，船山自述《周易外传》与《周易内传》著作宗旨之差异时指出，《外传》重在"推广于象、数之变通，极酬酢之大用"，《内传》则"守《象》、《爻》立诚之辞，以体天人之理，固不容有毫厘之踰越"①。前者重在因应其时代问题，推广经义以致用，而后者引申与阐发经书义理则谨守经书本文而不容逾越，船山学术中、后两期有关经典诠释类著作的风格差异亦可由此而见。船山在《周易内传》之后，还完成了《张子正蒙注》，对宋代学者张载的《正蒙》逐段加以诠释与阐发，可视为船山有关义理问题思考的最终定论。

在上述船山学术中期的著作中，《尚书引义》与《读四书大全说》两本著作完成时间相近，思想也有极其密切的关联。笔者认为船山撰作

---

① 王船山：《周易内传发例》，《周易内传》，《船山全书》（一），岳麓书社1996年版，第684页。

《尚书引义》与《读四书大全说》应当有一整体之构想，即是对儒家道统的精神内涵、为学宗旨、学术传承进行重新诠释。唐代韩愈在《原道》中列举了尧、舜、禹、汤、文、武、周公、孔、孟这一儒学传承系列，被宋明儒视为儒家之道统。后来，朱子将《大学》、《中庸》从《礼记》中抽出，同《论语》、《孟子》合编为《四书》，又于孔、孟之间补入曾子、子思之传承。宋明儒者，将义理之学作为儒学之核心，并主要通过诠释《四书》的工作阐发义理思想与为学主张。本心性以论政事，也成为宋明以降儒家政治思想的核心要义。在宋明理学影响下，儒者更为强调为政者的道德心术，"公私义利之辨"成为评判政治人物之高下与政治作为之得失的核心标准。同时，儒学对于人才之培养，也更为强调君子道德人格之养成，有关心性工夫的操持也逐渐趋向细微与深密。虽然宋明儒并未从观念层次上放弃儒家经世的理念与要求，但理学的成德之学，却相对忽视了政治现实的复杂性，以及治世所需知识和能力的学习与培养。一些学者认为仅靠君主或君子道德的修养，通过榜样示范、影响风化的方式，即可达致治平之效；或以为通过经学的研究将先王制度考辨清楚，再由有德性的君主与大臣加以施行与运作，即可解决现实的政治问题。在船山看来，这些主张皆不能真正有效地面对现实问题，并会对学术研究、人才培养以及现实政治产生不利的导向。

由于《尚书》集中记载了尧舜以至三代圣王的言行与事迹，针对理学在培养政治人才方面所存在之问题，船山正意在通过对于《尚书》的诠释，重释儒家先王之道统，并由此重新确认儒学的核心价值与为学宗旨。在思想史中，重述过往的动力大多来自现实与未来，对于起源精神的追溯，及对思想传承脉络的批判性反省与重构，往往是为了检讨现实的问题并明确未来的方向。船山也不例外，在《尚书引义》中，船山通过对圣王德性的重新诠释，提出当以承担治教责任所需之能力与品质界定君子的德性内涵，并应以此为导向重构儒家的成德之学。在《尚书引义》之后，船山撰作《读四书大全说》时，依然秉承同样的学术宗旨，重构《四书》的为学体系与工夫主张，并最终完成其对于儒家道统与学术传承脉络的重新诠释。可见，《尚书引义》正是船山重释儒家道统的关键一环，也为其后诠释《四书》的工作明确了宗旨与方向。

《尚书引义》与《读四书大全说》两部著作对于理学所涉及的天人关

系论、人性论、心性工夫论、认识论、治道论等问题，都有相对完整与集中的论述。由《尚书引义》到《读四书大全说》，亦可以见出船山对很多问题的思考不断深化与展开的历程。但比较这两部著作，撰述风格仍有很大不同。《读四书大全说》采取札记体，其个人的思想主张，往往是在跟前人诠释《四书》的见解与观点，进行辩驳的过程中提出。由于船山在批判性分析的过程中，举列了大量前人论说，也令读者较为容易把握船山立论的批判对象及其所针对的观点。而《尚书引义》则由论说文章所构成，船山往往拈出《尚书》中一两句经文，并对其中的核心观念内涵与结构展开深入的诠释与阐发，从而对理学中的某个重要问题，提出其个人的观点与主张。由于前人有关理学问题的讨论，主要围绕《四书》的诠释而展开。船山借由《尚书》中的材料，深入展开理学问题的讨论，在以往理学的著作中极其少见，体现了其个人融合义理学与经学的独特思想路径与学术风格。在《尚书引义》中，船山往往围绕一项议题，以概念分析及逻辑细密推进的方式，从较抽象的层次，完整呈现其对相关问题思考的各个面向。对于研究者而言，面对这种思想表达风格与撰述特色，如何将船山引借《尚书》中的观念所展开的义理分析，同理学借《四书》诠释所讨论的相关问题，实现准确的议题对接与观念转换？如何将船山在极其抽象层面所展开的问题分析，同相关学术史与思想史脉络，准确建立起对话关联？对于理解船山《尚书引义》的理论内涵与思想创见极其关键，这也需要研究者对于理学各家的思想主张，及对《尚书》本文及相关学术史脉络，都能较为熟悉，才可以达到。由于笔者在进行本项课题前，曾围绕王船山的《四书》学著作展开研究，并完成博士学位论文，对于船山有关理学问题的重要主张与观点具有一定的了解，这都为笔者深入研究船山《尚书引义》中对相关问题的思考，奠定了初步的基础。而以上两点，也是笔者在研究中试图达到的目标[①]。

[①] 关于船山不能分辨古文《尚书》之伪，刘毓崧在金陵本《船山遗书》跋语中曾指出"至于古文《尚书》，不知其为赝本，则自明以前，知者本少，未可独议船山。况古文虽伪而不可废，阎潜邱亦尝言之"（见《船山全书》（二），第439—440页）。笔者亦同意刘氏之说。由于船山撰作《尚书引义》主要借《尚书》之文句阐发其个人思想主张，笔者所论亦主要着眼于船山自身所关切之思想议题，及其观点与论证逻辑之展开，至于《尚书》各篇撰作时代及真伪等问题，笔者则不做过多涉及。

第三节 选题设想与研究现状综述

一 选题设想

目前有关船山的研究，大致包括两种类型，一是以哲学史的方式，从船山著作中择取具有哲学性的思想命题与论述，从宇宙论、心性论、认识论等方面，重构其哲学系统，或是针对其哲学思想的某一部分（如历史哲学）展开研究。二是从学术史的进路，围绕船山学术某个部分，如易学、礼学等方面加以研究；或是从宋明儒学的内在理路出发，探究船山儒学思想的理论内涵。笔者认为前一类研究的长处在于，能够为我们提供一个船山哲学体系的整体图景，并帮助我们了解其重要的哲学命题与思想观点。但此类研究，也常会由于研究者自身所持哲学立场的影响，在材料择取与评价方面，不免有所偏重，在文献解读方面，一些研究著作也有过度诠释的现象发生。后一类研究，由于从传统学术本身的脉络出发，往往能够较为切近船山自身学术发展的线索与理路。但作为思想家的船山，其著述虽大多以经典诠释的方式加以呈现，但他所讨论的问题，却并未局限于某部经典既有的问题史脉络，而更多是从其现实政治关怀，或其所关注的哲学思想议题出发，展开论述。若研究者只将着眼点锁定在相关的学术史脉络，往往不能揭示出其学术创见背后的问题关切与思想旨趣。

鉴于以上观察，笔者认为研究船山的学术思想，一方面，学术史的视野不可或缺，依托学术史的脉络，可以有助于我们把握船山很多原创性的哲学思想与其所从出之学术传统的对话关系，从而有助于我们深化对其哲学思想的理解。另一方面，从哲学史视角，深入理解船山哲学中的原创性思想，以及他在革新儒学的现实关切下所提出的哲学主张，亦有助于我们理解他在哲学问题上的突破，对于解决其时代学术发展中的困局、提升学术思维水平、开拓新的学术研究视野所具有的启示意义。笔者认为在研究船山这样思想性极强的学者及其著作时，以上提及的两种视角应当兼重，并应有机地加以结合。此外，作为思想家的船山，其自身对于时代问题的认知、检省与回应，乃是其哲学思想发展的内在动力，亦是我们理解其学术展开内在逻辑的重要线索，因此引入思想史的研究视角亦很有必要。

由于船山的学术体大思精，著作众多，对研究者而言，企图把握其学术整体架构，及其思想发展演进之脉络，实极具挑战性。这也使得有关船山学术思想的研究取径与议题设定，在很大程度上由研究者对其思想的理解把握与研究进路的个人抉择所决定。本项研究聚焦于船山的德性论与治道思想，并非依据笔者研究兴趣之所在，而从船山的学术思想体系中，任意择取此两项议题，作平列式的讨论。而是基于笔者对船山的重要学术著作以撰述年代为序、逐部加以考察后发现，船山为回应现实的政治课题，针对理学程朱与陆王两派之观点，提出以治世能力为取向的政治德性观，并在此基础上对于儒家成德之学，以及治道原则，提出新的主张，乃是其学术思想中的核心关注。以治世能力要求一种与之相匹配的更深刻的道德品性，并在此新的德性观导引下重新规划儒家的成德之学，进而期待经由此种学术养成的德性主体，能够有效面对与解决现实的政治问题，正是船山学术展开的内在逻辑。由此可见，"德性"与"治道"，在船山学术思想体系中，乃是具有内在关联的结构性议题。针对此两项具内在结构性关联的问题而展开研究，必将有助于我们对船山学术整体规模，及其哲学思想的理论贡献与现实关切，获得更深入的理解。

本项研究之所以选定船山学术发展中期的《尚书引义》作为讨论之中心，一方面，是因为构成这部著作主体的论说文章，主要聚焦于"德性"与"治道"两项议题之上，有利于见出两者于船山思想体系中的内在关联。加之很多文章间，存在相互呼应的内在关系，有利于我们贯通其思想主张，并在重构其思想体系时，不脱离于其自身的思考脉络。另一方面，《尚书引义》乃是船山有关性理与治道问题的思考与主张，第一次以较为完整的方式加以呈现。但在前人研究中，专门对《尚书引义》进行整体性研究的专著还较为少见，大多都是在讨论船山相关思想议题时，将《尚书引义》中的论说作为材料，片段地加以引用与分析。笔者认为《尚书引义》是船山哲学思想发展中的关键一环，对于我们理解与把握船山学术思想的整体面貌与发展变化具有重要的意义。因此，决定以"德性"与"治道"两项议题为核心，深入研究船山在《尚书引义》中的思想观点与哲学创见。并以此作为笔者对于船山学术思想整体研究中的一个阶段性环节。

二　研究现状综述

与笔者此项研究相关的前人研究主要有以下数种。钱穆先生《中国近三百年学术史》、《中国思想史》中涉及船山的部分，以及《王船山孟子性善义阐释》一文，对于船山思想体系大要与其在理学思想方面之观点做出了深入分析。由于未受到现代学术分科的限制，钱先生能够基于传统儒学的视野，为我们提供一个船山思想的整体结构。钱先生的著作，虽近于学案体，多引据相关材料并加以简要的评述，但往往寥寥数语却是精要之谈，如其论"船山思想之精深处，在能注重到人文演进之大历程，在能根据个人心性而推演出人文繁变"，评论船山政治思想时指出，其"论学极斥老庄之自然，而论治则颇有取于老庄在宥之意"，对于笔者皆有深刻的启发。台湾学者戴景贤先生之博士论文《王船山之道器论》，及其近作《论王船山性理思想之建构与其内部转化》、《论王船山哲学之系统性及其基本预设》[①]，以船山不同时期的重要著作为线索，深入研究了船山形上学体系建构发展之历程，及其思想发展各阶段所具有的哲学形态特征，特别是他指出船山不同于宋人理学"静态之形而上学"类型，具有将"静态思惟"导向"动态"之特性，很具启发性。陈来先生的《诠释与重建——王船山的哲学精神》，试图"从宋明道学思想运动的问题意识与道学史的视野重新解读王船山"，"强调把王船山还原到其儒学思想的本来体系加以理解"，对笔者也具有启发性。

还需特别指出的是，日本学者沟口雄三在《中国前近代思想的屈折与展开》中，曾在分析邹守益、王船山对《论语》"克己复礼"章的解释时指出，由明代后期到清初存在着一条思想史的发展线索，即由朱子为代表的宋学将修身与治国平天下作一元贯通的理解到将修己与治人分属为二元，从而使治国、平天下这个政治课题本身成为独自的领域这一转变。虽然沟口先生只是在一条注释中对此问题做了极为简短的说明，并未加以展开，但他所提示的问题却非常重要。笔者在研读船山著作时发现，将"治人"与"修己"相对地加以区分，强调政治课题的特殊性，是把握船

[①]　以上诸文，皆收入戴景贤先生撰《王船山学术思想总纲与其道器论之发展》，香港中文大学出版社 2013 年版。

山儒学思想的关键点。笔者认为正是由于船山意识到政治课题的特殊性，从而促使他对于理学有关德性内涵的理解提出不同的看法，并对儒学的修己工夫做出新的规划，"修己"与"治人"的问题在船山的思考中由此亦具有内在的相关性。

笔者还注意到，有关船山的政治哲学与政治思想，现有研究还较为薄弱。张学智先生近年围绕船山经学展开的研究中，与《尚书引义》相关的有《王夫之〈尚书〉诠释中的实心实学——以〈尧典〉为中心》、《王夫之〈尚书〉诠释中的天人关系论》、《王夫之对明代严刑峻法的批判——以〈尚书引义·舜典〉为中心》、《王夫之心性观新论》、《王夫之对明代政弊的隐曲批判》等论文，其中一些文章涉及到《尚书引义》中的政治思想，提出了很多重要的观点。

还有，李存山先生《中国气论探源与发微》与《气论与仁学》中，有关中国传统气论哲学的研究，为笔者理解与把握船山以气论为倾向的哲学思想，提供了重要的思想史线索与背景。

此外，尚有一些相关研究，在此无法详列，在笔者涉及具体议题讨论时，或有取鉴，或有看法不同之处，会随文出注，加以说明。

三　研究进路与方法

本项课题研究中，笔者在对现有船山研究不同研究进路的得失加以总结的基础之上，尝试以思想史的设问为导向，兼重学术史的问题视野与哲学史的分析方法。具体则是从思想史的角度，考察船山对于时代学术、政治问题的反省，如何导引他对以往理学有关天人关系、人性、德性修养等问题，提出新的主张。在涉及船山德性论的部分中，笔者既会从哲学史研究的角度出发，运用哲学分析的方法，探究其人性论、心性工夫论思想的理论结构、层次与特点；同时亦会从学术史的脉络，考察他所提出的思想主张，同既有问题史之间的对话关系。有关治道思想的部分，笔者一方面会在经史学的脉络中，针对船山有关具体问题的论说，考察其在哪些方面承受前人的影响，在哪些方面提出了新的问题，或是从新的观察角度，对旧有问题做出新的解答；另一方面又会关注船山如何以一种不同于前人的哲学性思维处理经史学中的治道问题，将对历史人事得失的分析与对人性经验的反省相结合，从而既深化了义理学思考，又提升了经史学的思想性。笔者认为结合多种研究进路与视角，正有助于我们深化对船山思想的理解。

在研究初始阶段，笔者曾对《尚书引义》进行深入细致的研读，对于自己所讨论的每篇文章，尽量做到对每一个观念内涵与论证环节都有较为确定性的理解。同时尽量拓展相关学术史与思想史脉络的阅读，试图能够较为准确地重建船山观点与主张，同既有学术思想脉络间的对话。在研究中，也试图通过对《尚书引义》中的核心文章进行较为细致的分析，深入发掘其中的思想内涵与哲学洞见。

此外，还有一些具体研究方法的意识与运用。如：（1）对时间线索的强调。对于《尚书引义》中具体问题展开研究时，同时关注船山其他著作中对相关问题的论述，以把握其思想前后变化与发展之历程。（2）比较方法的使用。对于船山思想中具体问题的研究，常会将其思想论说与前人或同时代人的主张加以对比，以明确其思想中承受前人影响之线索，及其思想独创性所在。（3）注重整体视野。对于船山具体问题之考察，始终保持对其整体思想面貌的结构意识，注重相关问题的内在关联。

第二章　王船山《尚书引义》中义理学之认识论

笔者认为《尚书引义》（以下简称《引义》）中《尧典一》[①]与《说命中二》两篇，可以视为船山于《引义》中有关义理问题探究之导论。前一篇主要围绕"己"、"物"关系问题，针对佛教、道家、法家等思想观点，确立儒家自身之思想立场，及认识论主张。后一篇则围绕"知"、"行"关系问题，对于理学程朱与陆王两家之认识论主张展开深入分析，并在检讨二家之说的基础上，提出其个人见解。由此两篇正可见出船山对于认识论问题的独特关注，而此一关切也贯穿于船山的人性论及其心性工夫论之中，从而呈现船山哲学思想的鲜明特色。

第一节　"己"、"物"关系视野中的儒家认识论立场

《尧典一》是《引义》的第一篇文章，而船山也似着意要在这篇处于全书最显目位置的文章中，通过一系列核心问题之追问，重新检视与确认儒家的思想宗旨。船山从人之存在最为切近的实践问题出发，去追问人应当如何面对世界？人应以什么样的行动方式处事应物？人之行动的依据与原则是什么？又如何通过致知为学的过程获得行动的准则？为学致知如何才能不脱离实践，又真正能够有助于实践？既往儒学的致知工夫在传习中出现了哪些流弊，又应当如何加以克服？船山在这些追问的引导下，围绕己、物关系问题，不仅基于儒家立场对其论辩对象及主张展开批判性分析，并且亦将他所关注之义理问题及基本观点，以精要的方式加以说明。

[①] 前人研究中，张学智先生曾对《引义·尧典一》作出分析，见《王夫之〈尚书〉诠释中的实心实学——以〈尧典〉为中心》，载《北京大学学报》2009年第1期。

本部分即通过对《引义·尧典一》篇的细致解读，探求船山经由分辨"己"、"物"关系视野中各家观点之差别，进而重新阐明儒家认识论立场的思想努力。

一 圣人与学

《尧典一》中船山之论议乃围绕《尚书·尧典》开始的一段话而展开，即：

> 曰若稽古帝尧，曰放勋，钦、明、文、思、安安，允恭克让，光被四表，格于上下。克明俊德，以亲九族。九族既睦，平章百姓。百姓昭明，协和万邦，黎民于变时雍。

船山开篇曰：

> 圣人之知，智足以周物而非不虑也；圣人之能，才足以从矩而非不学也。是故帝尧之德至矣，而非"钦"则亡以"明"也，非"明"则亡以"文思安安"而"允恭克让"也。呜呼！此则学之大原，而为君子儒者所以致其道矣。①

船山以重新诠释帝尧之德与学为导引，展开全篇之论述。由唐代韩愈在《原道》中提出，并为宋明儒所尤为看重之儒家道统，即尧、舜、禹、汤、文、武、周公、孔、孟这一传承序列中，帝尧被列于首位。船山正是希望通过对于帝尧之德性内涵及其成德之学的阐发，追溯儒家的精神起源，并由此重新确认儒学的核心价值与为学宗旨。

船山指出圣人虽天生所具之"智足以周物"、"才足以从矩"，但并非不需后天之学与虑。以圣人所禀赋之知、能，亦必虑以周物，学以成才。船山点出"知"、"能"二字，语出《周易·系辞上》"乾以易知，坤以简能"。在《周易外传》中，船山特别指出天地间人之可贵，即在于兼具

---

① 本节引文未做特别说明，皆出自《引义·尧典一》，收入《船山全书》（二），第237—242页。

天、地之知、能大用于一身。船山以"知"、"能"指示人初生即所禀赋的知、行能力，同时亦强调人需运用此两类德性能力，通过后天为学力行之工夫以渐成圣德。即使圣人之成德，亦有待于后天之学、思，并非初生完具、不假于学。在船山看来，帝尧之至德，乃其学问工夫所成，而《尧典》"钦、明、文、思、安安，允恭克让"，正是对于帝尧之圣德与其成德之工夫的精要概括。同时，船山认为《尚书·尧典》此句，也包含了儒学最根源性的价值关切与为学宗旨，由此治学用功方为儒者从学之正途。

船山又进而指出：

> 何以明其然邪？天下之为"文、思、恭、让"而不"明"者有之矣，天下之求"明"而不"钦"者有之矣。不"钦"者非其"明"，不"明"者非其"文、思、恭、让"也。"文"有所以文，"思"有所以思，"恭"有所以恭，"让"有所以让，固有于中而为物之所待，增之而无容，损之而不成，举之而能堪，废之而必悔。凡此者，明于其所以，则安之而允安矣。不明其所以，将以为非物之必待，将以为非己之必胜，将以为惟己之所胜而蔑不安，将以为绝物之待而奚不可。不明者之害有四，而其归一也。

在此段论述中，船山以简要的方式，揭明其义理观点，也呈现了全篇的整体结构与分析进路。船山指出"钦"、"明"与"文、思、恭、让"，为一彼此相依之整体，涵括了人之为学力行所不可或缺之要件，并以己、物皆得所安为目标。由船山后文之论述可知，在他看来，《尧典》所言"文、思、恭、让"即指人之处事应物的内心活动与外在行为，四者细分又有内外所指之分别，"思"与"恭"侧重于行事之际内心的认知活动与道德状态，"文"与"让"则偏重在处理事物之行为方式与具体作为，四者内外相合，即指儒家所谓之"礼"。"明"则指如何通过致知穷理的为学工夫，达致对事理之明辨，而于处事之际可依具体时、地以为因应之道。"钦"则指理学存心持敬之工夫。后文中，船山对"明"与"文、思、恭、让"关系之讨论，涉及知行关系之问题，而有关"钦""明"关系之讨论、"浮明"与"实明"之辨析，以及在此基础上提出"由敬生明"、"以敬持明"的工夫主张,则与其对理学程朱、陆王两家认识论之反省密切相关。

在本段中船山指出"'文'有所以文,'思'有所以思,'恭'有所以恭,'让'有所以让",此乃"固有于中而为物之所待,增之而无容,损之而不成,举之而能堪,废之而必悔",必"明于其所以",方能"安之而允安"。在船山看来,人以"文、思、恭、让"处事应物,而其行动之依据与原则,实本自人性所固有之理。因此,必致知以明其所以然,方能处事以得安。船山之论看似相沿程朱"性即理"之故说,但对于性理之内涵,船山实有独特之界定。在船山看来,"性即理"之"理"字,以及《中庸》"率性之谓道"之"道"字,既不同于物性之理,亦非局限于道德原则,而实指人之处事应物之道而言,这从其所谓"固有于中而为物之所待"兼涉己、物以为言,即可见出。而其所谓"举之而能堪,废之而必悔",则突显了性理所具有的实践性格。船山之论,一方面强调己、物之间相互依存不可割裂;另一方面又将处事应物之道归于人性之所固有,并以此作为致知之对象。同时,船山又提出警告,指出人如果不能尽心知性而"明其所以",则"将以为非物之必待,将以为非己之必胜,将以为惟己之所胜而蔑不安,将以为绝物之待而奚不可",陷入四种对于己、物关系的错误理解,由此会对人所当为之实践产生消极之影响。继此,船山基于其所持之儒家立场,对四种有关"己"、"物"关系问题所持之不同立场与主张,分别加以批判与分析。

二 有关"己"、"物"关系的四种立场

船山批评之第一种立场,即所谓"以为非物之必待",乃指老庄自然之说。其大体主张"物固自治",任其自然,不待人为,自得其治;人若以其"文"、"思"、"恭"、"让"而治物,则反将使物"琢"、"滑"、"扰"、"疑",罹此"四患"徒"乱物也",故老子有"绝圣弃智"、"不敢为天下先"之说。船山认为"物之自治固不治",所谓"不治者之犹治",实乃自欺之言,即使能"苟简以免一日之祸乱,而祸乱之所自生在是也"。在船山看来,"物"必待人之治而得安,人亦因其治而得物之利用以免患。船山又特别指出"物自有之,待我先之而已矣",物性虽自具其理而能为人所用,但必待人能明察其理、有所作为方能成其利用之道;

同时，人之利用万物以成厚生之道，亦不可违于物性自有之理。由此可见，对于人作为实践主体之能动性与物性客观之存在，船山皆予以强调。

接下来，船山所批评的第二、第三种观点，则为建基于两种不同之历史观而抱持之政治实践主张。有关第二种立场，即所谓"以为非己之必胜者"，乃指刑名法术之论。持论者认为人在历史当中的作为，受制约于历史之时势，儒家理想政治的实现有赖于特殊优异的历史条件；而在历史常态中，由于不利之偶然性因素的存在，儒家的价值原则与政治理想未必能够实现，因此在政治实践中，应当"乘其时，顺其势"，"操之以刑，画之以名，驱之以法，驭之以术，中主具臣守之而可制天下"。船山认为论者所谓"道不可尽，圣人弗尽；时不可一，圣人弗一"，片面强调了历史中的偶然因素及外在时势对于人之主体作为的限制，但却放弃了政治实践者自身以其德性能力对历史施加积极影响的责任，也忽略了人以其所信奉之价值与抱持之理想导引历史方向的力量与可能。船山又举例指出"尧有不令之子，舜有不谐之弟"，圣人虽承受不善之命，但尧禅位于舜，成其让贤之美，舜终感化其弟，以免骨肉相残之祸。与之相较，秦亡于始皇淫昏之子，郑有庄公母弟叔段之叛，正是由于始皇之失教，庄公之养恶，终不能如尧、舜以其德行转不善之命而成其善道。此外，"夏有不辑之观、扈，周有不若之商奄"，却因主政者之正确作为而转危为安，而汉成七国之乱、唐有藩镇之叛，则肇祸于"晁错之激"、"卢杞之奸"等人为因素。在船山看来，虽处于相似的历史境况，却因主政者德行之高下，而最终会导致完全不同的结果。船山进而强调"夫惟不得于天而后己可用也，惟见诎于时而后道可伸也"，不利的历史时势，对于承负现实政治责任的儒者而言，正是他们所必须面对的挑战。而通过君子不屈不挠的坚持与努力，化解现实中的政治危机，并将其导向儒家理想政治的方向，既是君子无可推卸的道德责任，也是其内在德性能力的切实展现。由此，船山提出"质立而'文'必生，物感而'思'必起；退而自念，则自作其'恭'；进而交物，则不容不'让'。内取之身，外取之物，因其自然之成，能以坐消篡弑危亡之祸"。船山认为君子修己治人，当刻责于己，而非苛责于人。不同于刑名法术之士但求自逸、专务绳人、以责速效的做法，儒者应当切己反躬，深思以求处事应物之道，并以礼乐文章之施为而待其自然之成，并使篡弑危亡之祸渐消于无形之中。

船山所批评之第三种立场,即所谓"惟己之所胜而无不安",则与前一种面对历史的态度正好相反。以持论者之见,"圣人之所为,天无与授,地无与制,前古无与诏,天下无与谋",乃专己自恃而独断于心,既不受时空条件之限制,亦不必因循历史之经验。因此"可以为而为之,圣人已为矣。可以为而为之,我亦为也。其未为者,彼之未为而非不可为也。非不可为,而我可以为矣",其个人亦可全然不顾自身之德才与具体之时势,或以浅表之方式袭取圣人行迹、举措以张皇自大,甚或以为圣人亦无须效法,而可任意而独行。船山又以"蔡京以丰亨豫大为'文',曹叡以辨察苛细为'思',汉成以穆皇文致其惛淫,燕哙以禅授陆沈其宗社"为例指出,这些为政者自以为,人之政治实践与作为,仅凭主政者之孤见独行即可达成,既可以不顾具体历史形势与条件的限制,也无须参照历史经验或众人之见。而正是由于他们片面强调个人之主观意志,往往轻忽现实实践之复杂与困难,或自我张大以比肩三代,甚而取六艺之文以饰其非,不过自欺以欺人,终难逃败亡之结局。针对"惟己之所胜而无不安"之说,船山强调"惟己胜者之非可安",虽然由于时势之嬗变,主政者非可简单因循先王之成迹,而应发挥其所具之德才因时以制宜,但政治实践仍有必当遵循之准则。在船山看来,"天无与授",居位主政必有益于民生;"地无与制",制器利用必当于物则;"前古无与诏",考之必有相通之精义;"天下无与谋",但成效必能服天下之人心。主政者当奉此为绳矩,通古察今以明其故,由此方能因时以为对待,决不可任意横行以图速效之成。

船山所批评之第四种观点,即所谓"绝物之待而无不可",则为船山所理解之佛教立场。在船山看来,持此立场者大体主张"物非待我也,我见为待而物遂待也",无论认为物之待我或我为物待,皆因执于物、我所起之妄见,而必使物、我交受其碍;若免此病,则需"内绝待于己,外绝待于物",由此必致"废人伦,坏物理,握顽虚,蹈死趣"。针对于此,船山则就"物我相待而不可绝"之理,加以详细论述。船山指出人之"一眠一食,而皆与物俱;一动一言,而必依物起",正是从人类生存与社会存在之经验的角度,强调己、物之间,本相因共存而不可割裂,人利用万物以为资生之具,物亦由人之利用得尽其效而免为祸患。在船山看来,物我相待而成此天下,若绝待于己、物,则物、我必交受其戕贼,而害将极于天下。

相对于以上四种立场，船山认为圣人之治必因天下之所待而有所授，"朴者授之以'文'，率者授之以'思'，玩者授之以'恭'，亢者授之以'让'。泰然各得其安而无所困"。若结合《引义》其他篇章之论，可知船山此处所谓圣人之所授，正指礼而言，其根源则本自人性固有之理。

由此，船山强调人之处物待人"真有其可，而非其无不可"，"无不可者之必不可矣"，而人欲于行事之际得其定可，则必有待于为学之功以求其明。船山曰：

> 圣人之所以"文、思、恭、让"而"安安"者，惟其"明"也。"明"则知有，知有则不乱，不乱则日生，日生则应无穷。故曰："日新之谓盛德，富有之谓大业"，此之谓也。"盛德"立，"大业"起，"被四表"，"格上下"，岂非是哉！

船山认为圣人惟实以求明，方能得"文、思、恭、让"之真。而以船山之见，上文所述四种立场，无论批评"文、思、恭、让"以为不必有、不足为，抑或对"文、思、恭、让"有所误解与误用，皆因不能进学以求明所致。船山曰"明则知有"，强调人不仅应肯定天地万物之为实有而非虚幻，更需明确处事应物之道本为人性之所固有，故当运用其所禀赋知、能之才，即物穷理，明善以尽性。在船山看来，惟能如此，方可存心处事于不乱，而使其德日新，所应无穷，以达至《周易·系辞上》所言"日新之谓盛德，富有之谓大业"之境界。此外，对于上述四种有别于儒家之思想立场中，一些针对儒家后学传习中所见流弊而作之批评，船山实认真对待，并试图努力加以克服。船山于下文中，分辨"实明"与"浮明"之别，强调"钦"、"明"合一，其中所论大部分即针对儒家自身之问题，并求之以解决之道。

三 "实明"与"浮明"

正如上文所述，船山以"明"为达致"文、思、恭、让"的必要条件，正意在将人之处事应物之道，作为儒者致知穷理的对象与内容而加以明确。但船山接下来，则指出"明"有"实明"与"浮明"之别，必须加以分辨。船山曰：

> 虽然，由"文、思、恭、让"而言之，"明"者其所自生也。若夫"明"而或非其"明"，非其"明"而不足以生，尤不可不辨也。"明"、"诚"，相资者也，而或至于相离。非"诚"之离"明"，而"明"之离"诚"也。"诚"者，心之独用也；"明"者，心依耳目之灵而生者也。夫抑奚必废闻见而孤恃其心乎？而要必慎于所从。立心以为体，而耳目从心，则闻见之知皆诚理之著矣。心不为之君，而下从乎耳目，则天下苟有其象，古今苟有其言，理不相当，道不自信，而亦捷给以知见之利。故人之欲"诚"者不能即"诚"，而欲"明"者则辄报之以"明"也。报以其实而"实明"生，报之以浮而"浮明"生。浮以求"明"而报以实者，未之有也。

船山论"文、思、恭、让"由"明"而生，其所谓之"明"，乃特指与人之实践相关之德性能力，而非泛指一切知觉见闻。船山又进而指出"明"必与"诚"相资为用，方能有实。船山所言之"诚"、"明"，本出自《中庸》"自诚明，谓之性。自明诚，谓之教。诚则明矣，明则诚矣"。朱子《中庸章句》对此章之诠义，乃将"诚"与"明"分别界定为"性"与"知"，进而又将"自诚明"、"诚则明矣"与"自明诚"、"明则诚矣"，分属"圣人天性之德"与"君子受教所从之学"。而船山有关"诚"、"明"内涵之界定，及对"诚"、"明"关系之理解，并非依照《中庸》原文之语脉，及朱子相关之解说，而是依其所讨论之问题而随文做出独特之诠义。船山曰"'诚'，心之独用也；'明'者，心依耳目之灵而生者也"，乃基于其对程朱、陆王致知工夫之反省，而从认识论角度，诠释心与耳目之关系，此亦为船山今后持续讨论并不断予以深化之议题。船山虽分别以"诚"为心官独用之思，以"明"为心依耳目之官所生之知觉，但并未将心与耳目两相对立，而是依心与耳目合用中，"心"所居主从地位之不同而区分两种情况。其一，乃"立心以为体而使耳目从心"。从"知"而论，由此可使"耳目之见闻"经与"心官之思"合用而深化为诚理；若从"行"而论，则于临事之几，心官之思据耳目之所察以为判断与抉择，从而可使心德所具之诚理，显见于外以因时致用。其二,乃"心不为之君,而下从乎耳目",则将使心随耳目与外物之相感而浮动,不免因知见之利起意生心而为妄行。此外,人之为学若只贪见闻广博,不能致思穷理以求有所心得,则当临事之时,亦不可能依具体时势境况,用心以求处事之宜,不过以其平日见闻所得之浅知敷衍应事。如此,在船山看来,即使行事者之动机并非起于贪欲逐利之念,但若察其隐微,实亦贪求见闻之知,捷取易获之利,以免于穷思致理、苦心深求之劳。论中,船山强调不可"废闻见而孤恃其心",则明显针对陆王之学而发。但其曰"天下苟有其象,古今苟有其言,理不相当,道不自信",则主要针对程朱后学之流弊,而加以隐微之批评。船山认为,人若不能于见闻之所得深求会通其理,仅据耳目所察、经典所载或前贤之迹以为行,则必不能使理势相当,因时致道。此上依心之为用不同所作之分殊,前者船山赞之曰"实明",后者则贬之为"浮明"。船山曰:

> "浮明"者,道之大贼也。其丽于"文",则亦集形声以炫其荣华也;其丽于"思",则亦穷纤曲以测夫幽隐也。以言乎"恭",则亦辨贞淫于末节以致戒也;以言乎'让',则亦揣物情之逆顺以弗侮也。恍惚之间,若有见焉;窅寂之中,若有闻焉;介然之几,若有觉焉。高而亢之,登于九天;下而沈之,入于九渊;言之而不穷,引之而愈出。乃以臬岸于世曰,"予既已知之矣",而于道之诚然者,相似以相离,相离以相毁。扬雄、关朗、王弼、何晏、韩愈、苏轼之徒,日猖狂于天下;而张子韶、陆子静、王伯安窃浮屠之邪见,以乱圣学。为其徒者,弗妨以其耽酒嗜色渔利赖宠之身,荡闲蔑耻,而自矜妙悟焉。呜呼!求"明"之害,尤烈于不"明",亦至此哉!

在船山看来,前文所论列四种不同于儒家之立场,其各自之所主张皆本于"浮明"。而他们对于儒家"文、思、恭、让"之批评,其中切中儒家自身问题之合理部分,亦是由于儒门后进有失为学宗旨,不能实以求明,而依"浮明"而行所致。船山文中所举,崇尚虚礼浮文、凭空测度幽隐、失大本而苛细行、揣物情以为趋避,皆于"文、思、恭、让"似近而实非,亦同出于"浮明"。在本段后半部分,船山将批评之重点,放在对儒学自身传承脉络之反省。在船山看来,其所列举之扬雄、关朗、王弼、何晏、韩愈、苏轼，皆不能于儒学精义有所深得，或援佛、老之说以入儒，或私测象数以乱《易》，直至陆王末学以妙悟自矜而流于猖狂放肆，皆可归于"浮明"之害。

四 "钦"与"明"

针对其所批评之"浮明"，船山经由诠释《尚书·尧典》"钦明"之义，提出"由敬生明"、"以敬持明"的为学主张。而船山之论，不仅针对阳明"良知"之说，亦同时针对程朱存心主敬的工夫论。船山曰：

> 夫圣人之"明"，则以"钦"为之本也。"钦"之所存而"明"生，"诚则明"也；"明"之所照而必"钦"，"明则诚"也。"诚"者实也：实有天命而不敢不畏，实有民彝而不敢不祗；无恶者实有其善，不敢不存也；至善者，不见有恶不敢不慎也。收视听，正肢体，谨言语，慎动作，整齐寅畏，而皆有天则存焉。则理随事著，而"明"无以加，"文、思、恭、让"，无有不"安"也。

《尧典》"钦明"之"钦"，可以"敬"字为训。船山指出圣人之"明"，乃以"敬"为本，又以《中庸》"诚则明矣"、"明则诚矣"之说，诠释"敬"与"明"之关系。船山所谓"'钦'之所存而'明'生"，乃"由敬生明"，近于孟子"深造自得"之义，或存理日久、融贯会通而得所新知，或随事体察以得因应之方，皆必以诚敬存心以致用。而船山必引"诚则明矣"以为诠义，则意在针对程朱虚静涵养以为持敬之说，强调敬之所存必与"诚理"相依，方能有所自得而应事无碍。船山所谓"'明'之所照而必'钦'"，乃言"以敬持明"。船山必引"明则诚矣"以为诠义，一方面针对阳明"良知"之说，强调君子致知，不可离于事物以求其明；一方面则针对朱门后学徒尚见闻之知，强调君子为学，必由见闻所得而深求其理，并需随时会通以求一贯之义，如此方能因应事物，致以实用。在船山看来，无论阳明后学崇尚之虚悟，抑或朱门后学偏据之浅知，皆在其上文所讥"浮明"之列，故引"明则诚矣"之说，强调明不离诚、明必达诚，其用意正在于此。接下来，船山即专释"诚"之意涵，实则以诚摄敬，故不复再言"敬"

字。船山曰"诚者,实也",一方面相对其所谓异学之"虚"而言"实",以突显实有之意;一方面则以"为'道心'所充扩之'实理'"界定"诚"之意涵。但船山所言"实理",不同于朱子对性与理所作"实体化"之理解①,故其有"性日生日成"之论②,亦有"因势见理"、"理随事著"之说。在船山看来,"实有天命而不敢不畏",不仅指人初生所禀受之天命,有生之后,天亦日有所命,故人必以戒惧敬畏之心,随时贞性以立命;"实有民彝而不敢不祗",则强调饮食男女等民生日用之事,皆内在于伦理生活当中而有其常则,君子必敬察其理以制作礼度节文而为百姓所依循;"无恶者,实有其善,不敢不存也",则言君子存养之功,非但无私情利欲之恶,更需实有为善之理,以为心之所存;"至善者,不见有恶,不敢不慎也",则言省察之事,强调君子必能于行事之际,因应每一特殊境况,而将其为善之念,落实为具体之善行,方能显见其心实为至善而无恶;"收视听,正肢体,谨言语,慎动作,整齐寅畏,而皆有天则存焉",则综括而言君子于动静语默之中,无时无刻不谨慎戒惧,必使其身心一致而皆与天则相依。船山强调必使"理随事著",方能随事得安而为明之最高境界,正意在指出由于理势相因,理随势变,故处事之道难以尽择于先,即使学成德立,亦需即事通明,慎择以为因应之方。在船山看来,无论无事时之存主,抑或临事时之抉择,皆有赖于恒存"主敬之心",以使"诚"、"明"相合而不离。

但有关存心主敬工夫之理解,船山则对程朱之主张予以批评。船山曰:

尹和靖曰,"其心收敛,不容一物",非我所敢知矣。

尹和靖,名焞,乃二程门下之弟子,此处所引为朱子约括尹焞有关持

---

① 有关元明理学中对"理"理解的"去实体化"转向,可参见陈来先生《元明理学的"去实体化"转向及其理论后果——重回"哲学史"诠释的一个例子》,载《中国文化研究》2003年第2期。

② 可参见第三章第三节相关之论述。

敬工夫之主张①。尹氏曾于伊川门下领受"主一持敬"之教,后根据其自身多年践行之体会,认为"只收敛身心,便是主一",并指出"其心收敛,更着不得毫发事。非主一而何"。后来朱子即将尹氏之言,约括为"其心收敛,不容一物",并作为尹氏持敬工夫之要旨。而对于尹氏主张,朱子亦加以肯定,曾将其与程子"主一无适"、"整齐严肃",谢良佐"常惺惺法"等论敬之说同列,并赞叹道"此皆切至之言,深得圣经之旨","观是数说足以见其用力之方矣"。朱子对于程子主敬工夫之提倡,主要在其"中和"新悟之后。朱子对于《中庸》所谓"未发"、"已发"之问题,经过长久反复的体会与思考,最终得出结论。朱子认为人心未与外物相接之际,思虑未萌而知觉不昧,即为《中庸》所言"未发"之境界。当此之时,保持知觉清明而不昏昧便是未发涵养之功,朱子以程门持敬工夫当之,并以"提撕警策"、"中有主宰"加以说明。

船山针对程朱之说,指出《尧典》所谓之"钦","非徒敬之谓也,实有所奉至重而不敢亵越之谓也"。船山认为讨论儒家持敬之功,需兼言"能敬"与"所敬",不可离于"所敬之实"而徒言"能敬之心"。② 至于持敬之心中"所奉至重而不敢亵越"者,船山则有详细之阐述。他说:

> "钦"之为言,非徒敬之谓也,实有所奉至重而不敢亵越之谓也。今曰"不容","不容"者何物乎天之风霆雨露亦物也,地之山陵原隰亦物也,则其为阴阳、为柔刚者皆物也。物之飞潜动植亦物也,民之厚生利用亦物也,则其为得失、为善恶者皆物也。凡民之父子兄弟亦物也,往圣之嘉言懿行亦物也,则其为仁义礼乐者皆物也。若是者,帝尧方日乾夕惕以祗承之,念兹在兹而不释于心,然后所"钦"者条理无违,而大明终始,道以显,德行以神。曾是之不容,

---

① 尹焞之言,原载于《二程外书》"祁宽所记尹和靖语"条目中,原文作"先生曰:初见伊川时,教某看敬字。某请教,伊川曰:主一则是敬。当时虽领此语,然不若近时看得更亲切。宽问:如何是主一?愿先生善喻。先生曰:敬有甚形影,只收敛身心,便是主一。且如人到神祠中致敬时,其心收敛,更着不得毫发事。非主一而何?"朱子于经筵讲授《大学》时,曾述及"尹焞之言则曰:人能收敛其心,不容一物,则可以谓之敬矣",当依尹焞"其心收敛,更着不得毫发事"之言,而为约括之辞。船山此处所据,即朱子转述之言。

② 船山于《召诰·无逸》篇对此问题有更为详尽之阐发,参见第四章第三节。

则岂非浮屠之"实相真如,一切皆空",而"威侮五行,怠弃三正",亦其所不恤矣。

船山指出君子持敬之功,绝非"不容一物",反实有其物而常存于心。船山于论中举列圣人心中常存之物,实借此以言君子致知穷理之范围。分析船山所列之物,实可分为两类,其一为自然之物,包括时令气候、地理风土以及飞禽动植,此皆与百姓利用厚生之事密切相关,其中自有得失、善恶之理而为君子所当用心研求;其二则同社会伦理与政治相关,或载于经典而为"往圣之嘉言懿行",或见诸实事而为当代之典章风俗,本乎仁义之性而见诸礼乐之道,皆为君子所当致思探究。在船山看来,此上所列之物,帝尧"终日乾乾,夕惕若厉"皆以敬承之,念兹在兹而无所懈怠,必使其心"条理无违,大明终始"以得一贯之道,如此见诸事行,方能随时尽道,德行以神。

相较于此,程朱主张存心虚明以为持敬之功,以船山之见则不免同于佛教"实相真如,一切皆空"之说。其实,探究程朱立说之因,正有见于人之本性为气质所限,不免感物动心而有私欲之蔽,故主张常于外物未接、私欲未起之际涵养虚明之心,以使感物应事之时,依然能够保持心境清明而不为私欲所汩。但船山复又针对于此,自设问答曰:

> 无已,其以声色臭味,增长人欲者为物乎?而又岂可屏绝而一无所容乎?食色者,礼之所丽也;利者,民之依也。辨之于毫厘而使当其则者,德之凝也,治之实也。自天生之而皆"诚",自人成之而不敢不"明"。

船山反对将天理与人欲截然对立,强调"礼虽纯为天理之节文,而必寓于人欲以见"[①],"圣贤吃紧在……人欲中择天理,天理中辨人欲"[②]。在船山看来,食色、货利,实乃礼之所丽而为民之所依,故君子当致心其

---

① 王夫之:《读四书大全说》卷8,《船山全书》(六),第911页。
② 王夫之:《读四书大全说》卷9,《船山全书》(六),第1025页。

中，慎思明辨以求处物之道，由此凝德于心，制以威仪，以使百姓日用皆有所循，由此方能布政兴治而得诸实效。因此，船山强调万物生于天地，真实而无虚，故"自天生之而皆诚"；人之处事应物，诚有其道，亦真实无妄，但需为政者运用其所禀赋之才，知以明理，行以成治，故"自人成之而不敢不明"。

由此，船山综括全文之论，曰：

> 故以知帝尧以上圣之聪明，而日取百物之情理，如奉严师，如事天祖，以文其"文"，思其"思"，恭其"恭"，让其"让"，成"盛德"，建"大业"焉。心无非物也，物无非心也。故其圣也，如天之无不覆帱，而"俊德"、"九族"、"百姓"、"黎民"、"草木鸟兽"，咸受化焉。圣人之学，圣人之虑，归于一"钦"，而"钦"之为实，备万物于一己而已矣。其可诬哉！其可诬哉！

船山指出帝尧虽禀赋上圣之聪明，仍需日取百物之情理而研寻不息，方能成盛德而建大业。在船山看来，《尚书·尧典》开篇所述帝尧成德之方，正可"归于一'钦'"，而"'钦'之为实"，不过"备万物于一己而已"。船山最终将全篇落脚于心物关系之主张，即"心无非物也，物无非心"。以船山之见，惟有圣人成德之心，方能达至其所谓"心物合一"、"备万物于一己"之境界。至于儒家认识论中有关治学成德之方法，船山在对程朱、陆王之教法，慎加别择取舍的基础上，实有其独特之主张，诸多卓见，备见于《引义》各篇之中，笔者下文将对此予以详细之讨论。

第二节 "知、行"与朱陆异同

在上节所讨论的《引义·尧典一》篇中，船山曾对释、道、名法诸家的思想主张展开批评。而船山有关儒与释、道、名法诸家之分辨，其关切之重点最终落脚在，针对理学程朱与陆王两派思想中，因受到释、道、名法诸家之影响而偏离儒家宗旨之处，展开内部之检讨与反省。而有关知、行关系的问题，则是船山反省朱陆之争的重要切入点。《引义》之

《说命中二》一篇,正是围绕这一问题而展开。

船山开篇曰:

> 诡于君子之道以淫于异端之教者,其为言也,恒与其所挟之知见相左,而缪为浮游之说以疑天下。其所挟之知见,则已陷于诐邪而贼道。乃其所言者,虽不深切著明,显道之藏,立学之准,而固未尝尽非也。君子之辨之,不诛其心而亟矫其言,则抑正堕其机,而导学者以失据,故知言难也。①

在这段开篇之言中,船山道出了其进行思想分析与批判的原则与方法。船山段末自叹"知言"之不易,而在诠释《孟子·公孙丑上》"知言养气"章时,船山曾以"知言"作为孟子学宗孔子所独得之精意,并认为君子必待学久功深"义精仁熟",方能显真辟妄,无惑于天下之言②。船山在《宋论》中曾对"知言"之要有精详之论,曰:"知言者,因古人之言,见古人之心;尚论古人之世,分析古人精意之归;详说群言之异同,而会其统宗;深造微言之委曲,而审其旨趣;然后知言与古合者,不必其不离矣;言与古离者,不必其不合矣。非大明终始以立本而趣时,不足以与于斯矣。"③ 而船山开篇所论,即强调"深造微言之委曲,而审其旨趣",由此以辨群言之合离。

船山认为陆王之学,本受佛教禅宗思想之影响而有失儒学宗旨,但为加以掩饰,故立"知行合一"、"知不先,行不后"之说以疑天下。以船山之见,虽然陆王"知行合一"之说,不能深切著明,亦不足以显发人道当然之理而为君子之学确立准则,但其所言未尝尽非。在船山看来,陆王所持之知见本与其说相左,其失在心而非在其所言,故君子辨之,当析其立论之非以诛其心,而非亟矫其言而对反其说。而朱子及后学却不明此理,针对陆王"知行合一"之言,以立"知先行后"之说,实"不诛其

---

① 本节引文未做特别说明,皆出自《引义·说命中二》,收入《船山全书》(二),第311—314页。

② 相关问题之讨论,可参见拙作《王船山对〈孟子〉"知言养气"章的诠释与其对孟子为学工夫的阐发》,《湖北师范学院学报》2011年第6期。

③ 王夫之:《宋论》卷6,收入《船山全书》(一一),第160页。

心而亟矫其言",不但不能矫挽其失,反"堕其机",导学者于歧途。以下船山则对此展开详细分析。

船山曰:

> 宋诸先儒欲折陆、杨"知行合一"、"知不先,行不后"之说,而曰"知先行后",立一划然之次序,以困学者于知见之中,且将荡然以失据,则已异于圣人之道矣。《说命》曰:"知之非艰,行之惟艰",千圣复起,不易之言也。夫人,近取之而自喻其甘苦者也。子曰,"仁者先难",明艰者必先也。先其难,而易者从之易矣。先其易,而难者在后,力弱于中衰,情疑于未艾,气骄于已得,矜觉悟以遗下学,其不倒行逆施于修涂者鲜矣。知非先,行非后,行有余力而求知,圣言决矣。而孰与易之乎?

此处所言"宋诸先儒",即指朱子而论,但因船山学术路向相较陆王,更近于程朱,故对陆王之学往往严加指斥,但批评程朱则常语带保留,此处举朱子之说而隐其名,即为一例。然船山为学路向虽近于程朱,但其并非完全据守朱学矩矱,对于陆王所批评之朱学弊端,亦甚为重视,并试图施以救治之道。船山认为朱子欲矫挽象山(陆九渊)、慈湖(杨简)"知行合一"之说而言"知先行后",于知行次第截然划分先后,从而使朱门后学溺心于见闻之学,而无践履之实,终歧于圣人之道。而在船山看来,《尚书·说命》所载"非知之艰,行之惟艰",可谓"千圣复起,不易之言",以此为准,可同时救治程朱、陆王二家之失。船山认为孔子"先难而后获"、"行有余力,则以学文"之教诲,皆主张知易而行难。以孔子之见,"先其难而易者从",故需行有余力,方进以求知;若以"知先行后"为次第,先其易而后其难,则不免力弱于中衰,疑圣域之难至,或自矜其妙悟,遗下学不治而入于歧途。在船山看来,朱门后学痼弊于章句考订之学,陆、王末学流于猖狂放肆,皆为"知先行后"之旨所误。

继此,船山则对陆王之学展开批判与分析。船山曰:

若夫陆子静、杨慈湖、王伯安之为言也①,吾知之矣。彼非谓知之可后也,其所谓知者非知,而行者非行也。知者非知,然而犹有其知也,亦惝然若有所见也。行者非行,则确乎其非行,而以其所知为行也。以知为行,则以不行为行,而人之伦、物之理,若或见之,不以身心尝试焉。浮屠之言曰:"知有是事便休。"彼直以惝然之知为息肩之地,而顾诡其辞以疑天下,曰:"吾行也,运水搬柴也,行住坐卧也,大用赅乎此矣。"是其销行以归知,终始于知,而杜足于履中蹈和之节文,本汲汲于先知以废行也,而顾诎先知之说,以塞君子之口而疑天下。其诡秘也如是,如之何为其所罔,而曰"知先行后",以堕其术中乎?

船山认为陆、王对于儒学宗旨的背离,其实质并非在知、行先后的问题,而关键在其所谓之知、所谓之行,并非儒者之所知、所行,故当先对其所谓知与行的内涵进行检讨。船山指出陆、王所言"良心"与"良知",对于是非善恶、人伦物理,虽恍然若有所见,但却未曾亲躬践履切实体究,而其日用往来所凭恃者,不过恍然之悟与心上一点虚明而已。在船山看来,人之日用百行与伦物之中,需由身心切己处体察其理以行其威仪。事之当否,不仅在于动机与初心,更在于能否根据待人接物的具体情境,以适宜之礼度节文而善处。船山常标孔子所言"复礼"二字以为学之宗旨,正是为了强调君子为学以求者,在处事应物之道,而若欲于伦物百行中处之得宜,或进而欲使众庶皆能于日用伦常中得所凭依,则必以礼为归趣。由此,则需于历史与现实中一切人情、事理之是非得失皆致深察,又能于躬行实践中切实体究,方能达于知行一贯,决非于事理之当然略有所知即可止足。正是据此,船山认为陆王学者,仅恃虚灵之心憧憧往来,不能于日用伦物中躬行以践礼,其所行非人之所当行,在船山眼中不过乃"以其所知为行",实"以不行为行",究其所知不过恍然之见与心

---

① 岳麓本《船山全书》校记言钞本作"诚斋",守遗经书屋本与之同。但刘毓崧校勘记认为"诚斋乃慈湖之误",金陵本遂改作"慈湖"。马宗霍校记曰"此当从刻本。"由于慈湖(杨简)为象山高足,二人为学宗旨相近,诚斋(杨万里)与象山则无学术渊源,笔者亦认为此处"诚斋"当为"慈湖"之误,应从刘、马二人之说。上文所谓"陆、杨"中之"杨",亦当指慈湖而言。

上一点虚明,亦非儒者之所欲知。船山综上指出,陆、王之学,其弊本在"销行以归知",终始于其虚明之知,究其根柢实"先知以废行",但其畏人批评,故反屈"先知"之说,以塞君子之口。因此在船山看来,程、朱学者,倡"知先行后"与之颉颃,正堕其术中,从而使因学废行之弊,更趋严重。

以下,船山则针对朱子格物之说与阳明良知之教,于后学流衍中所见之流弊,经由重构格物与致知之关系,施以矫枉救正之道。

> 夫知之之方有二,二者相济也,而抑各有所从。博取之象数,远证之古今,以求尽乎理,所谓格物也。虚以生其明,思以穷其隐,所谓致知也。非致知,则物无所裁而玩物以丧志;非格物,则知非所用而荡智以入邪。二者相济,则不容不各致焉。

在朱子看来,格物与致知本为同一工夫过程,不过从外、内两方面加以说明。此外,前者侧重在工夫,后者则为格物之所得,侧重在工夫之效验,故朱子曰"格物则知自至"[①],"但能格物则知自至,不是别一事也。"[②] 但船山却认为,格物与致知本为求知之两种工夫,二者虽相互为用,相辅相成,但却内涵有别,各有偏重。船山指出所谓格物,重在博收广取天下固有之象数,考于经典史籍之所载,证以古今上下之变迁,以求尽乎理。至于致知,或有如孟子所谓"良知",随感应而自生,可由近而推及于远;或运用心思之能,推致穷理以达于幽隐。在船山看来,若专务格物而无致知之功,但求见闻广博却无所裁断,则无异于玩物以丧志;若不为格物而只言致知,则其所知亦无当于实用,不免"物累心而知荡意",终将入于歧途。由此可见,格物与致知虽相济为用,却又不得不分致其功。

船山认为程朱与陆王教法之流弊,正是由于朱子与阳明对"格物"与"致知"有所偏取所致。他说:

---

① 见《朱子语类》卷18,收入《朱子全书》(十四),上海古籍出版社2002年版,第609页。

② 朱熹:《答黄子耕》,《晦庵先生朱文公文集》卷51,收入《朱子全书》(二十二),上海古籍出版社2002年版,第2377—237页。

> 今辟异学之非，但奉格物以为宗，则中材以下必溺焉以丧志，为异学所非，而不能不为之诎。若奉致知以为入德之门，乃所以致其知者，非力行而自喻其惟艰，以求研几而精义，则凭虚以索惝怳之觉悟；虽求异于异学，而逮乎行之龃龉，不相应以适用，则亦与异学均矣。

船山指出朱子讥象山为近禅，但偏奉格物以为学术宗旨，却使朱门后学中材以下者，陷溺于见闻知见而茫无所归，反被陆王学者讥为丧志，朱子实亦难辞其咎；而阳明虽奉"致良知"以为从学入德之门，但其所致者，不过为浮明虚悟，既非得诸力行实践之心得，更不能证以古今天下之事理，由研几以精义，虽其自称有别于异学，但以船山之见，究其所学与所致之知，终不能于处事应务之中，当于实用，故与异学同归。

船山又曰：

> 夫异学者，无患乎龃龉也，龃龉则置之耳。君子之学，仰事天，俯治物，臣以事君，子以事父，内以定好恶之贞淫，外以感民物之应违，而敢恃惝怳之罔光，若有觏焉，奉以周旋而无疚恶乎？由此思之，先所知者与后所行者，求无龃龉而行焉皆顺者，十不得五也。若夫无孝弟谨信之大节，或粗有其质而行之不力，乃舍旃以穷年屹屹于章句之雌黄、器服之象法，若朱门后学，寻行数墨，以贻异学之口实；夷考其内行之醇疵，出处之得失，义利之从违，无可表见者，行后之误人，岂浅鲜哉！惮行之艰，利知之易，以托足焉，朱门后学之失，与陆、杨之徒异尚而同归。志于君子之道者，非所敢安也。

船山指出儒学与异学之辨，即在知以利行，学以辅行，必使求知力行、致学践履相互为用，不相龃龉。在船山看来，君子之学应当，事天治物以利民生实用，奉亲事君以尽人伦之责，内以定好恶之贞淫以持其志，外以感民物之应违而制其则，非恃恍然之见、见闻之知，即能周旋因应而无失。船山认为朱子与阳明二家，实皆奉"知先行后"以为教法，若将其所行与其所知相互比勘以观，两相无违而行事皆顺之情况，恐将十不及五。船山尤其针对程朱教法之流弊指出，学者若不先为弟子之职，以养成孝弟谨信之德，或仅粗具其质而行之不力，便舍为己尽分之事，穷年累月致力于章句讲论、名物考订之学，则如朱门后学，竟以寻行数墨而当格物之功，其学无实，反授异学攻讦之把柄；若依知行一致之标准，考察其居家燕处之醇驳、出处进退之得失、义利取舍之当否，皆无足称道显扬之事，由此可见程朱"行后"之教，误人甚深。在船山看来，朱门后学本好知之为易而惮行之难，却假托程朱"知先行后"之教以故步自封，其末流之弊，与陆学之徒虽异尚而同归于无实。

船山有鉴于程朱之失，故溯源于儒门经典，以究往圣相传之旨。船山曰：

> 故"知之非艰，行之惟艰。"艰者先，先难也；非艰者后，后获也。此非傅说之私言也。禹曰"后克艰厥后，臣克艰厥臣"，行之谓也。皋陶曰"慎厥身修思永"，行之谓也。伊尹曰"德无常师，主善为师"，行之谓也。子曰"知及之，仁不能守之，虽得之，必失之"，行之谓也。颜子"末由"之叹，叹其行也，竭才以行，不但求知其高坚也。孟子"中道"之教，教以行也，能者能从，不但知绳墨彀率而即能从也。千圣合符，"终日乾乾夕惕若"，乾坤之德业在焉。若抑其迈往之志气，从事于耳目之浮明，心思之浅慧，以冀一日者御王良，驾骐骥，驰骋于康庄，正王畿、包显道之以覆辀折轴也。奈之何助其焰以使炎乎？

船山认为孔子先难后获之教，正合傅说所谓"非知之艰，行之惟艰"之意，皆以行先于知。在船山看来，《尚书·说命中》之说并非傅说之私言，故其又从《尚书》之《大禹谟》、《皋陶谟》、《咸有一德》篇中，分别列举大禹、皋陶、伊尹之言，从《论语》中摘引孔子、颜回之说，又引用孟子"中道而立，能者从之"之教，并指出其所举列之言，皆为圣贤以行为教之辞。船山引据经典以证成其说，正可见千圣合符，无不以行为重，君子亦必终日惕厉健行，方能成就乾坤之德业。由此，船山批评陆王之学，不以政事民用为念，仅从事于耳目之浮明，心思之浅慧，以期一旦之悟，即可行之无碍。以船山之见，象山门人包显道，阳明后学王龙溪，皆由此以害道伤教，程朱学者倡知先行后之说，非但不能矫挽其过，反助其焰而使之延烧愈烈。

接下来，船山则从正面对知行关系问题加以论述。船山曰：

> 且夫知也者，固以行为功者也；行也者，不以知为功者也。行焉可以得知之效也，知焉未可以收行之效也。将为格物穷理之学，抑必勉勉孜孜，而后择之精、语之详，是知必以行为功也。行于君民、亲友、喜怒、哀乐之间，得而信，失而疑，道乃益明，是行可有知之效也。其力行也，得不以为欣，失不以为恤，志壹动气，惟无审虑却顾，而后德可据，是行不以知为功也。冥心而思，观物而辨，时未至，理未协，情未感，力未赡，俟之他日而行乃为功，是知不得有行之效也。行可兼知，而知不可兼行。下学而上达，岂达焉而始学乎？

船山此段反复论证，意在强调在知行关系中，行实位居优先主导之地位，其论证主要围绕四项观点而展开。其一，"知必以行为功"，意在指出君子为格物穷理之学，必经亲躬践履之体验过程，方能精择其义、阐论详实；其二，"行可有知之效"，意在指出君子与于日用伦常之道，必当随位尽分，笃行于君民、亲友之间，在人事磨炼中察情以观理，并由行事之得失以验所学之疑信，在船山看来，践道于实，益能明道于真，故"行可有知之效"；其三，"行不以知为功"，则言君子笃志力行，面临攸关利害得失之境，亦当不为所动而无审虑却顾以易其初心，如此方能据德有实；其四，"知不得有行之效"，则言君子格物致知、思辨穷理以为治学之功，但由于理势相因、理随势易，故未及临事之几，亦未能因事尽道而使内外相协于一，此外，以船山之见，"惟情可以尽才"，"为善则非情不为功"，而当人尚未与事物相接之际，则"情未感，力未赡"，必俟之他日而行，方能得事成之效。基于以上四点，船山指出"行可兼知，而知不可兼行"，是故君子为学，绝不可"离行以为知"。在船山看来，君子博文约礼以为下学之功，必待"积诚于会通之观，典礼之行"，时习日久，方能义精仁熟以至上达之境，非徒然以俟所谓豁然之贯通，方始为下学之行。

船山最终得出结论"君子之学，未尝离行以为知也必矣"，并分析

第二章　王船山《尚书引义》中义理学之认识论

指出：

> 离行以为知，其卑者，则训诂之末流，无异于词章之玩物而加陋焉；其高者，瞑目据梧，消心而绝物，得者或得，而失者遂叛道以流于恍惚之中。异学之贼道也，正在于此。而不但异学为然也，浮屠之"参悟"者此耳。抑不但浮屠为然也，黄冠之炼己沐浴，求透帘幌之光者亦此耳。皆先知后行，划然离行以为知者也，而为之辞曰"知行合一"，吾滋惧矣！惧夫沈溺于行墨者之徒为异学哂也，尤惧夫浮游于惝悦者之偕异学以迷也。"行之惟艰"，先难者尚知所先哉！

船山认为君子为学，若离行以为知，卑者则如训诂考证之末流，无异于专攻辞章之玩物丧志而更显粗陋；高者，亦不过如庄子之心斋坐忘，绝物以丧心。前者如朱门后学之痼弊，后者则如阳明末流之蹈虚，其得者亦非儒者所欲得，其失者遂叛道以流于虚妄。在船山看来，程朱与陆王之末流，皆偏离儒家人伦日用、躬行践履之常道，实可斥为儒门之异学，并与禅门之参悟、道家之斋戒炼形，同循"先知后行"之教，"划然离行以为知"。而陆王之学，却为掩盖其学之失，反倡"知行合一"之说以文过饰非，则更令船山深以为惧。船山认为，儒者欲矫挽时风学弊，必于朱、王二家之失皆能深入体察，既要反对陆、王之空疏以免流于异学之中，又当避免陷于朱门章句训诂之末流而反遭异学之笑。在本篇最末，船山参合傅说"行之惟艰"之说，与孔子先难后获之教，强调儒学"重行"之宗旨，正显示出船山欲以实践为导向革新儒学的现实关切与努力方向。

此外，当我们今天以后见之知，考察宋明理学转入清学之途辙与过程——由最初反对阳明学，到以朱子之经学为导引转向训诂考证之学，并逐渐远离对道德修身与现实政治实践之儒学关切，从而产生新的流弊。由此，再反观船山之论，在明清之际批判阳明学及由王学转向朱学的大背景下，船山在检讨陆、王之学的同时，对于朱门后学之弊病亦深加反省，实有其先见之明。由此一例，亦可见出船山学术见解之深刻与可贵。

第三章　王船山气论视野中的人性论

在本章中，笔者将通过分析与解读船山《引义》之《汤诰》、《洪范三》、《太甲二》三篇文章，详细讨论船山之人性论①。船山基于其理气一元、性气合一之说，主张论性不可离于形色之身，性为生理乃日生日成，皆内涵深刻之意蕴。

第一节　"形、气"与"衷"

船山《引义·汤诰》一篇，主要是从天人关系问题着眼，以其理气一元、性气合一之说，讨论人性之实质与其本原。

船山之讨论主要围绕《尚书·汤诰》"惟皇上帝，降衷于下民"一句而展开。前人对于此句之释义主要有，《尚书正义》之《伪孔传》训"衷"为"善也"，孔颖达《正义》对此句的解释为"天生烝民，与之五常之性，使有仁义礼智信，是天降善于下民也"。蔡沈《书经集传》则训"衷"为"中也"，解释此句为"天之降命，而具仁义礼智信之理，无所偏倚，所谓衷也。人之禀命，而得仁义礼智信之理，与心俱生，所谓性也。……由其理之自然，而有仁义礼智之行，所谓道也，以降衷而言，则无有偏倚。顺其自然，固有常性矣"。孔颖达认为天降善于下民，与之以五常之性，此"衷"即指人性五常之善。而蔡沈训"衷"为中，认为天

---

① 在前人研究中，戴景贤先生的著作曾对船山哲学思想建构之历程及其学说体系之特色展开详细论述，其中部分章节涉及船山人性学说之内容（见戴景贤撰《王船山学术思想总纲与其道器论之发展》，香港中文大学出版社，2013 年版）。张学智先生曾对《引义》之《汤诰》、《太甲二》两篇做出分析（见张学智：《王夫之心性观新论》，《中国儒学》（第六辑），中国社会科学出版社 2011 年版）。以上研究对于笔者皆有所启发。

以五常之理降命于人，此理无所偏倚，故谓之衷；人则禀赋天命，得此仁义礼智信之理以为五常之性。蔡沈所释乃本《中庸》"天命之谓性"之说，其以"五常之理"诠释"衷"之所指，并强调此理"与心俱生"而为人性所禀赋，则明显受朱子理气二元、性气二分之思想影响。而船山此篇所论则正是针对朱子之说，以阐发其理气一元、性气合一之主张。

船山开篇曰：

> 显性之有而目言之，《易》谓之"缊"，《书》谓之"衷"，《诗》谓之"则"，《孟子》谓之"塞"，求其实则《中庸》之所谓"诚"也。故曰："诚者物之终始。"终与终之，始与始之，终以密合乎始，始以绵亘乎终，相依而不贰，不著其文而已盈，静与存而皆安，动与行而不滞，官不过而如其量，神周流而恒不失，故曰"衷"也。①

船山在文章一开始，即由《周易》、《尚书》、《诗经》、《孟子》、《礼记·中庸》五部儒家经典中，分别摘出"缊"、"衷"、"则"、"塞"、"诚"五字，并指出此五字之义，皆反映出儒家以"性"为实有的思想内涵。其实，船山对以上所列举之儒家经典皆有诠论之著述，而在这些著作中对上列五字所从出之经典文句，船山亦有不同前人之诠释与解读，并借此以阐发其独特的性论思想②。船山所强调之要点，大体包括：一、性内在于形气之中，不可离于形气以言性；二、性为生理，贯穿于人、物存在之始终，并于人、物不断生成、变化、发展之过程中，显现某种规律性之理则；三、性充实于形气之生成、变化、发展过程之始终，并发挥分剂调和之功能与作用③。船山之所以借《汤诰》"降衷"之说阐发其性论思想，正有见于"衷"字能更好地传达出，理内在于阴阳二气之生化，及性内在充实于形气生成、变化、发展过程之中的思想意涵。而船山认为

---

① 本节引文未做特别说明，皆出自《引义·汤诰》，收入《船山全书》（二），第293—296页。
② 相关诠释见于船山之《周易外传》、《周易内传》、《读四书大全说》、《诗广传》、《礼记章句》等著作。
③ 有关船山论阴阳之分剂调和，参见戴景贤先生《王船山学术思想总纲与其道器论之发展》，香港中文大学出版社2013年版。

《易》、《书》、《诗》、《孟子》论性之辞，究其实指，可以《中庸》之"诚"字当之。朱子在诠释《中庸》"诚者物之终始"一章时，将"诚"释为"实理"，指出万物皆依实理而存在。而船山在肯定"诚"具"实有"与"真实无妄"之义的同时，又将其诠释为在人、物存在始终之间的过程中，充实于其形气之内，并持续发挥作用的内在本质，即所谓"终以密合乎始，始以绵亘乎终，相依而不贰"之意。而对人之存在而言，"诚"则笃实充满于"道心"之中①，静可与存而相守，动则随事应感、行事有恒，并能调节其官能情感之运用使之合于天则②。

接下来，船山则从人之形气的作用与功能出发，以论人性之"衷"。船山曰：

> 夫人之有形，则气为之"衷"矣。人之有气，则性为之"衷"矣。是故痿躄者，形具而无以用其形，则惟气之不充；乃形未有毁，是表具而"衷"亡也。然则狂易者，气具而无以善其气，则惟性之不存；乃气未有馁，是亦表具而"衷"亡矣。气衷形，循形而知其有也；性衷气，循气而不易知其有也。故君子之道鲜矣。

船山指出气与形、性与气，实表里而相依，气衷于形、性亦衷于气。在船山看来，气之充实于内，方能有所作用于形。若形具于外，气不充于内，则如下肢痿躄之人，"形具而无以用其形"；性存之于心，方能善其气以为用，若气未馁而性不存，则如狂易之人，"气具而无以善其气"，二者皆表具而"衷"亡。但船山又指出，形见于外，气之充与不充，则循其形而易知；性则藏于身、具于心，其存与不存，却循其气而难知，故"君子之道鲜矣"。

船山又曰：

> 今夫气，则足以善、足以恶、足以塞、足以馁矣。足云者，有处

---

① 船山有关"道心"、"人心"之辨义，可参见第四章第一节之论述。
② 此处笔者所言之"天则"，乃指船山《引义·皋陶谟》篇所言之"人之天"，可参见第七章第一节之论述。

于形之中而堪任其用者也。若夫恒而不迁，善而无恶，塞而不馁者，则气固有待而足焉，而非气之堪任也。故曰性衷气也。气非有形者也，非有形则不可破而入其中。然而莫能破矣，而氤氲抟散者足以相容而相为载，则不待破以入，而性之有实者，固与之为无间。

船山一方面指出人之生命存续与一切活动作为之可能，皆有赖于"气"充实于"形"之中而堪任其用，从而强调"身之形气"作为人之存在的生理基础所具有之重要性；一方面又指出人之为善，形气之生理基础虽为必要之前提，却并非充足之条件，惟性存主于心以为身之主宰，方能使人之作为"恒而不迁，善而无恶，塞而不馁"，此即船山所谓"性衷气"之意。由此，船山指出"气非有形"，不可破而入其中，故性亦非自外破入阴阳之间，以为气之主宰。而以船山之见，"性"实内在于气之中并与之相互为载，阴阳二气氤氲聚散之变化皆与性相容而无间。

针对人之存在而言性与形气之关系，船山则曰：

> 夫性之为衷于人也，不待破而入，非徒于气然也，形亦莫不然也。破目之黑白，而求明之藏也不可得；破耳之窾（自注：音科）曲而求聪之藏也不可得。因实而入实，则亦因虚而入虚。凡有形而皆入焉，亦凡有形而皆衷焉。耳亦衷此也，目亦衷此也，四体百骸而皆衷此也。凡有气而皆入焉，亦凡有气而皆衷焉。衷乎形者气，衷乎气者乃天之所降之衷，则亦彻乎人之形气皆为之衷也。故曰："睟然见于面，盎于背，施于四体。"面、背、四体，形也，气之表也。以见、以盎、以施，气也，形之"衷"也。乃其根心而生色者，更有衷气者存也，君子所性也。

船山指出性之衷于人，亦非自外而破人之形气而入于中，故即使破目之黑白、破耳之窾曲，亦不能得见耳目所以能视听之性。在船山看来，性既能"因虚而入虚"，故"凡有气而皆入焉，亦凡有气而皆衷焉"；亦能"因实而入实"，故"凡有形而皆衷焉"，人之耳目、四体、百骸皆以性为之衷。由此，船山曰"衷乎形者气，衷乎气者乃天之所降之衷"，既指出内在于人之性乃原自天所降之"衷"，又同时指出此"天之所降之衷"，实"彻乎人之形气皆为之衷"。船山所论正意在指明，儒家论性必合于形气而言，不可贵性而贱气，亦不可贵心而贱身。船山又举《孟子》"君子所性，仁义礼智根于心，其生色也睟然，见於面，盎於背，施于四体，四体不言而喻"之论，分析指出所谓"面、背、四体"即指形而言，乃"气之表也"；"以见、以盎、以施"者，实有"气"以为"形之衷"；而孟子所谓"根心而生色者"，更有衷气者存，此即"君子之所性"。

继此，船山则又从天人关系的视角，经由讨论"人之衷"与"天之衷"二者之关联，以探究人性之根源及其内涵。船山曰：

> 是故人之生也，气以成形，形以载气；所交彻乎形气之中，绵密而充实，所以成、所以载者，有理焉，谓之"存存"。人之死也，魂升于天，魄降于地，性之隐也；未尝亡而不得存者，与魂升，与魄降，因其屈而以为鬼神。故鬼神之与人，一也。鬼神之诚，流动充满，而人之美在中也。其屈也，鬼神不殊于人，而其德惟盛。其存也，人亦不殊于天，而其性以恒。然则此"衷"也，固非但人之"衷"，而亦天之"衷"矣。形而下者人之性，形而上者天之理，故"衷"曰"降"。非其丽乎人而遂离乎天也，天下逮于人，人之"衷"，即天之"衷"也。

船山指出人之初生，乃由气之凝聚以构成形质，而初生之后，气亦载于形质而运化不息；但形质之所以能凝聚而生人，气之所以能载于形质使人持续而生，实有"生理"交彻乎形气之中①，绵密充实而与之相容无间，此即《易系》所谓"成性存存"之意。相对于生，船山又指出，人之死也，其性虽隐，但曾与性相容无间之阴阳二气，却"与魂升，与魄降"，屈而为鬼神，复返于天地之间。此阴阳二气，虽不再继续以人之形式而存在，但亦未尝灭尽而亡，此即船山所谓"未尝亡而不得存"之意。在船山看来，鬼神与人，乃阴阳二气不同之存在形式，二者虽有在天、在人之分别，但亦能相互作用与转化，故曰"鬼神之与人，一也"。船山所谓"鬼神"，乃指阴阳生化不息之气，其流动以生万物，亦充满于万物形

---

① 船山以"生理"诠释人性之说，可参见本章第三节之论述。

质之中，人之有生，以及人性之能，皆根源于此，故曰"人之美在中"。船山认为阴阳相互作用，实有生化之理在中以为主持分剂之作用，此即所谓"鬼神之诚"。在船山看来，人性之阴阳二气①，虽屈而为鬼神，其实质亦不殊于人，且其散而复归于造化生生不息之气，其德惟盛。同理，当此阴阳二气，存而在人以为人之性时，其质亦不殊于天，故"其性以恒"。由此，船山指出，此流动充满于形气中之生理，非但人之"衷"，而亦天之"衷"，凝于人之形质则为人之性，尚未凝于形质则为天之理，《汤诰》所谓"降衷"之言，正以指明人性根源于天，而天人皆不与气相离。同样，"天下逮于人"，亦"非其丽乎人而遂离乎天"，"人之'衷'，即天之'衷'，于天、于人，皆展现为一种生生不息之德。

接下来，船山则分别从"天之造化"与"人之作为"中所展现之理则，以探论天人之德，并以此界定"天之衷"与"人之衷"的内涵实指。船山曰：

> 且夫天之有"衷"，奚以明其然也？今夫天，苍苍而已矣，旷旷而已矣。苍苍者不诎，旷旷者无极，气也；而寒暑贞焉，而昭明发焉，而运行建焉，而七政纪焉，而动植生焉，而仁、义、礼、智，不知所自来而生乎人之心、显乎天下之物则焉。斯固有以入乎气之中，而为气之"衷"者，附气以行而与之亲，袭气于外而鼓之荣，居气于中而奠之实者矣。立天之道，曰阴与阳，而一阴一阳剂焉；统天之行，元、亨、利、贞，而四德叙焉；是则天之"衷"也。

船山指出"天之有衷"，必由造化而见。天之苍苍、旷旷，广大而无极，实皆有气充满于中，阴阳造化生生不已，亦为气之运化使然。船山指出寒暑嬗变有常以显四时之分，天之运行有恒以显七政之纪，动植品类繁生而不已，人又独具仁义礼智之性，自然生乎其心以显天下之物则②，此皆为天之运化所展现之不同面向。而由造化所显恒久有常之表征，亦可推

---

① 在《读四书大全说》中，船山论人之性与情、才之分别，曾以"阴阳二气"为"人之性"，以阴阳二气之变合为情、才。

② 由此论可见，船山实以天地生人，能使仁义礼智之德见诸其心以显天下之物则，而为造化最高之展现与成就。

知当"固有以入乎气之中,而为气之'衷'者,附气以行而与之亲,袭气于外而鼓之荣,居气于中而奠之实"。在船山看来,此所谓"天之衷",即如《易·说卦》所言"立天之道,曰阴与阳",乃指内在于阴阳而可以分剂调和阴阳之性能,并于天之运化过程中展现为元亨利贞之德用。

论及"人之衷",船山则曰:

> 形而上衷乎天,形而下衷乎人。由天以之人,因其可成可载而降之人;乃受于天,亦既主形主气,而莫不以为性之藏也,故曰"恒"。是故形则有"恒"也,气则有"恒"也。然而有不"恒"者,形之有痿躄,性之有狂易,或伤之,或陷之,一人之身而前后殊,斯不"恒"也。形之有利钝,气之有衰王,利易而钝难,王壮而衰馁,均人之身而彼此殊,斯不"恒"也。

船山此处所谓"形而上"、"形而下",实将"无形在天之气"与"有形在人之气"分言。在船山看来,天因人之"可成可载"而降衷于人,人受命于天以为"人之衷",亦"主形主气"而使之有恒,此即人性之藏。由此可见,人性之"衷",实密合于形气之中以为之主,非离于形气之外而别有所存。但船山又指出,人之形气虽固有其恒,但现实之人却又常失之于"不恒"。对此,船山依日常经验所见,列举两种情况以为说明。其一,所谓"一人之身而前后殊",乃言人或因其身之筋脉受伤而血气不充,以致形有"痿躄";或因其心为外物所感而陷溺于情,以致性有"狂易",皆使人之生理无法正常运作而发挥功能。其二,"均人之身而彼此殊",则言人群个体之间,由于气禀、年龄之差异,而有"形之利钝"、"气之衰王"之分别,见诸行事则"利易而钝难,王壮而衰馁"。在船山看来,性之狂易咎在失养于心,相较血气之衰亡利亡等因素,更具根本性。

继此,船山即对导致人之无恒、有恒的深层原因,做出分析。船山曰:

> 其不"恒"者,何也?文着于外,质凝于内;着于外者枵其内,故与衷而相离;滞于内者困于外,故衷不效于用也。衷也者,其外不

着，其内不滞，柔与为柔，刚与为刚，动而不丧，静而不遗，无所忤而柔顺与亲，无所挠而刚健与干，化不流而居不失，则亦奚有不"恒"之咎哉！"恒"者何也？曰诚也。诚神诚几，于物胥动；诚通诚复，于己皆真；斯以屈伸变化，终始弗离，而莫有不"恒"矣。

船山认为"衷"存之于内而立其体，发之于外而有其用，既不滞于内，亦不着于外，合文质、贯内外、一动静皆真实而无妄。"恒"指人之德性能力，既有先天基础，更待后天养成。所谓"文著于外、质凝于内"，乃兼言"以德行道、因时致用"及"修德凝道、存心养性"之二事。在船山看来，若滞于内而不足以为文，则其质非实；若着于外而离乎其质，则其文为虚。所谓"柔与为柔，刚与为刚"，"无所忤而柔顺与亲，无所挠而刚健与干"，则言依所处对象之不同，当分别以为对待，而不可拘执于一隅。所谓"动而不丧，静而不遗"，"化不流而居不失"，则言居静实有其体以为心之所存，处动则见诸实用而其体不失，动静一贯，体用一如。船山认为人性之有恒，正在人能诚具性理于心，并随存养力行之功日深日熟而渐化于心。船山以"诚"释"衷"，正意在将人之处事应物之实践能力，界定为君子德性之内涵，并以致用实践能力之养成，作为君子治学成德之目标。所谓"诚神诚几，于物胥动；诚通诚复，于己皆真"皆以描述君子成德之境界与不息之德用，前者乃言君子通几达变、因时应物而有致用之神，后者则言君子感外通内、随时尽心以究性理之真。对于成德君子而言，虽因外境而屈伸变化，然其德皆终始而弗离，故动静无间，"莫不有恒矣"。

接下来一段，船山则化用儒家经典《孟子》、《中庸》、《礼记》、《周易·系辞》之言，以对其全篇论述做一总结。船山曰：

呜呼！古之知性者，其惟自见其衷乎！仁、义、礼、智以为实也，大中、至正以为则也，暗然而日章，以内美也；和顺积中而英华发外，以充美也。故曰："乾坤，易之缊邪！"变易者其表之文，健顺者其里之著（自注：直略切）与！

船山指出仁、义、礼、智以显性德之实，大中、至正以示内外一贯之则；君子慎独自修、暗然日章以充实其内美，凝道积中、显发于外以扩充其美而见诸实用。故《周易·系辞》曰"乾坤，易之缊邪"，正说明君子当以乾坤健顺之德充实于内，而以因时变易之文见用于外。在船山看来，由以上经典文句之辞，正显示出古人惟自见其衷，故能知性之深。

最后，船山又以其所持儒家立场，对于老庄、佛教论性之主张展开批评。船山曰：

> 惟此不察，则且以"玄牝"为根，而其中枵然；则且以督为经，而其动茀然；则且以运动为性，而其守荡然；则且以真空为体，而其主冥然。忘其衷之缊，褫其缊之塞，生民之性沦胥以铺，非直日用不知者之咎也。

在船山看来，由于不能见性之真，故老子以"玄牝"为根，其中空虚而无实，庄子"缘督以为经"，其动虚浮而无能以为大用；禅宗以作用为性，而无善恶一定之操守，且以真空为体，而主于善恶俱泯之虚明。而以船山之见，此上诸家皆忘其性所本具之实理，并废其性充塞天地之大用。生民之性相率于沦丧，其咎责非在日用不知之众庶，而在不能实见其性而流于异学之君子。

第二节 "形色"与"天性"

在本节中，笔者将主要围绕《引义·洪范三》篇，考察船山对性与形色二者关系问题之讨论。

船山开篇即提出"性、才相合"与"性与形色合一"之主张，船山曰：

> 人之体惟性，人之用惟才。性无有不善，为不善者非才，故曰，人无有不善。道则善矣，器则善矣。性者道之体，才者道之用，形者性之凝，色者才之撰也。故曰，汤、武身之也，谓即身而道在也。道恶乎察？察于天地。性恶乎著？著于形色。有形斯以谓之身，形无有不善，身无有不善，故汤、武身之而以圣。假形而有不善焉，汤、武

乃遗其精、用其粗者,岂弗忧其驳杂而违天命之纯哉?①

船山所谓"人之体惟性,人之用惟才",正基于上文所述"性气合一"之说,强调才、性表里相合以为体用。船山又化用孟子之说曰"性无有不善",此所谓"性"实兼人身之形质而言,本无固有之不善,如《孟子》"形色天性"之说;"为不善者非才"则强调不可将人之不善归咎于身之官能(如目视、耳听、口言,身行),如孟子所言"若夫为不善,非才之罪也"。船山继而又基于"道器合一"之说,对"性、才相合"、"形色皆无固有之不善"的主张加以申论。船山指出"形者性之凝,色者才之撰",道之体用亦不可离于形色之身。正如道善则器亦善,性凝于形而著于形色,形色之身亦无有不善。在船山看来,孟子所谓"汤、武身之"以为圣,正是说明"即身而道在"之意,并不以心性为精纯,而以身形为粗驳。

继此,船山经由分析《洪范》有关"五事"一畴之论说,以阐发孟子"形色即天性"之意。船山曰:

> 是故"貌曰恭",举貌而已诚乎恭矣;"言曰从",举言而已诚乎从矣;"视曰明",举视而已诚乎明矣;"听曰聪",举听而已诚乎聪矣;"思曰睿",举思而已诚乎睿矣。诚也者实也,实有之,固有之也,无有弗然,而非他有耀也。犹夫水之固润固下,火之固炎固上也,无所待而然,无不然者以相杂,尽其所可致,而莫之能御也。

船山之论本于《洪范》所言"五事:一曰貌,二曰言,三曰视,四曰听,五曰思。貌曰恭,言曰从,视曰明,听曰聪,思曰睿"一段文字。船山反对程朱"以气质之性而有不善"之论说,主张"人之气禀无有不善"②,故其论性必合于形色。且在船山看来,心官之思以及体、口、目、耳之功能,皆为人性凝于形色所具有之德性能力,故《洪范》将思与貌、

---

① 本节引文未做特别说明,皆出自《引义·洪范三》,收入《船山全书》(二),第352—356页。

② 船山曰:"孟子道个'形色,天性也',忒煞奇特。此却与程子所论'气禀之性有不善'者大别。但是人之气禀,则无有不善也。"见《读四书大全说》,收入《船山全书》(六),第1131页。

视、听、言比并而论，正合于船山所持"身心一贯"之意。而船山所论之"形色"，实兼身心而言，故笔者下文中或言"身心"、或言"形色"，所指皆同①。相应于此，船山亦以身心所具之德性能力来诠说人性之善。引文中船山分析《洪范》之言指出"恭、从、明、聪、睿"，乃"貌、言、视、听、思"诸项官能，所固有之才德，无所待而然，无有不然，尽其才以致其德，则为善莫之能御。人性之善与人之为善，即体现在"貌、言、视、听、思"之运用上，非于身心之用外，别有更高妙之展现。

接下来，船山则将人与其他物类相较，以见人与天、地并列而位居三才之一，较万物为独善，亦体现于其所具形色之中。船山曰：

> 夫人之有是形矣，其虚也灵，则既别乎草木矣；其成质也充美而调以均，则既别乎禽兽矣。体具而可饰其貌，口具而可宣其言，目具而可视夫色，耳具而可听夫声，心具而可思夫事，非夫擢枝布叶，植立麋生之弗能为牖矣。是貌、言、视、听、思者，恭、从、明、聪、睿之实也。

船山指出恭、从、明、聪、睿作为人类一般德性之展现，皆以形色之体、口、目、耳、心之官，与貌、言、视、听、思之能而为其基础，并因此与其他动、植之物殊类而相别。故船山曰"貌、言、视、听、思者，恭、从、明、聪、睿之实也"。

此下，船山进而从形色之官与能两面以论人禽之别，其曰：

> 戴圆履方，强固委蛇之足以周旋，非夫跂跂强强，迅飞奔突之无其度矣。齿征唇商，张清翕浊之足以达诚，非夫呦呦关关，哀鸣狂嘷

---

① 船山曰："盖人之受命于天而有其性，天之命人以性而成之形，虽曰性具于心，乃所谓心者，又岂别有匡壳，空空洞洞立乎一处者哉！只者'不思而蔽于物'一层，便谓之'耳目之官'；其能思而有得者，即谓之'心官'，而为性之所藏。究竟此小体、大体之分，如言'形而上者谓之道，形而下者谓之器'，实一贯也。……故从其一本，则形色无非性，而必无性外之形色，以于小体之外别有大体之区宇。"（同前注）以上引文出自船山于《引义》之后所撰作之《读四书大全说》，文中船山依然坚持身心一贯、性与形色合一之说而未有更易。

之无其理矣。白黑贞明,丽景含光之足以审别,非夫后眶上睑,夜视昼昏之冥蒙错愕,瞀乎物矣。重郭曲窾,届远通微之足以辨声,非夫软朵下垂,茸穴浅阔之忽惊忽喜,迷所从矣。四应乎官曲,记持乎今昔之足以虑善,非夫乍辨旋惛,见咫忘寻之安忍愤盈,贪前失后矣。是恭、从、明、聪、睿者,人之形器所诚然也。

船山认为人虽与禽兽皆有体、口、目、耳之官,但由于人之生理构造与身体器官优异于禽兽,亦使人之貌、言、视、听之官能,相较禽兽有其独特之功能与运作。此外,人还有心官关联与统摄体、口、目、耳之官,而具记忆、思维之能,可有持志节情之功效,此更为禽兽所无而为人所独具。由此船山认为恭、从、明、聪、睿之德,皆以人之形器与官能之优异性而为基础,并不以人之形色及相应之官能可类同于禽兽。

接下来,船山则从正、反两面分别设论,以言貌、言、视、听、思之能在社会日常生活、圣贤为学修德中所发挥之功用,由此以突显形色作为人之存在与活动之基础所具有的重要地位。船山曰:

是故以泽其貌,非待冠冕以表尊也,手恭足重、坐尸立齐之至便矣;以择其言,非待荣华以动众也,大小称名、逆顺因事之至便矣;以达其明,非待苛察于幽隐也,鉴貌辨色、循直审曲之至便矣;以致其聪,非待潜审于纤曲也,法巽兼容、忠佞有别之至便矣;以极其睿,非待驰神象外、巧揣物情之为慧也,因物以格、即理以穷之至便矣。故曰天地之生,人为贵。性焉安焉者,践其形而已矣;执焉复焉者,尽其才而已矣。践焉者无有喻之也,尽焉者惟其逮之也。

船山指出人若发挥貌、言、视、听、思所固有之能,自然以达恭、从、明、聪、睿之德,可于社会、政治、学术生活中见有至便之功用,于此固有可究之理则。若细察其说,在船山看来,泽其貌以恭,乃因"手恭足重、坐尸立齐",方能于立身行事得其至便;择言以顺,乃因"大小称名、逆顺因事",方能于社会交往得其至便;视以达明、听以致聪,乃因"鉴貌辨色、循直审曲"、"法巽兼容、忠佞有别",方能于政治生活中,察言观色以知人善用而得其至便;极睿以思,乃由"因物以格、即理以穷",方能于学术探究中得其至便。此皆为"人性之理"之具体展现,以彰显人于万物之中所独贵,同时亦为君子致知穷理之范围、内容与方向,做出了界定与说明。圣人由此尽性安仁以践其形,君子亦必由此方可运用其才,以为择善固执、克己复礼之功。至于虚骄以行、浮华以言、苛察潜审以观人、驰情巧辨以旷游虚无之弊,皆为其官能不当之运用所致,而非其官能固有之过使然。

船山曰:

> 呜呼!貌则固恭,不恭者非人之貌乎?言则固从,不从者非人之言乎?视则固明,不明者非人之视乎?听则固聪,不聪者非人之听乎?思则固睿,不睿者非人之思乎?然而且有媟貌而莠言者,则气化于物也。气化于物,而动不因其由动,言不因其由言;是故土木其形,炙輠其辨,退而循之,莫能明其所自出,其自出者之固恭、固从,未之有与矣。然而且有视眩而听荧者,则物夺其鉴也。物夺其鉴,而方视有蔽其明,方听有蔽其聪;是故贪看鸟而错应人,弓成蛇而市有虎,官虽固存,不能使效其职,其职之固明、固聪,实惟其旷矣。然而且有"朋从尔思"而之于妄者,则牿其心而亡之也。牿心而亡之,而放不知所求,隐不能为著;是故下愚迷复于十年,异端困据于幽谷,背而驰焉,觌面而丧其所存,所存者之固未亡,初不相谋矣。才之未尽,见异而迁焉,反求之而罔测所自起焉,故曰:"为不善者,非才之罪也"。

船山又从反面指出,恭、从、明、聪、睿,乃人之貌、言、视、听、思固有之德,若与之相悖,实因内外相感之际,体、口、目、耳、心之官气化于物,为其所弊。由此,官虽固存,却不能运用其固有之能而效所当尽之职;官能虽未亡失,但因不知求尽其才,反多妄为过失之事。在船山看来,所谓异端者,正由于不能识其固有之官能而用诸为学力行之事,反罔测以求真,牿其心于虚无,亦不善用其官能所致。

船山又曰:

> 且夫貌之不恭,岂遂登高而弃衣?言之不从,岂遂名父而叱君?

视之不明,岂遂黑狐而赤乌?听之不聪,岂遂恶韶而喜哭?思之不睿,岂遂义跖而仁魋?极之宋万、商臣,必有辞焉以为之名,而后自欺以欺世。杨不能以待臣之貌加其君,墨不能以责子之言应其父。然则惟有人之形也,则有人之性也,虽牿亡之余,犹是人也,人固无有不善而夐异乎草木禽兽者也。

船山又进而指出,即使人之不能恭、从、明、聪、睿,以达貌、言、视、听、思固有之德,甚而从其不恭、不从、不明、不聪、不睿之处推至其极,仍可见社会所一般公认之是非判准、伦理原则与道德底线。此亦可从反面证明,但具人之形色,其性虽牿亡之余,仍异于草木禽兽,有其固有之善而不失。

船山又根据《洪范》论"五事"一段文字"貌曰恭,言曰从,视曰明,听曰聪,思曰睿。恭作肃,从作乂,明作哲,聪作谋,睿作圣"中,"曰"字与"作"字二者设辞之不同,对同样建基于形色官能之上的自然固有之德,与经由君子致学、修德之功所成就之至德,做出分别。船山曰:

> 故于恭、从、明、聪、睿而谓之"曰",言其生而自然也;于肃、乂、哲、谋、圣乃谓之"作",劝以进而加功也。《洪范》之立诚以修辞,审矣哉!

船山指出恭、从、明、聪、睿,乃貌、言、视、听、思固有之德,因顺其官能而发挥固有之用,皆自然可致。君子、圣人继此又进而加功,务求践其形而尽其才,终能成就"肃、乂、哲、谋、圣"之至德。《洪范》属辞,前者谓之"曰",以显生而自然之意;后者乃谓之"作",则为劝进加功之辞。前者为社会教化所立基之一般准则;后者则为君子立志从学所必达至之终极目标。

继此,船山又对所谓"异学"有关"形色"之看法,予以批评。船山曰:

> 呜呼!夫人将以求尽天下之物理,而七尺之躯自有之而自知之

者,何其鲜也!老氏曰:"吾有大患,惟吾有身。"庄生曰:"形可使如槁木,心可使如死灰。"释氏曰"色见,声音求,是人行邪道",夫且雠之以为"六贼",夫且憎之以为"不净",夫且诟之以"臭皮囊"。呜呼!晓风残月,幽谷平野,光为磷而腐为壤者,此则"众妙之门","天钧之休","清净法身","大圆智镜"而已矣。其狂不可瘳,其愚不可瘳矣!

船山将批评指向以形色之身为贱,于形色之外别寻真性与觉悟的主张。船山立基于儒学立场,故据人之感官与智性能力之所察见而肯定世界之真实,对于超出理性及感官所能认知之事物,及精神更高存在之可能,皆不予采信,亦不欲深究,故于释、道有关世界与人生之理解,皆予以严厉之批评。

本篇最后,船山又根据《孟子》"钧是人也"一章有关"大体"、"小体"之论说,对于耳目与心之关系做出独特之论述。船山曰:

> 然则孟子之以耳目为小体,何也?曰:从其合而言之,则异者小大也,同者体也。从其分而言之,则本大而末小,合大而分小之谓也。本摄乎末,分承乎合,故耳目之于心,非截然而有小大之殊。如其截然而小者有界,如其截然而大者有畛,是一人而有二体。当其合而从本,则名之"心官",于其分而趋末,则名之"耳目之官"。官有主辅,体无疆畔。是故心者即目之内景,耳之内牖,貌之内镜,言之内钥也。合其所分,斯以谓之合。末之所会,斯以谓之本。《雒书》右肩之数四,而叙其事五。(自注:详《稗疏》。)① 盖貌、言、视、听,分以成官,而思为君,会通乎四事以行其典礼。非别有独露之灵光,迥脱根尘,泯形声、离言动,而为恍惚杳冥之精也。合之则大,分之则小,在本固大,逐末则小。故耳目之小,小以其官而不小以其事。耳以聪而作谋,目以明而作哲者,惟思与为体。孟子固未之小也。思而得,则小者大,不思而蔽,则大者小。恭、从、明、聪,沛然效能者大;视、听、言、动,率尔任器者小。……若孟子之言,

---

① 可参见第六章第二节笔者对《尚书稗疏》之说所作之论述。

则与《洪范》之叙吻合而无间。

朱子在《集注》中曾指出"大体，心也。小体，耳目之类也"。船山却不同意朱子之说，认为孟子非将心与耳目截然划界而有小、大之殊，所谓"大体"、"小体"之辨，不在心与耳目实体之不同，而在心官与耳目之官功能运作之分别。在船山看来，从其合处而观，心与耳目皆共于一身，非一人而有二体；若从其分处而言，则"本大而末小，合大而分小"。以船山之见"心者即目之内景，耳之内牖，貌之内镜，言之内钥也。合其所分，斯以谓之合。末之所会，斯以谓之本"，目、耳、体、口皆分别以成用，如官分而各有职守，心则如君主，有统摄会合目、耳、体、口之官的功能。由此，船山指出"当其合而从本，则名之'心官'，于其分而趋末，则名之'耳目之官'"，"合之则大，分之则小，在本固大，逐末则小"。在船山看来，心之思统摄会通目视、耳听、口言、身行之四者以行其典礼，则为"心官"，此乃"本摄乎末，分承乎合"，故称之为大体，"心官"非离于四者而别有精妙之用；所谓"耳目之官"，乃因各自分用易趋于末，故称之为小体。但船山又进而指出，"耳目之小，小以其官而不小以其事"，耳、目即使各自分别为用，但若能"与思为体"，则"视思明，听思聪"，"耳以聪而作谋，目以明而作哲"，则小者可大。只有当耳、目、口、体为外物所诱而蔽于私意，"视、听、言、动"，方流于不善而为儒者所不许。船山于篇末虽自言孟子之说与《洪范》吻合无间，实乃借用《洪范》之说，以其所持"身心一贯"、"性与形色合一"之主张，而对《孟子》大体、小体之说，做出不同于朱子之诠释。

第三节 "成性"与"成德"

在本章第一节所论《引义·汤诰》篇中，船山强调性与形气相容无间，并贯穿于人之存在始终。在上一节所论《引义·洪范三》篇中，船山又即形色以言人性所禀赋之才德。而本节将重点论及之《引义·太甲二》篇，则可看作船山对以上二篇文章关涉之人性论议题及观点，进行的理论总结与提升。船山于文中所提出最要之观点，即其所谓"天日命、性日成"之说。

船山本篇主要围绕《尚书·太甲上》所载伊尹"兹乃不义，习与性成"之言展开。船山开篇曰：

> 习与性成者，习成而性与成也。使性而无弗义，则不受不义；不受不义，则习成而性终不成也。使性而有不义，则善与不善，性皆实有之；有善与不善而皆性，气禀之有，不可谓天命之无。气者天，气禀者禀于天也。故言性者，户异其说。今言习与性成，可以得所折中矣。①

船山论性有先天之性与后天之性的分别，"先天之性天成之，后天之性习成之"。在船山看来，所谓"先天之性"即指人初生之性而言，乃天所成之；人之有生之后，虽不离于天，但其初生之性，随"习"之所成，亦不断处于发展与变化之中，此即后天日成之性。船山指出，如果认为人性乃初生完具而至善，本"无弗义"，于后天亦无所发展与变化，"不受不义，则习成而性终不成"，则此种论说不免忽略后天社会环境及个人主观因素对于人性之影响，亦难以对恶之根源做出恰当的解释。如果主张性有不善，或如荀子之性恶说，则人之善皆成于后天之外铄，道德并无先天之根源；或如朱子所持天命之性与气质之性两分之说，以天命之性为至善，而将人之善恶不齐之原因归于气质之性。在船山看来，"天即以气言"，程朱所谓"气禀"实亦禀于天，气禀之有恶，不可谓天命之无，于是转成理、气二分，贵性贱气之说。船山认为造成论性分歧的原因，正是由于学者不能对先天之性与后天之性加以区分，并以发展与变化的眼光来看待人性。而在船山看来，"习与性成"之说，正可弥合各家人性论之分歧，而得所折中。

此下，船山则对伊尹"习与性成"之说，展开详细之分析。船山曰：

> 夫性者生理也，日生则日成也。则夫天命者，岂但初生之顷命之哉！但初生之顷命之，是持一物而予之于一日，俾牢持终身以不失。天且有心以劳劳于给与；而人之受之，一受其成侀而无可损益矣。
>
> 夫天之生物，其化不息。初生之顷，非无所命也。何以知其有所命？无所命，则仁、义、礼、智无其根也。幼而少，少而壮，壮而老，

---

① 本节引文未做特别说明，皆出自《引义·太甲二》，收入《船山全书》（二），第299—302页。

亦非无所命也。何以知其有所命？不更有所命，则年逝而性亦日忘也。

船山言"性者生理也，日生则日成也"，所谓"生"实涵括生命之整体，兼指人之形质与精神之存在。在船山看来，"性"实具有两层意涵：其一是从"生之所以然"的角度看，指人之生命存在的机制与原则，此即"生理"之意；其二则从"生之实然存在"的角度看，人性日生而日成，不断发展与变化。由此，船山指出天命于人而人得以有生，并非仅限于初生之顷。若如此说所言，天之命人以成其性，好比天持一物予人于一日，使其坚守终身而不失。在船山看来，人物繁生日广，天不可能以有为之心一一降命以生人，而人之受命成性，亦非一受成型，终生无可损益。船山进而指出，造化不息以生成万物，人之初生实有所受命于天，若天无所命，人性之仁义礼智则无其根，船山由此以确认价值之根源。但船山同时又指出，人之有生，自幼儿以至少年、壮年、老年，亦非无所受命于天，若天不日有所命，则人恐随年逝而渐忘其性，终将至于泯绝。

船山又将造化之生成作用分为形化与气化之二种。船山曰：

> 形化者化醇也，气化者化生也。二气之运，五行之实，始以为胎孕，后以为长养，取精用物，一受于天产地产之精英，无以异也。形日以养，气日以滋，理日以成；方生而受之，一日生而一日受之。受之者有所自授，岂非天哉？故天日命于人，而人日受命于天。故曰性者生也，日生而日成之也。

船山认为气化实贯穿于人之初生之前以致有生之后，形化则始于形质之成；气化以成形质，人方有其生，而有生之后，气化与形化实交互作用，相辅相成以资其生。在船山看来，人之有生，及生之持续，皆不离于"二气之运，五行之实"，始为胎孕以致生后之长养，亦皆受于天产地产之精华。继此船山指出，人之受命于天而有生，不仅初生受之，有生之后，一日生亦一日受之，由此方能使其形日有所养，气日有所滋，并随人身之生理日渐成熟，人生之理亦得以不断丰富与充实于人心。因此，船山最终得出结论"天日命于人，而人日受命于天"，性亦随之"日生而日成之也"。

接下来，船山则从人之存在得以维系之生命机制以论人性之生理。船山曰：

> 夫所取之精，所用之物者，何也？二气之运，五行之实也。二气之运，五行之实，足以为长养，犹其足以为胎孕者，何也？皆理之所成也。阴阳之化，运之也微，成之也著。小而滴水粒粟，乍闻忽见之物，不能破而析之以画阴阳之畛，斯皆有所翕合焉。阴为体而不害其有阳，阳为用而不悖其有阴，斯皆有所分剂焉。川流而不息，均平专一而歙合。二殊五实之妙，翕合分剂于一阴一阳者，举凡口得之成味，目得之成色，耳得之成声，心得之成理者皆是也。是人之自幼讫老，无一日而非此以生者也，而可不谓之性哉？

上文中，船山指出人需取用"天产地产之精英"方能有生，然其"所取之精，所用之物"，与人同出于一源，皆为"二气之运，五行之实"所生成，此亦万物可为人所用以作资生之具之原因。但船山同时强调，若专论于人，则"二气之运，五行之实"始为胎孕，后为长养，必依人之生理以为生成。① 接下来，船山则对于人之用物资生之生命机制，展开详细之论说。船山指出阴阳运化之过程虽精妙细微，但其所成则昭著明显，言造化之生物如是，言人之生命机制之运作，亦复如是。在船山看来，小

---

① 依《周易外传》中船山对《系辞》"继善成性"说之诠义，所谓"善"指因天地之造化即阴阳相互作用的过程中，分化产生相续不绝之生理，由此以成万物不同之品类。船山曾于《外传》中曰"万汇各有其善，不相为知，而亦不相为一"，即言万物依类而各有其善，亦各有其生理，故"不相为一"。而其所谓"不相为知"言物或可，言人则不免有所疑议。船山专论人性之时，亦指出人能首出万物之表，正在人可以其性所禀赋知、能之才，知物利用以厚生成德（笔者注：船山始终强调人之求知，必以利用厚生为目标，非泛观万物以为知）。船山于《外传》诠释"继善成性"之说，实以物类生生不已、相续不绝而为善，故不免混人、物为一。至其撰作《读四书大全说》之时，船山则有所更意，指出"《易》曰'继之者善也'，言命也；命者，天人之相继者也"，专以人所承天之命而为独善。于是"善"乃专指人之为类，相较其他物类而为善。论及性，则具于形色之中而专属人之个体，并因后天之习所成，而善恶不齐，人人不同。《引义》之撰，恰在《外传》与《大全说》两书之间，其以生理言性，似可兼指人与一切有生之物而言，但其具体论说之展开，则基本专指人性而言，故此处所言之理，即以人之生命机制与原则而为性之诣意。（有关船山于其《周易外传》、《读四书大全说》中诠释《周易·系辞》"继善成性"说之发展变化，参考戴景贤先生《王船山学术思想总纲与其道器论之发展》，香港中文大学出版社2013年版）

至人所饮食之滴水粒米,以及耳目当前所闻见之物,皆为阴阳密合而成,当其为人所用以资人之生,则其"阴为体而不害其有阳,阳为用而不悖其有阴",皆依人之生理而有分剂之用。且万物之用于人,如川流不息,皆各以其"二殊五实"之妙,依人之生理机制调和分剂于一阴一阳。在此过程中,阴阳虽有所分剂而各有专一之功能,但二者又能互动协调、均平欹合于人之一体,以致资生之用。以船山之见,举凡"口得之成味,目得之成色,耳得之成声,心得之成理",皆依人所特有之生命机制以生以成,人之自幼讫老,亦无一日而非循此以生,故不得不谓之为性。

继此,船山又指出人性之生理,在生命自幼讫壮之不同阶段,其运作之方式亦有所不同。船山曰:

> 生之初,人未有权也,不能自取而自用也。惟天所授,则皆其纯粹以精者矣。天用其化以与人,则固谓之命矣。生以后,人既有权也,能自取而自用也。自取自用,则因乎习之所贯,为其情之所歆,于是而纯疵莫择矣。乃其所取者与所用者,非他取别用,而于二殊五实之外亦无所取用,一禀受于天地之施生,则又可不谓之命哉?天命之谓性,命日受则性日生矣。目日生视,耳日生听,心日生思,形受以为器,气受以为充,理受以为德。取之多,用之宏而壮;取之纯,用之粹而善;取之驳,用之杂而恶;不知其所自生而生。是以君子自强不息,日乾夕惕,而择之、守之,以养性也。于是有生以后,日生之性益善而无有恶焉。

船山指出人之禀受天命而有生,初未有权,不能自取自用,其所资用之物惟天所授,故皆纯粹而无杂。天以造化自然而生人,固称之曰命,此即指人初生禀受之命而言。但人有生之后,随其年龄增长,渐有其权,能自取自用以资其生。但由于人之取用,难免为习气所宰,随情之偏好而动,故不免纯疵莫辨,善恶相杂。即使如此,在船山看来,人之所取所用,非于"二殊五实"之外别有取用之资,而"二殊五实"之所成亦皆"禀受于天地之施生",故亦不可不谓之命,此即指人有生之后,日所禀受之天命。由此,以船山之见,《中庸》所谓"天命之谓性",非只限于初生之顷,实贯穿于生命历程之始终,"命日受则性日生矣"。船山曰

"目日生视,耳日生听,心日生思,形受以为器,气受以为充,理受以为德",此句正与前段"口得之成味,目得之成色,耳得之成声,心得之成理"、"形日以养,气日以滋,理日以成"相互补足,从取、用之两面以言人性之生成。此两句值得注意之处,在于船山将人性诠释为以阴阳翕合分剂之作用、依人所特有之生命机制合理运作之过程;而在此过程中,身之生理机能之维持、感官知觉之作用以及理性思维之运作,皆为此一功能机制于不同层次之展现。船山指出,人之成性,实与人对物之取用密切相关,"取之多,用之宏而壮;取之纯,用之粹而善;取之驳,用之杂而恶"。正因如此,船山强调君子养性之功,并非摒绝万物,离耳目心思别有所谓用功之地;当法天健行之德,自强不息,朝夕警策惕厉,于学问思辨及日用事为当中博取精择,并持守慎行,以使其德性得以善养而日成其善,"不知其所自生而生",而饮食摄生与学思成德之事,亦皆涵括于其中。若放纵欲望与陷溺私情,则伤生、败德两受其害。而在船山看来,一方面人之身心取用于万物,依人类共有之生命机制,随物利用而各有一般性之理则;另一方面随人之个体差异,及各自所处之特殊时位,应物取舍之则,亦会因时因事而有具体之不同。船山之论,既对人类可以共有之知识的内涵与范围做出界定,以作为君子致知之对象与目标;又强调君子处事应物,亦需因时择义以为取用之则,此既为君子从学之途径,亦为君子成德之展现。

船山又从反面论不善之根源与恶习之所成,曰:

> 若夫二气之施不齐,五行之滞于器,不善用之则成乎疵者,人日与媮昵苟合,据之以为不释之欲,则与之浸淫披靡,以与性相成,而性亦成乎不义矣。

船山指出由于"二气之施不齐,五行之滞于器",不能与人所处之时位与人所因应之事物自然相合,固必待人之慎思谨择以善其用。若人不能善用其思维判断之能以为抉择取舍,不免随物迁流,苟且偷合,渐成嗜欲贪习,并与其初生之性相合,而性终成乎不义。但船山又强调指出,虽然人会因恶习所染而成性于不善,但因后天之性始终处于发展与变化之中,故其所成之恶,亦非不可移易。此下,船山则以太甲为例,展开分析。

第三章　王船山气论视野中的人性论

船山曰：

> 然则"狎于弗顺"之日，太甲之性非其降衷之旧；"克念允德"之时，太甲之性又失其不义之成。惟命之不穷也而靡常，故性屡移而异。抑惟理之本正也，而无固有之疵，故善来复而无难。未成可成，已成可革。性也者，岂一受成侀，不受损益也哉？故君子之养性，行所无事，而非听其自然，斯以择善必精，执中必固，无敢驰驱而戏渝已。《诗》曰："昊天曰明，及尔出王；昊天曰旦，及尔游衍。"出王、游衍之顷，天日临之，天日命之，人日受之。命之自天，受之为性。终身之永，终食之顷，何非受命之时？皆命也，则皆性也。天命之谓性，岂但初生之独受乎？

由上文分析可见，船山既从根源之处，肯定了人类先天之善，同时又对人性实然发展的动态性与现实性加以强调①。船山指出人之初生所禀受之天命，其理本正而无固有之疵，但因命不穷而靡常，性亦屡移而异。但分析船山之论，其所谓之命实有初生之命与有生之后日日所受之命的不同；而其所谓之性亦有先天之性与日生日成之性的分别。正如前文所述，船山认为初生之性虽无固有之恶，但天之命人，亦非于初生之际，如持一物予人，而人一受此成形，即不为之损益而持久不变。在船山看来，天之命人以有生，人所受命于天以成其性，乃贯穿于其生命历程之始终，"终身之永，终食之顷"，时时刻刻皆为受命成性之时。但在不断承受此无常不穷之天命的过程中，初生未成之善可渐成于后天，而后天因习染渐成之恶，亦可革除而复归于善，其关键则在个人能否做到"择善必精，执中必固，无敢驰驱而戏渝"而已。

若细究船山之说，其所谓初生之命，实更具根本性。而船山强调此具根源性之善，乃是从人之生理机能（作为形质之身与知觉运动之能）与德性之才（"心官之思"所具有之道德认知与判断能力）两方面，肯定人性向善的基础与能力。而与初生之命不同，船山所谓后天之命，则兼涉人

---

① 戴景贤先生曾对船山哲学之动态性做出详细分析，参见《王船山学术思想总纲与其道器论之发展》，香港中文大学出版社2013年版。

于其生命历程中所遭逢之偶然境遇,如人之穷通寿夭、富贵穷达等,此命不穷而靡常,莫知所致而至。船山认为君子于此不当有好恶之分别,皆应视为无可怨尤之天命,并运用其德性能力,因应此持续变动之境况,通过其认知与实践活动,不断发展与完善人性之可能,此即圣贤后天所成之德。但船山同时指出,如果个人不能于其自身切实体认人性固有之德性能力与应然之趋向,并将实现与完善此人性之应然,确立为人生为学与力行之志向,则不免会因其所处之境而迁流,其初生所具之善,亦将为后天之习所移易而渐染不善。但即使如此,在船山看来,由于人之为善的德性能力始终不失,若其能知善而悔过,亦使善来复而无难。

此下,船山即从身心两方面,对于后天之性生成损益之过程及其复杂之原因,展开详细之分析。船山曰:

> 形之恶也,倏而赘疣生焉;形之善也,俄而肌肤荣焉;非必初生之有成形也。气之恶也,倏而疢疾生焉;气之善也,俄而荣卫畅焉;非必初生之有成气也。食溪水者瘿,数饮酒者齇,风犯藏者喑,瘴入里者疠。治疡者肉已溃之创,理瘵者丰已羸之肌。形气者,亦受于天者也,非人之能自有也;而新故相推,日生不滞如斯矣。

船山于引文中指出,人非初生即有一成不变之形气,由于受所处环境及饮食起居之影响,人之形气也会随之而发生改变。如饮食不当、日久成疾,外感风邪、瘴疠而有一时之病,与之相反,身体之创伤与病患,若医治调理得当则可逐渐康复,此亦证明人之形气,有生之后,亦受之于天,新旧相推,日生不滞,非既有而不易。由此,船山指出"饮食起居,见闻言动,所以斟酌饱满于健顺五常之正者,奚不日以成性之善;而其卤莽灭裂,以得二殊五实之驳者,奚不日以成性之恶哉?"以船山之见,后天成性之善恶,关键在日常饮食起居及一切事为当中,个人能否依健顺五常之正,于所应接二殊五实之物,取其精纯而免于驳杂。

接下来,船山又以濂溪"诚无为,几善恶"之说,分辨初生之性与后天之性,并对影响后天成性之因素加以分梳。船山认为濂溪所言"诚无为",乃指人之初生所禀受之天命,孟子所谓性善即指此言;而濂溪所言"几善恶",则主要指后天之性成于身心与外境相感之几,由其几之善恶以成性之美恶，而孔子所谓可移之性即指此言。继此，船山指出后天成性之因素，实有"在天之几"与"在人之几"之分别。船山说：

> 有在人之几，有在天之几。成之者性，天之几也。初生之造，生后之积，俱有之也。取精用物而性与成焉，人之几也。初生所无，少壮日增也。

船山上引濂溪"诚无为"之所指，与此处所言"初生之造"亦有成于"天之几"者，有所不同。前者乃指人之初生承天命所禀受共有之生命原理与德性能力，人人于此无所差异；后者则成于气化之偶然，呈现人之刚柔敏钝之差异，而有先天个体之殊别。"生后之积"成于"天之几"者，则指人之后天所受自然环境及气候偶变之影响，有非尽能由人所决定之因素。在此之外，船山予以特别强调者，则为随人之年龄增长而见闻渐广、为学日进，取精用物之权则可渐操于人。人自当运用其德性能力，于所应接之事当中，谨慎抉择与取舍，由此日成其善性与贤德。正如船山曰"君子之养性，行所无事，而非听其自然，斯以择善必精，执中必固，无敢驰驱而戏渝已"，此即其所谓成性于"人之几"。

船山于此篇之末特别指出：

> 苟明乎此，则父母未生以前，今日是已；太极未分以前，目前是已。悬一性于初生之顷，为一成不易之侀，揣之曰，"无善无不善"也，"有善有不善"也，"可以为善可以为不善"也。呜呼！岂不妄与！

船山所论则明显针对理先气后、离形气以言性的主张而发。船山强调性并非固有而不可损益，"父母未生以前，今日是已；太极未分以前，目前是已"，继善成性之过程，非仅在初生之顷，而是贯穿于生命过程之始终，而成性之几即在每一刻之当下。人性之善能否保持与充扩，关键即在个人于一切日用事为当中，能否用心判断与审慎抉择。

通过以上对《引义》三篇文章之分析，可见船山针对朱子理先气后、理气二分之说，强调论性不可离于形色，并以身心所禀赋之德性能力，诠释儒家性善之义。同时,船山亦针对朱子有关天命之性、气质之性二分之说,强调人性并非初生完具,而是日生日成;人之善恶不齐,并非源于先天气禀之差异,乃由后天之习所成,关键在人生实践中,能否因应具体之境况,随时做出适当之判断与抉择。继此,船山于《引义》其他文章中,亦针对朱子与阳明之教法,以现实实践为导向,重构儒家之治心工夫与成德之学,此皆建基于其独特的人性学说之上。对此,笔者将于下文加以探讨。

第四章　王船山之心性论与治心工夫

在本章中，笔者将主要考察船山针对朱子与阳明之心说，指出"人心"、"道心"当各有体用，并建基于此，对于理学有关治心工夫问题，所提出之新主张。

第一节　"人心"与"道心"

《引义·大禹谟一》[①]是船山检讨与重构儒家心性学说的一篇长文，此篇以"有"、"无"之辨架构全文，明显是在阳明学所引发"四无"与"四有"之争的背景下所展开。船山不仅针对阳明及其后学以"无善无恶"诠释心体之主张，细致剖析其立论基础及其所受佛教与道家思想之影响，同时对朱子以"虚灵不昧"论心之说及持守虚明以为主敬存养之法亦加以批评。在对朱、王二家心性工夫论于后学传习中所见之流弊进行深入检讨的基础上，船山提出"人心"、"道心"各有体用[②]，并以此为立基建构了其个人有关心性与工夫的理论体系。

船山开篇曰：

[①] 前人研究中，张学智先生曾对《引义·大禹谟一》做出分析，见《王夫之心性观新论》，《中国儒学》（第六辑），中国社会科学出版社2011年版。

[②] 笔者注意到船山人心、道心乃各有体用之说，主要系受戴景贤先生《论王船山性理思想之建构与其内部转化》（收入《王船山学术思想总纲与其道器论之发展》，香港中文大学出版社2013年版）一文对于船山《大学》诠释中"心、意各有体用"之说所做的分析之影响，文中戴先生精要分辨船山有关心意之说，并将其所可能受佛教唯识学影响之处，乃至其取用之原因，一一加以指陈。

> 凡为言而思以易天下者，皆以心为宗。从其末而起用者，治心也；从其本而立体者，见心也。见非所见，则治非所治矣。舜之言曰："人心惟危，道心惟微。"斯以示见心之则，而非凡为言者之及也。何也？天下之言心者，则人心而已矣。①
>
> 人心者，人固有之。固有之，而人以为心，斯不得别之以非人，斯不得别之以非心也。就其精而察之，乃知其别；就其粗而言之，则无别；而概目之曰心。故天下之言心者，皆以人心为之宗。心，统性情者也。此人心者，既非非心，则非非性。故天下之言性者，亦人心为之宗。

由船山此篇首句"凡为言而思以易天下者，皆以心为宗"，可知本文写作所针对的思想语境，正是阳明心学流行天下所产生的思想影响及历史效果，故其虽欲在检讨朱子、阳明二家之说的基础上，重建心性与工夫的思想体系，但其立论却是围绕"心"的问题而展开的。船山指出论心者，其言有二途，"从其末而起用者，治心也；从其本而立体者，见心也"，前者重在治心之工夫，后者则重在心体之明辨。但在船山看来，"见非所见，则治非所治"，必能辨心之本末，从本心立体以为工夫，方可使工夫落于实地；若仅于心之末流起用以为对治之法，则体不能明，工夫亦易于误入别途。船山认为《尚书·大禹谟》中舜告诫禹时所言"人心惟危，道心惟微"，揭明"人心"与"道心"之分辨，正示人以见心之则。而在船山看来，以往天下之言心者，实皆只限于"人心"而已。

船山指出心有"人心"、"道心"之分，必需"精而察之"，始知其别，若"粗而言之"，则难能分辨。在船山看来，"人心"、"道心"虽皆为人所本具，但"人心"则易于发见，"道心"却隐而难知，故"天下之言心者，皆以人心为之宗"。船山又举张载"心统性情"之说，指出人多依据心所发见之情推以论性。船山主张人心、道心各有体用，亦各有所统之性情。在他看来，由于"天下之言心者，皆以人心为之宗"，若据人心之情推以论性，其所论之性亦不过仍"以人心为之宗"，终无法体认道心

---

① 本节引文未做特别说明，皆出自《引义·大禹谟一》，收入《船山全书》（二），第259—267页。

与本然之性。

一 "人心惟危、道心惟微"与有无之辨

首先,船山从"有"、"无"之辨的角度,解释"人心"之"危"与"道心"之"微"的原因。

船山逐一分析指出告子、禅宗、阳明及其后学所言之心、所论之性,皆只限于"惟危"之"人心"。

船山论告子曰:

> 告子湍水之喻,其所谓性,人心之谓也。潆洄而不定者,其静之危与!决而流者,其动之危与!湍而待决,决而流不可挽,初非有东西之成形;静而待动,动而尧、桀之皆便。惟其无善无恶之足给,可尧可桀,而近桀者恒多;譬诸国然,可存可亡,而亡者恒多,斯以谓之危也。

船山认为告子以湍水喻性,不过本诸"人心"之经验,故其所言之性,亦"人心之谓也"。船山指出湍水未决之时,潆洄而不定,非有东西之成形,正如"人心"尚未与外物相接之际,其体虽虚明灵觉,却无善恶之定准。由于人心不能无动,随人与外物相接,此片刻之虚静随即丧失,此无善无恶之心,陡然发之于情,因其所感之不同而可善可恶,但趋于恶者实多。正如湍水难免决之一旦,其流随所决而或东或西,亦终无有定向。在船山看来,"人心"正如湍水,动静皆危,体、用皆无定善。

接下来,船山又对佛教禅宗所言之心展开分析。船山认为佛教所言之心、性,乃"觉了能知之心"与"作用之性",人但恃此心上一点虚灵,昭明于行住坐卧之间,无思无虑而自然顺应,即已括尽心之体用。船山继此又以己意对佛教"智"、"识"之辨加以诠释。船山认为心随了知作用之所起而有善有恶,即佛教所谓之"识",至于佛教所言之"智",则"总持而无有自性",虽"作不固作,用非固用",却自许能"任了任知,任作任用","了无不觉,知无不能"。据笔者对佛教之理解,所谓"识"之善恶分别,乃因"智体"受蔽而始有,通过修行证悟而使智体呈露,则能转识成智。而船山径以"智"、"识"当心之体、用,明显有悖于佛

教之义①。但正是建基于此,船山认为佛教禅宗以"洞然寂然,无善无恶"描述心之"智"体,禅语中所谓"父母未生前本来面目"、"离钩三寸"、"无位真人"皆指此言。由于"智"体不任善、任恶,故心识之用,亦随外物所感"善于斯,恶于斯,瞥然一兴而不可止"。由此,在船山眼中,所谓智体、识用,皆危殆不安,亦自限于"人心"而已,若"探其大宗,则可一言蔽之曰'无'"。

船山继此指出,阳明及其后学所主张心体"无善无恶"之说,正本之佛教禅宗以"无"论心之主张。他说:

> 儒之驳者亦曰"无善无恶心之体",要亦此而已矣。有者不更有,而无者可以有;有者适于无,而无者适于有;有者有其固有而无其固无,无者方无若有而方有若无;无善则可以善,无恶则可以恶;适于善而善不可保,适于恶而恶非其难矣。若无而俄顷之缚释,若有而充塞之妄兴,岌岌乎有不终朝之势矣,故曰危也。

船山此段则从心体有无固有之善的角度,分疏心体"至善无恶"与"无善无恶"二说之不同。船山认为,若以心体本具固有之善,则可知善非外铄,无可增添;但若以心体本无善恶,则心之善恶皆自外来,或善或恶则无有定准。然而心体虽具固有之善,但人若不能进学以为存心之功,本心可放失于外而适于无;若以心体本无善恶,则虽无其固恶,却难保不因习染而可适于有。然而人若能明心体本具固有之善而非有其恶,则可存其善而免于恶。然若持心体无善无恶之说,其心虽无固恶却可因感外而有,而即使因感外而暂获其善,却亦难免旋即丧失。由于无善可以善,无恶可以恶,善恶皆因所感而后起,因此即使偶适于善却不能常保其善,虽似感外方有其恶但为恶亦非难事。离物感息,其心处静之际,虽似能暂脱于恶而归于无;但随物感心动,则又不免有充塞之妄兴。由此,在船山看来,若以心体本无善恶,则善恶难免随动静之机而变易无定,将岌岌乎有

---

① 有关佛教与阳明有关"识"、"智"之论义,参见戴景贤先生《王阳明哲学之根本性质及其教法流衍中所存在之歧异性》,收入《明清学术思想史论集》(上编),香港中文大学出版社2012年版,第73页。

不终朝之势,必陷于危殆而不自知。船山又曰:

> 若夫有不更有而适于无,固有此而本无彼者,彼悟不知,殆盲者之于日,极意而得盘与籥耳。所以然者,人心无相续之因,则固可使暂澄者也。自好之士,厌饫于恶而思返,矫蔽于已末,分析人心之动机,嗒然丧据,因铲灭以观其静;则人心之下游,壅闭湮洄,如隔日疟之有间也。斯其时,非无清朗虚涵之光影,如蕉空中,如水映月,迷留玩悦,因以为妙道之攸归,终身处堂,以嬉于人心之中,而信濒危之可保。是犹秦兵南向,而王建堕防,(拖雷)[忽必烈]北返,而似道奏功;其固本保邦之术,近取之国中者,觌面而自失之,以故恒性泯,彝伦绝,陷于禽兽而不自知。则共城松柏之歌,皋亭潮水之恨,终与桀、纣均亡,斯亦可哀也已!

船山认为人人之心虽皆具固有之善,但却因不能体认本心而自丧其用。正如苏轼《日喻》文中言盲者欲识日,人虽以巧喻告之若盘、烛,盲者极尽其意仍误以作钟、籥①。在船山看来,对于不识"道心"之人,犹如苏文所喻之盲者,仅据其有限之经验臆想道心之情状,极尽其意,不过仅以动静之几略知"人心"之体用而已。船山进一步分析指出,由于"人心"随物感而起灭变易无恒,故"无相续之因",当物去而感息之际,"固可使暂澄者也"。由于人性本善,"人心"即使陷溺于恶,如尚知廉耻自爱,亦会因其欲之厌足而偶动思反之念。但因其不知"道心之本"固有为善之则,仅知"人心"之恶随物感而动,故欲矫蔽于"人心之已末",必致离物绝情而以虚静为守。以船山之见,正如治水不能疏导河道反壅闭填塞以求片刻之安,又如疟疾未愈偶有其病未发之间,"人心"亦因情欲未动而可有清朗虚明之时;但在船山看来,此"人心"虚明之境,不过如蕉心水月空而不实,若恃此以为妙道之归,则不过嬉于"人心",玩弄光景而已。船山又举历史成败之例譬喻持守虚明以为治心之功,有如

---

① 船山所喻出自苏轼《日喻》,原文曰:"生而眇者,不识日问之。有目者或告之曰:'日之状如铜盘。'扣盘而得其声,他日闻钟以为日也。或告之曰:'日之光如烛。'扪烛而得其形,他日揣籥以为日也。日之与钟籥亦远矣,而眇者不知其异,以其未尝见而求之人也。"船山引用与原文略有出入。

卫国御敌不求固本保邦之术,仅因强敌暂退而以为濒危可保,其君虽无桀、纣之恶,亦与桀、纣之亡国同归。船山认为人之所以为人,即在至善至常的道德本性,及建基于本性而有之一种道德秩序与伦理生活。因此在他看来,如果以空无为本心,以虚静为工夫,则将使人"恒性泯,彝伦绝,陷于禽兽而不自知"。

接下来,船山则对以上分析做一小结,并将其立论批评之对象,明确加以条列,他说:

> 呜呼!大舜咨嗟以相戒,告子、释氏宝重以为宗,象山、姚江畔援以为儒,王畿、李贽窃附以为邪。其圣也如登,其狂也如崩,大概亦可覩矣。

船山认为告子、佛教禅宗、陆九渊、王阳明,及阳明后学之王畿、李贽,诸家之心说,皆不能识"道心"之本,其所言之心,只限于大舜诚禹之辞中所谓"惟危"之"人心"而已。船山分析各家心说,亦同时指出"人心"所以惟危之原因,正在其以无为体,其用则善恶无恒,未有定准。若分析船山所条列之诸家,其中将象山之学类比于告子,并认为二家学旨与禅宗精神相近,乃本自朱子之说,而在船山看来,象山、阳明及后学王畿、李贽等人皆援佛以入儒,其思想内里受佛教影响甚深,其工夫主张亦近于禅。

但船山批评之对象,除明列于上之数家外,实尚有其虽未直言,但以其所论亦不难推求而知者。如阳明后学江右一脉,聂双江、罗念庵针对龙溪倡言"四无"之教所引生之流弊,而主"归寂"、"主静"之说。二家大致主张心体本寂,故当先由主静之功涵养本原,方能顺时应物以达自然之则。同为江右学派之邹东廓则认为主静、归寂之说,用功偏倚于内,不免将心体以动静割裂为二,故标榜持敬之功,主张常存戒惧之心以使良知精明,而天理自能流行于日用伦物之中而无间于动静。江右各家还以其所主张溯源会通于濂溪、二程、朱子之说,隐现出晚明学术渐由王学反归程朱的思想走向。如双江《辨中》即从朱子语录中摘取其论龟山、延平相传"静中体验未发"之言,及朱子"未发之中,本体自然。敬以持之,使此气象常存而不失,则自此而发者,其必中节。此是日用本领工夫……初无间断,而常主夫静焉"之说①,而为"朱子悟后定论"。但若以船山有关"人心"之说,较论江右各家主张,主寂、归寂一派,不过是绝物观静,以持守虚明、玩弄光景而为妙道之归,终自限于"人心"之中。而东廓之常存戒惧之法,亦不过仅能使"克伐怨欲不行"而已。船山对阳明学之批评,首要在针对龙溪所倡"四无"之说,在他看来,阳明末学流入猖狂放肆一路正肇因于此。笔者推测船山或许因顾及江右诸家救正浙中王门之失尚有其功,故虽论及其工夫主张之失,却未明言加以指斥。此外,笔者认为朱子以虚灵不昧论心之说,及其"以持敬涵养未发"之工夫主张当亦在船山所批评之列②,笔者在此只略作提示,具体论说则见于下文。

船山在条列诸家心说主张加以批评,并指出各家所论皆自限于"人心"之后,依旧从"有无之辨"的视角,再对"道心惟微"之理由进行说明。他说:

> 夫舜之所谓"道心"者:适(自注:丁历切)于一而不更有者也,(自注:一即善也。)"惟精惟一",仅执其固然而非能适(自注:尝只切)于有,弗精弗一,或蔽其本有而可适于无者也;未发(自注:人心)有其中(自注:道心),已发(自注:人心)有其和(自注:道心)。有其固有,而未发无不中(自注:犹人无翼);已发无不和(自注:如人不飞),无其所无者也。固有焉,故非即人心而即道心(自注:下广释之)仅有其有,而或适于无,故曰微也。

船山认为舜所谓之"道心",专主其所固有之善,凝德会通于一,而无需增益于外。由船山所论可知,其所谓之"道心",乃指以修德凝道之功所存主之心而言,并非不待修为之自然本心。故船山又言即使圣人之道心,

---

① 聂豹《辨中》,收入聂豹撰、吴可为编校整理的《聂豹集》,凤凰出版社2007年版,第546页。
② 船山学术路径本近于程朱一路而与阳明之学不相契合,故其重构理学之着力点,亦主要经由辨析与重释北宋周、张、二程诸家之说,以对朱子之思想体系及相关议题进行重新讨论。因此,船山于其论中展开批评与分析时,针对程朱与陆王亦有态度之分别。对于陆王之说,船山常持严厉批判之立场,甚至不惜以恶辞相诋,但对于程朱之说,则往往有所回护,特别在以阳明之说为主要论辩对象时,对于程朱之失则常仅举其说加以分析,却隐其名而不直言相辩。笔者认为此处即为一例。

亦必经择善固执之功，致修以达"惟精惟一"，若究其实，则亦仅因明善而知性、执其所固有，而非偶得于外；但人若无修为之功，放任其心而"弗精弗一"，则或障蔽其所固有之能而可丧之若无。船山再就《中庸》所谓"未发"、"已发"之议题，对"人心"、"道心"加以分辨。船山指出君子修德之功，于"人心"未发之际，不可流连虚幻空明之境，而当依"道心"以为存养之功，此即《中庸》所谓之"中"；"人心"于已发之际，实需有"道心"在中以为主宰，方能达《中庸》所言之"和"；"道心"无间于"人心"之未发与已发，皆当持固有之善以为存主。船山又由人之所本然与应然而设譬，指出"人心"未发，本无固有之不善在其中，犹如人非禽鸟，所生之身即不具有鸟之羽翼；"人心"已发，则亦不当有不善之发而有所不和，犹如人本不具羽翼而固不可飞；"道心"无间于"人心"之未发与已发，皆无故有之不善。由此，船山指出其所谓固有之善，乃指"道心"而言，而不可混淆于"人心"，但由于人多不能精察二者之分，故不能常存道心而反使之若丧，这也正是舜言"道心惟微"的原因所在。

二 "心统性情"与"人心"、"道心"各有体用

船山继此正面论述"道心"与"人心"内涵之分别，以建立其自家心说之系统，其所援引之分析架构，即本张载初创而后亦为朱子所极为看重之"心统性情"说，其曰：

> 奚以明其然也？心，统性情者也。但言心而皆统性情，则人心亦统性，道心亦统情矣。人心统性，气质之性其都，而天命之性其原矣。原于天命，故危而不亡；都于气质，故危而不安。道心统性①，天命之性其显，而气质之性其藏矣。显于天命，继之者善，惟聪明圣知达天德者知之。藏于气质，成之者性也，舍则失之者，弗思耳矣。无思而失，达天德而始知，介然仅觉之小人，（自注：告子、释氏。）去其几希之庶民，所不得而见也。故曰微也。人心括于情，而情未有

---

① 岳麓《全书》本对此句出校曰："'情'：各本俱作'性'。钞本于'性'字上增改笔画，作一'情'字。观上文'道心亦统情矣'及段末'故曰道心统情'知作'情'为是。"（见《尚书引义》卷1，《船山全书》[二]，第261页）笔者认为钞本所改，或为钞者据其己意而做出；船山原本应作"性"字，理由详见笔者对本段论义之分析。

非其性者,故曰人心统性。道心藏于性,性抑必有其情也,故曰道心统情。性不可闻,而情可验也。

船山言"但言心而皆统性情,则人心亦统性,道心亦统情矣",其立说之独特处,则在将"心统性情"说,与"道心"、"人心"之辨相结合,而有所谓"道心"、"人心"各统性情之论。船山分析"人心统性"之意指出,若从源头论,则"人心"亦出于天命之性,但若从现实论,则"人心"实居于气质之中。因其原于天命,故虽危而不可废;居于气质,故亦危而不安。至于"道心统性",则言其虽显于天人授受之际,但在现实中却因藏于气质而隐而不显。在船山看来,正如孟子曰"人之所以异於禽兽者几希,庶民去之,君子存之",所谓"显于天命",即《易传》"继之者善"之意,乃言惟有聪明圣知之人,方能由体察道心而上达天德,以明天人授受之际惟此为善;所谓"藏于气质",则如《易传》"成之者性"之说,言众庶之民若自限于气质而不能明其本性之善,则无能进求以为学力行之道,则亦如孟子所言"思则得之,不思则不得",终因"不思"而若丧。在船山看来,正是由于"无思而失,达天德而始知",告子、释氏、庶民皆不能得见"道心",此亦显"道心惟微"之意。船山此段言性虽承续宋儒而有"天命之性"、"气质之性"之分殊,其下文论"情"又有"四端"与"七情"之分辨,但接下来船山自释其所谓"人心亦统性,道心亦统情"一段文字,却未明言其所谓"性"、"情"之具体所指,故其意极难分疏。若结合其下文所论,可知其说当为"人心"之用虽限于"七情"之中,但即用以言体,"情未有非其性者","七情"亦发自"气质之性",故言"人心"统性;"道心"虽本于"义理之性"而藏于气质之中,但体必有用,性亦必有其情,义理之性因用而可见于"四端之情",故曰道心统情[①]。由于本段前半

[①] 以上所释乃据其人心、道心各统性情之说而分别以言其道心所统之情,及人心所统之性。但若结合下文船山所谓"人心"、"道心"可"互藏其宅"、"交发其用"之说,则此句亦可释为:"人心"之"七情"若能受制于"四端之情",则"四端之情"未有非本自"义理之性"者,故"人心"亦可上统于"义理之性";"道心"藏于"气质之性",气质之性亦必发诸"七情","道心"之"四端"若能主宰"七情"以为用,则可言"道心"亦能统摄"七情"。若作此释,则能够体现"人心"、"道心"相合为用之一面,但其中需有治心之工夫。笔者认为由于船山未作自注以标明其所言"性"、"情"之确切所指,此两释合观正可见其全意。但由于本段乃承上启下,据前后文意,其于此处所显之意或当从正文所释。

船山曾论及"人心"、"道心"各自与"天地之性"、"气质之性"之关联，下文则对"道心"、"人心"各自所统之情加以分疏。

船山曰：

> 今夫情，则迥有人心道心之别也。喜、怒、哀、乐，（自注：兼未发。）人心也。恻隐、羞恶、恭敬、是非，（自注：兼扩充。）道心也。斯二者，互藏其宅而交发其用。虽然，则不可不谓之有别已。

船山指出若以"人心"、"道心"分别其情，则"喜、怒、哀、乐"所代表之"七情"为"人心"之情，"恻隐、羞恶、恭敬、是非"之四端，则为"道心"之情。但船山同时指出，"人心"实兼"七情"之已发与未发，"七情"未发之虚明，亦仅为"人心"而已，不可误以之为"道心"；"道心"亦非仅限于因感偶动之"四端"，人能由此知性，进以致知力行之事而为扩充之功，则亦为"道心"之所括。船山虽言"道心"、"人心"各统性情，各有体用，"不可不谓之有别"，但又强调二者并非彼此孤立隔绝，亦有"互藏其宅而交发其用"之时。以下船山则由论"四端"、"七情"之关系与特质，再对"道心"与"人心"之分合关系加以说明。

船山曰：

> 于恻隐而有其喜，于恻隐而有其怒，于恻隐而有其哀，于恻隐而有其乐，羞恶、恭敬、是非之交有四情也。于喜而有其恻隐，于喜而有其羞恶，于喜而有其恭敬，于喜而有其是非，怒、哀、乐之交有四端也。故曰互藏其宅。以恻隐而行其喜，以喜而行其恻隐，羞恶、恭敬、是非，怒、哀、乐之交待以行也。故曰交发其用。

船山指出"四端"与"七情"可"互藏其宅"、"交发其用"。由"四端"之发，亦能生起"七情"；而"七情"之发，亦有感引"四端"之时，此即"互藏其宅"之意。以"四端"为主宰而行于"七情"之中，或由"七情"之所感，察识"四端"以为行，此即"交发其用"之意。以上为船山论"人心"与"道心"之合。

第四章 王船山之心性论与治心工夫

此下，船山则分别从"道心"、"人心"与"仁义礼智"四性关系之不同，而对二者善恶倾向之差别，加以辨析。船山曰：

惟仁斯有恻隐，恻隐则仁之有也。惟义斯有羞恶，羞恶则义之有也。惟礼斯有恭敬，恭敬则礼之有也。惟智斯有是非，是非则智之有也。若夫不仁不智，无礼无义，非恻隐、羞恶、恭敬、是非之有也。故斯心也，则惟有善而不更有不善；有其善而非若无，无其不善而非若有；求则得之，而但因其固有；舍则失之，而遂疑其无。道心之下统情者且然，而其上统夫性者，从可知矣。

岂若夫喜、怒、哀、乐之心：仁而喜，不仁而喜，下而有避弹之笑；仁而怒，不仁而怒，下而有谇母之忿；仁而哀，不仁而哀，下而有分香之悲；仁而乐，不仁而乐，下而有牛饮之欢；当其动，发不及持，而有垂堂奔马之势；当其静，如浮云之散，无有质也。

船山指出唯有"仁、义、礼、智"之"四性"方能发诸"四端"，"四端"乃根于"四性"而有，亦绝无违背"四性"之处。由此可知"道心"惟有其善而不更有不善，亦实有其善而非若善、若不善。船山进而强调"四性"之善，虽人所固有，但必为学力行"求而得之"，方能恒使"道心"见诸实用，如舍其故有之善而不知自求，则因"道心"不能随时发见，不免疑之若无。但较诸恒与"四性"相合之"四端"不同，在船山看来，由"喜、怒、哀、乐"所代表之"七情"，既可原自"四性"而与之相合，亦可离"四性"而别有其用，前者为善，后者则为不善。以船山之见，"人心"感物而动，发诸"七情"，迅疾而势猛，有垂堂奔马之危[1]。但当物去感息，其心复归于静时，则"七情"亦如浮云之散，无有自质。

船山此下三段，则由别择"人心"、"道心"之同异分合，示人以治心之法。船山曰：

---

[1] "垂堂"之典，见于《汉书·爰盎传》："千金之子不垂堂，百金之子不骑衡。"颜师古注曰："垂堂，谓坐堂外边，恐坠堕也。"

于己取之，于独省之，斯二者藏互宅而各有其宅，用交发而各派以发。灼然知我之所有：不但此动之了喜了怒、知哀知乐应感之心，静之无喜无怒、无哀无乐空洞之心；而仁、义、礼、智之始显而继藏者，立本于宥密，以合于天命之流行，而物与以无妄。则动之可东可西，静之疑无疑有者，自成性以还，几且交物而为心之下游，审矣。

船山指出"四端"与"七情"，虽于用可见二者有"互藏其宅"、"交发其用"之合，但若论其体则实各有其宅，各有发用之源。以船山之见，人若能据其体验而独省深察，细加分辨，则当知人之所具，并非仅限于虚灵知觉之心①，与随物感动之七情，于此之外实有更具根本性之"道心"。船山指出，"道心"所具仁义礼智之性，显于天命而藏于气质，人当识此而立本于宥密之地，以合于流行不测之天命，随时处事而应物无妄。至于静无所存、动无定向之"人心"，在船山看来，不过为人有生之后，感官交物而为心之下游。船山又对"人心"加以分析曰：

夫于其目，则喜、怒、哀、乐之情，四也。于其纲，则了、知、作、用之灵，一也。动其用，则了、知、作、用之警然有矣。静其体，则镜花水月、龟毛兔角之涣然无矣。铲目而存纲，据体而蔑用，奚可哉？故为释氏之言者，终其身于人心以自牿也。

船山认为"人心"实有纲、目之分，其目则为"喜、怒、哀、乐之情"，其纲则为"了、知、作、用之灵"。船山认为禅宗之言心，专恃"了、知、作、用之灵"，随事顺应于坐卧行止之中。以船山之见，儒家虽由"七情"之善恶不齐以言"人心之危"，但却反对绝物废情，并主张以"道心"为主宰而节度"七情"之用；但禅宗则依虚灵知觉，随顺自然以为作用，反对著物而起情识之用，实"铲目而存纲，据体而蔑用"，终自限于"人心"。至此，船山则综括前述以论"道心"与"人心"之异，其曰：

---

① 在船山看来，"人心"之动虽能随感而生起七情，但当感息情散，则将陷入空洞无物之境。

夫道心者：于情则异彼也，故危微之势分；于性则异彼也，故执中之体建。藏于彼之宅，而彼皆我之宅；则人心之动，初不能有东西之宅；人心之静，初不能有无位离钩之宅。发资彼之用，而彼因有其用；因有其用，而彼遂自用；则人心之目，溢于万变，人心之纲，无有适（自注：丁历切）一；要以藏者无实，而显者无恒也。是故著其微以统危而危者安，治其危以察微而微者终隐。

船山指出"道心"与"人心"虽各有所统之性情，但论及情，"四端"善而无恶，"七情"则善恶无定而易趋于恶，故二者实有"危、微之势分"；论及性，"人心"囿于形质仅具知觉运动之性，"道心"则存天命之四德而建中以为体。在船山看来，"人心"实无自质，本无所谓"无位离钩之宅"，因感应以为体，亦随所感之不同而变易无恒，故"不能有东西之宅"。"道心"虽可由"七情"所感而起"四端"，以据于"七情"之宅，亦资彼"七情"以为用，然而"七情"既能合"四端"以为用，又可离于"四端"自以为用。据此可见，因藏于内者无所存之善以为实，显发于外者亦不能免于恶而恒趋于善，故"人心"之目——"七情"可溢于万变，而"人心"之纲却不能一以贯之于善。由"人心"、"道心"之辨，船山指出心性工夫，必据"惟微之道心"以统摄"惟危之人心"，方能使危者得安；若专"治其危以察微"，或因感物情动方为善恶之择，或遏情绝物以孤守虚明，皆治于"人心"之末，无法借此以察知"道心之微"，不免将使"微者终隐"。

三 "人心"、"道心"之分与"阴阳"、"动静"之辨

此下，船山又结合《周易·系辞上》"继善成性"论与程颐"动静无端、阴阳无始"之说，从本体论的角度，探讨"人心"与"道心"形上根源之不同，进而对二者各具之内涵特质与相互关系加以辨析。

首先，船山引据《周易·系辞上》之说以为诠义，船山曰：

且夫人之有人心者，何也？成之者性，成于一动一静者也。（自注：老以为橐钥，释以为沤合。）一动一静，则必有同、异、攻、取

之机。(自注:动同动而异静,静同静而异动,同斯取,异斯攻。)同、异、攻、取,而喜、怒、哀、乐生矣。(自注:同则喜,异则怒,攻则哀,取则乐。)一动一静者,交相感者也,故喜、怒、哀、乐者,当夫感而有;亦交相息者也,(自注:当喜则怒息,当哀则乐息矣。)交相息,则可以寂矣,故喜、怒、哀、乐者,当夫寂而无。小人惑于感,故罹其危;异端乐其寂,故怙其虚。待一动一静以生,而其息也则无有焉。斯其寂也,无有"自性";而其感也,一念"缘起无生"。以此为心而将见之,剖析纤尘,破相以观性,至于"缘起无生",则自谓已精矣。孰知夫其感也,所以为仁义礼智之宅,而无可久安之宅;其寂也,无自成之性,而仁义礼智自孤存焉。则斯心也,固非性之德,心之定体,明矣。故用则有,而不用则无也。

船山指出"夫人之有人心者……成之者性,成于一动一静者也",一动一静,必有同异攻取之几,由此而生喜怒哀乐之情。在船山看来,"人心"因与外物相感而生七情,当未与外物相接之际则又复归于虚寂;此七情因一动一静,交相感而生,亦交相息而寂,当夫感则有,当夫寂则无。船山认为"小人惑于感,故罹其危;异端乐其寂,故怙其虚",二者于动、静各执一端,但同自限于不可恃之"人心"。船山特别针对其所谓异端之说,指出"其寂也,无有'自性';而其感也,一念'缘起无生'",自谓析理已精,却不知"其感也,所以为仁义礼智之宅,而无可久安之宅;其寂也,无自成之性,而仁义礼智自孤存焉"。在船山看来,"人心"虽感而有,可为仁义礼智所统摄以为用,但当所感暂息而归于寂,却无自成之性,仁义礼智可别此而孤存。船山指出"人心"用则有,不用则无,固非"性之德,心之定体"。若因动静寂感以为治心之功,则终不能见"道心"之实。

船山又曰:

若夫人之有道心也,则"继之者善",继于一阴一阳者也。(自注:动静犹用,阴阳犹财。)一阴一阳,则实有柔、刚、健、顺之质。(自注:二实,实此者。五殊,殊受其实以成质。木柔、金刚、火健、水顺。)柔、刚、健、顺,斯以为仁、义、礼、智者也。(自

第四章 王船山之心性论与治心工夫

注：恻隐柔之端，羞恶刚之端，恭敬健之端，是非顺之端。）当其感，用以行而体隐；当其寂，体固立而用隐。用者用其体，故用之行，体隐而实有体。体者体可用，故体之立，用隐而实有用。显诸仁，显者著而仁微；藏诸用，用者著而藏微。微虽微，而终古如斯，非瞥然乘机之有，一念缘起之无。故曰始显继藏，天命流行，物与无妄也。

船山又指出"人之有道心也，则'继之者善'，继于一阴一阳者也"，阴阳实有柔刚健顺之质，以成人之仁义礼智之性，而可发诸四端之情。在船山看来，不同于"人心"之用有而体无，"道心"则寂、感皆有其实，体用一源而显微无间。当其未与外物相接之时，"道心"实有其体而自立，以为存养用功之地，而有不显笃恭之用；当其与外物相感之际，道心以其体而行诸用，体隐而实有其体。船山所谓"显诸仁，显者著而仁微；藏诸用，用者著而藏微"，乃从道心发用之际，以见仁体始显于天命，继而藏诸人身，虽微隐而难见，但"微虽微而终古如斯"，人必依此方能因应不测流行之天命，随事处物而皆诚无妄。

船山基于以上两段从本体论角度，对于"人心"、"道心"进行分辨，再从工夫论的视角，对于"人心"、"道心"于君子治心工夫中所处地位之不同，加以说明。船山曰：

> 且夫一动一静，而喜、怒、哀、乐生焉。动静，无恒者也。一动则必一静矣，一静则必一动矣。一动则动必不一矣，一静则静必不一矣。乘其机而择执之，是破屋御寇之说也。若守其不动不静之虚灵以为中，是壅水使湍而终听决也。惟夫得主以制其命，则任动任静，而保其不危。故人心者，君子所不放，而抑所不操。

船山指出喜怒哀乐生于无恒之动静，若仅乘其动静之几而为择执之功，则如破屋御寇，劳而无功；若绝物离情而守虚灵以为中，则如壅水停洄终将决于一旦，亦如隔日之疟暂愈而又发。只有得主以制命，方能于动静之几皆得所安。故君子于"人心"，虽有所不放，亦不操之以为功。

船山又曰：

> 若夫阴阳者，三才所取资，五性所待用，疑非微矣，而不然也。阴阳为已富矣，而一阴一阳之权衡，不爽于铢黍者，微也；一阴一阳之妙合无间，而不相为同、异、攻、取者，微也。是故恻隐、羞恶、恭敬、是非并有于心，区畛不差，而容函协一。有能审其权衡而见其妙合者，其惟见天心而服膺弗失者乎！于末索本者，芒然于此，宜其执一非一，而精者皆粗也。

在船山看来，阴阳并非仅为成物之材质，因其内具健顺之性，两者相互运作而有分剂调合之用，由此方能使阴阳所生妙合无间而共成一物。阴阳之气虽富有，但其分剂禽合以成物之过程，则精密而微妙。而船山认为阴阳各具之性能及其相互运作之功用，见诸于人则为道心思辨之才用，既可权衡事理使之精密无差，亦能随事应务各有施为而相协不悖。以船山之见，此种"道心"之性能，正为人类德性之深层潜能，其运用与阴阳造化同样精密微妙难以为言，只有"见天心而服膺弗失者"，方能"审其权衡而见其妙合"。而在船山看来，所谓异端"于末索本"者，终"芒然于此"，摒情绝物，专恃虚静，则"执一非一"，其所见为精者，实则皆粗。至于百姓众庶则大多只能当感物情发之际，于其四端"并有于心，区畛不差，而容函协一"以略见其端倪。若不能继此致思力学以为功，则仍无能于其自身而实显"道心"之大用。

接下来，船山又引据程子"阴阳无始、动静无端"之说，再加以阐发。船山曰：

> 以约言之：阳变阴合，乘机而为动静；所动所静，要以动静夫阴阳。故人心待役于阴阳，而堪为听命。乃有机可利，悍发者恣违其主；机发必息，遁虚者图度其安。则惟成器之余，虚以召感，亦以召寂，泮涣淳涸者，因机为用，而失其职也。故曰"动静无端"，言其无本而乘乎机也。警然而凝于器，如水之忽冰；警然而发于情，如水之忽波；日霁风止，而自性毁矣。故曰"阴阳无始"，言其固有，而非待缘以起也。木不待人斲，而曲直也固然；火不待人炀，而炎上也固然；金不待人冶，而从革也固然；水不待人导，而润下也固然。不

待孺子之入井,而慈以愍者固存;不待尔汝之相加,而严以正者固存;不待摈介之交接,而肃以雝者固存;不待善恶之杂进,而晰以辨者固存。物止感息,而已有据,见于天壤,而物有征,各正性命,其有或妄者哉!则以知道心之与人心,如是其差以别矣。

船山将程子"阴阳无始、动静无端"之说诠释为两层之意,以对阴阳与阴阳之变合于观念层次上加以分别。船山认为阴阳乘动静之几以为变合,但其所动所静实有阴阳健顺之质以为之体性。而"人心"之动几亦如阴阳之变合,如能受役于阴阳健顺之体性,亦堪听命以为善,但若乘机为利,恣意悍发,则不免妄作而违其本性。此外,船山还特别指出,"人心"成于形器之虚与外物相感之机,无有自性,若失"道心"之主宰,因机以为用,则虚以召感亦以召寂,即使依机发必息之刻,可暂时遁虚以求安,终必因动机复起而失其所止。此即"动静无端"之义。船山诠释"阴阳无始"之意,则言"五行一阴阳,阴阳一五行",阴阳化生而有五行之质与五性之德,此皆天地万物与人之所固有,非待缘以起。即使于心与外物尚未相接,即船山所谓"物止感息"之际,亦尚有五性之德可为"道心"所据,正如五行之性,见于天壤则于物有征,各正性命亦真实而无妄。

以上,船山引据《易系》与程子之说,大要在强调"人心"与"道心"之分别,为避免读者将"人心"、"道心"截然判分而割裂,船山又重述前说,曰:

> 然则判然其为二乎?而又非也。我固曰互藏其宅,交发其用。阴阳变合而有动静。动静者,动静夫阴阳也。故人心者,阴阳翕辟之不容已;道心者,动静之实,成材建位之富有,和顺而为光晖之自发也。

由此船山总结指出"人心"与"道心",虽可相互触动而于其感发见有相合之用,但二者立体不同,且于其发用中,因二者所处主从地位之别,亦见有善恶之殊,故尤需慎加分辨。船山曰"人心者,阴阳翕辟之不容已;道心者,动静之实,成材建位之富有,和顺而为光晖之自发也",即以阴阳与阴阳之变合,分辨"道心"与"人心"之不同。日后船山于其所著《读四书大全说》中,亦以阴阳与阴阳之变合,分殊性情之差异,其论之发端即源之于此。

船山于篇末又从人之生死,以言"道心"与"人心"存亡之不同。船山指出"人心乘动静以为生死",人之死,只是人心之息,而非道心之终。船山引据《周易·系辞上》"乾坤毁,则无以见易,易不可见,则乾坤或几乎息矣",指出宇宙阴阳大化,本自乾坤健顺之体性,人类于宇宙演化中出现,进而建基于人性而有文明之发展,无不根源于此。即使推极而论,或有文明泯灭,甚而人类毁亡之一日,在船山看来,亦不过为"动静伏而偶无人",由于"阴阳匿而永无道",终无此一日,宇宙"敦化不息,而屈伸一诚",终能再起新化,人类与文明亦将有再现重光之日。由此,船山指出"道心"乃"贞阴阳以为仪象",此正为人性内在价值之根源与文明创造之动力,不会随人类社会中个体之生死而泯灭,故君子当以此为治心用功之地,论心亦必以此为宗。

第二节 "性、情、才"与"诚、神、几"

船山《引义》之《康诰》篇,与上一节笔者重点分析之《引义·大禹谟》篇,所讨论之议题密切相关。在本篇中船山结合《康诰》篇之文句与周濂溪有关"诚、神、几"之论说,重点讨论了心与性、情、才之关系,并针对禅宗之说,对于儒家安心之法做出了具体地说明。以下,笔者将对船山之论述,做出详细的分析与阐发。

船山开篇曰:

《诰》曰:"往尽乃心。"尽云者,极其才也。又曰:"宅心知训。"宅心云者,定其性也。又曰:"康乃心。"康云者,应其情也。[①] 心者,函性、情、才而统言之也。才不易循乎道,必贞其性。性之不存,无有能极其才者也。性隐而无从以贞,必绥其情。情之已荡,未

[①] 本节引文未做特别说明,皆出自《引义·康诰》,收入《船山全书》(二),第 365—369 页。

第四章　王船山之心性论与治心工夫　　79

有能定其性者也。情者安危之枢，情安之而性乃不迁。故天下之学道者，莫不以安心为要也。

本篇一开始，船山即从《康诰》中摘出"往尽乃心"、"宅心知训"、"康乃心"三句经文，指出将此三句经文合观，其意乃即心以论才、性、情，分别而言极心之才、定心之性、应心之情。本篇要旨即由心出发，讨论性、情、才之关系，并进而以论心性之工夫。

船山认为心乃涵性、情、才而统言之物，心之才虽能感物生知、应物成务，但必贞其性而存主于心，方能尽其才之所当用；但由于性隐难知，必待感物情动之际，安其情而不令其流荡无归，方能使其性得所贞定。因此，在船山看来，情为人心安危之枢①，"情安之而性乃不迁"。因此天下学道之人，皆以"安心"为要。在第二章第一节所论《引义·尧典一》中，船山即以《尚书·尧典》所言"文思安安，允恭克让"中之"安"字，作为"文、思、恭、让"所期待达至之价值目标与方向。在《引义·康诰》篇中，船山则明显针对禅宗达摩祖师为二祖慧可大师安心的公案，强调儒家自有"安心"之法，当与禅宗之说加以区别。

在上一节所论《引义·大禹谟》一篇中，船山曾提出"道心"与"人心"各有体用之说。究其设论之旨，乃针对朱子、阳明分别以虚灵不昧、良知界定心体之论说，揭明二家所言之心皆限于"人心"，进而主张以仁义所存之"道心"作为人之本心，并对"道心"四端之用与"人心"七情之用做出分辨，以此与佛教、道家之心说加以区隔。在此基础上，又强调心性工夫重在立本以为用，不可仅限于以克制之法对治情之末流。在本篇中，船山则转从人心活动的经验层面而论心性工夫，以"安心"为标的，即用以言体，可与《引义·大禹谟》篇之论参合互观。

船山从社会一般人的存在经验出发，指出追求内心之安，乃人性普遍之需求，他说：

抑天下之言道者，莫不以安心为教也，而本与末则大辨存焉。今

---

① 在本节中笔者所言之"人心"，当加注引号使用时，意指与"道心"相对之"人心"，而当不加注引号使用时，则泛论人之心而言。

将从其大本而求安乎？抑将从其已末而求安乎？夫苟从其已末而求安，则饥渴之害，爱憎之横流，莫匪心也。导其欲，遂其私，亦泰然而蔑不安已。然有得而乍快于意，良久而必恶于志，苟其牿亡之未尽者，自不以之为安。然而求安其心者，缘心有固康之则，如激水上而俄顷必下，其性然，故其情然，本所不亲，非末所得而强。故即在异端，不能诬不安以为安。是以天下之言道者，无不以安心为事也。

船山指出心有本末之别，安心之法亦有本末之殊，或即"大本"以求安，或即"已末"以求安，二者必须加以分辨。船山认为追求"心安"，虽基于经验层面的情感需求与心理感受，但对于安与不安的体察与确认，则源自人之内在的道德本心。较为特别的是，船山论证道德内在性所依据的道德经验①，并非本于自内向外、积极利他的为善之心，而是基于欲望、私情之暂时满足仍无法安顿之价值焦虑，以及不时会从内心萌动的良心不安感。而对于成长在将追求道德价值作为人生意义来源的文化社会中的个体，获得这样的道德经验当并非难事。船山指出"固康之则"为性所本具，若其情有违于此，心中必有不安之感而转求其安，"即在异端，不能诬不安以为安"，故天下之言道，皆以安心为事。

接下来，船山则由分辨心之本末以论安心之法。船山曰：

然从其本而求之，本固不易见也。本者非末也，而非离末之即本也。已离于末，未至于本，非无其时也，非无其境也。离于末不可谓末，不可谓末，则或将谓之为本。乃离于已末也，离于已末，犹其末矣。犹其末，则固然未至于本也。未至于本，其得谓之本乎？

心者不安于末，离于末则离其不安者矣。其为时也，鱼之初脱于钩也；其为境也，系者之乍释于囹圄也。夫鱼则有渊矣，系者则有家矣，固未能至也。然而脱于钩而吻失其胃，释于囹圄而手足去其桎梏，则亦攸然而自适。故异端之求安其心者，至此而嚣然其自大也。

---

① 孟子论证性善说所提出的四端之心，正是来源于我们人人皆有的道德经验。通过孟子所设定的道德情境，每个人都能在自我内心中获得一种真切的道德感受，于是"人性皆善"的道德信念，便通过自我证成的方式，成为奠立在个人心中的道德基石。船山由人之普遍心理经验以推论人性，与孟子证成性善之说取径相近。

是以神光谒其师以安心，而以觅心不得者为安焉。

脱于钩，未至于渊；乍释于圜土，未反其家；两不得焉。萧散容与，徜徉而见心之康，良自慰矣。乃怙俄顷之轻安，而弗能奠其宅、尽其职也。桃花无再见之期，石火无栖泊之地，停目已非，随流已泛，危莫危于此焉，奚有于康哉！故曰？"人心惟危？"，非但已末之谓也，离末而未至于本之谓也。

解读以上诸段，若结合船山《引义·大禹谟》篇有关"人心"、"道心"之辨，则较易彰显其旨趣。船山《引义·大禹谟》篇最要之观点，在于提出"人心"、"道心"各有体用之说。而船山此段针对心之本末所作之分殊，正意在指出若不见"道心"之体用以为立心之本，则所谓治心之功，仅治于"人心"之末流，终不能达其本而得安心之效。

以下笔者将结合其《引义·大禹谟》篇所论，寻绎其说之论旨。船山主张"道心"、"人心"各有体用，其论心之本末，亦非只就一层之体用立论，故对"心之末"，而有"已末"与"离于已末，未至于本，犹其末"之分别，即是据"人心"之体用以为说。船山认为"本者非末也，而非离末之即本也"，人之心虽离于"已末"而尚未至于本，其间亦有可相对独立存在之时与境。此可为人心所体验之时与境，在船山看来，虽离于"已末"而"犹其末"，"犹其末，则固然未至于本也"。

船山又设譬喻以作详细阐述，他指出人心不安于末以求安，而能离于末者，仅暂离其不安，此时之心境如被钩之鱼初脱于钩，久困之囚徒乍释于牢狱，亦悠然而自得。但船山进而指出，鱼虽脱于钩，但必游于渊，方免网捕之祸；囚徒虽释于桎梏之困，但必归其家，方能得所依止，人之心亦必"奠其宅、尽其职"，方能得其久安。正如"脱于钩，未至于渊；乍释于圜土，未反其家"非无其时，人心亦有未与外物相接而情欲未动之际，可"萧散容与，徜徉而见心之康"。以船山之见，禅宗公案所载二祖慧可大师受教于祖师达摩，因觅心不得而获心安，而其所得之境界即同于此。但在船山看来，此暂获"俄顷之轻安"，如石火电光，不能久住，"停目已非，随流已泛"，由于"人心"不能无感，必随感而又再陷于危殆。因此，船山告诫执虚明之境以为久安之所者曰"危莫危于此焉，奚有于康哉"，并指出《尚书·大禹谟》所谓"人心惟危"，非但言"已末之谓",实言"离末而未至于本之谓也"①。

接下来,船山则即心之性、情、才,以论治心之功。船山曰:

> 乃若其本,则固有之,而彼未之知耳。本者何也?天下之大本也。心之为天下本者有三,三者贯于一,而体用之差等固不可泯也:诚也,几也,神也。几则有善恶矣,而非但免于恶之即善,则几固不可遏而息也。神则不测矣,于此于彼而皆神,是人之天,非天之以命人而为其宅者也。故几者受裁于诚,而神者依诚以凝于人者也。

船山主张"心为天下之本",实贯性、情、才于一,但三者间有体用之差等仍需加以分别,不可混为一谈。船山将性、情、才与诚、几、神相配,指出虽感物情动而有善恶之分,但非免于恶即能为善,故情不可遏而物不可绝;人心有见闻知觉之才②,为初生所禀赋,能感物而应事,但此见闻知觉之才,却非天之命人而人可据以为安者。由此船山指出情必受裁于性之诚,而见闻知觉之才亦必依本性之诚以为用。在船山看来,心之性、情、才,乃以动态方式交互为用之整体,以往各家安心之法所失之处,正在于割裂性与情、才之关系,而偏就情、才以为用功之地。

此下,船山即就偏以情、才为功之失进行分析。船山曰:

> 从其几而求康与?是未至于本而亟离其末也。其视情也如仇雠,而视才也为糠秕。乃忽一念焉反而自问,则必有大怫焉者,是以不安为安也。性隐而莫著其端,在情而亟遏之,则才充而受诎者,无望其心之尽矣。

---

① 船山此处所论,亦可与其《大禹谟》篇中所谓"自好之士,厌饫于恶而思返,矫敝于已末,分析人心之动机,嗒然丧据,因铲灭以观其静;则人心之下游,壅闭渟洄,如隔日疟之有间也。斯其时,非无清朗虚涵之光影,如蕉空中,如水映月,迷留玩悦,因以为妙道之攸归,终身处堂,以嬉于人心之中,而信滨危之可保。是犹秦兵南向,而田建堕防,拖雷北返,而似道奏功;其固本保邦之术,近取之国中者,觍面而自失之"之论参看,对于《引义·大禹谟》篇此段之分析,可参见笔者上节之论述。

② 此处船山所言之神,主要即"人心"而言耳目知觉之灵,其与"道心"合用可为之效见闻之才用,若离"道心"而自为用,则将为外物所牵而陷于情欲之私。

第四章 王船山之心性论与治心工夫   83

所谓"从其几而求康",即针对上文所论"未至于本而亟离其末"者而言,因见情之危,故废才之用,离物绝情以求安。在船山看来,性隐不著,故不可虚以求见,而感物情动之际正为性之所见端,人当以其本心之才,即此以求处事应物之道,必于情理、物则两得其宜而后止。若急于遏情绝物以为心之所止,则实以不安为安,其心本所充具明理应物之才,亦必交受其屈,更无望其心之能尽。

船山又曰:

拟乎神而求康与?是本末两捐而以无本者为本也。若有情焉,而莫得其情;以为才之大也,而数困于小,夫抑奚据以安哉?情泛寓而莫得其宅,才挥斥于无涯而实一之未尽也。故求心不得而绝之,求心不得而以不得者为得,胥曰吾以康吾心。君子视之,殆哉岌岌乎矣!

至于"拟乎神而求康",船山谓其"本末两捐而以无本者为本"。船山认为此类多为具一定天资之人,其性清脱,故能不为物欲所困,亦能于日用间恃其虚明之心随物感之几,临时以为因应,由此即逞才自恃,妄以为无需进求为学之道,随事皆能见功。在船山看来,事无大小,皆需尽心穷理,方能处之得宜,而此类人所恃以应务者,不过为耳目之虚明、睹闻之浅见,"情泛寓而莫得其宅,才挥斥于无涯而实一之未尽",虽自恃"才之大",却终不免常"困于小"。船山认为以上所举,前者乃"求心不得而绝之",后者则"求心不得而以不得者为得",皆误执其所偏据以为安心之道,而在君子眼中二者皆岌岌可危而不自知,终必陷于危殆。

继此,船山则从正面陈述君子如何修道以为安心之法,此正为本篇所论核心之要义,笔者将逐段进行剖析。

船山曰:

夫君子之以康乃心者,诚而已矣。诚而后洵为天下之大本也,故曰:志以道宁。诚与道,异名而同实者也。修道以存诚,而诚固天人之道也。奚以明其然邪?

船山以修道存诚为君子安心之法,并以存诚之心而为天下之大本,但究其所谓之"诚",实有多重意涵,及其特殊之界定,需细致加以分辨。船山论"诚"重在辨析"诚者非但无伪之谓","若但无伪,正未可以言诚"。船山认为人并非在自我道德意识中做到无有欺伪之动机,即可谓之"诚",更不可将无愧于心之"直情径行"视为"诚"。[①] 船山认为"诚"乃指君子为学力行所成之德,圣人成德之极致亦可谓之"诚"[②],二者有"致曲之诚"与"圣德之诚"的分别。船山以"诚"论德,着重对于人之实践能力加以强调。在船山看来,只有内心对于事物之理有真实无妄之理解与判断,方能于实行中处事得宜,应务而有功,非但心无欺伪之意即能达此境界。由此,船山论中特别引申《尚书·旅獒》中"志以道宁"之意,指出"诚与道,异名而同实",句中"诚"即指"成德之心","道"即指成德之心所载之道,故二者异名而同实。船山又言"修道以存诚,诚固天人之道",此下即对其所谓"天人之道"的具体所指,及"修道以存诚"之工夫,加以详细阐发。

船山曰:

> 今夫道:古由之,今亦由之;己安之,人亦安之;历古今人已而无异者,惟其实有之也。施之一室而宜,推之一国而准,推之天下而无不得,概远迩逆顺而无不容者,惟其实有然也。

船山上文曰"诚固天人之道",所谓"天人之道",乃指本诸人性相通之理,因时处事以为因应之道。而由此界定之"诚"与"道",既指君子志学之对象,亦言其为学之所得,以及成学之德用。船山认为君子为学所求、力行所践之道,乃实有而不虚,故可通古今人已而无异,亦可由室家之宜,推及于国与天下,盖远近顺逆皆可涵容以相保。

此下,船山即从知与行之两面,对"修道存诚"之功予以说明。在船山看来,知以言君子之修己,重在学问以通理;行以论君子之治人,要在涵众、敦仁以达情;知与行、修己与治人皆需尽心之才以为功,方能使

[①] 船山曾曰:"世儒每误看一'诚'字,将作直情径行解,其乱德非小。"见《读四书大全说》卷8,船山全书(六),第949页。

[②] 船山曾曰:"说到一个'诚'字,是极顶字,更无一字可以代释,更无一语可以反形,尽天下之善而皆有之谓也。"见《读四书大全说》卷9,船山全书(六),第995页。

其心知性、循道以得所安宅。船山曰：

> 故有理于此，求之于心而不得，求之于所闻而得矣，求之于所习而得矣，求之于所笃信而博推者而愈得矣。心虽未得，而求以得者心也，情之挚也；所得者非所闻、所习而适得我心也，性之安宅也。由是而用之不穷焉，尽其才矣。故《易》曰："学以聚之，问以辨之。"而《诰》曰"敷求哲王"，学也；"远惟耇成"，问也。古今之心，印于心而合符，而天下之相龃龉者，恬然已应之，康乃心矣。心斯宅矣，心斯尽矣，徜徉无定之情，有实以为之依，是亦鱼之康于渊也已矣。

此段船山主要论君子穷理尽心以为修己之功。船山指出穷理之功，有"求以得者"、"所得者"之分别。船山认为"求以得者"，为认知之主体，在好学诚笃之心，心虽未得，但必以"情之挚"者求以得之，方能实有所得。"所得者"，为求知之对象，船山认为穷理求知，不可孤求于心，求之心而不得，则需求之见闻以得之，求之其所习行以得之。于见闻、躬行之心得外，船山特别指出"求之于所笃信而博推者而愈得矣"，并以"非所闻、所习而适得我心"者为"性之安宅"，正是强调穷理之功，要在历史、现实经验中深求其理，并能融会贯通于己心，进以其所笃信之理，博推于天下之事，由此方能由已知以得其所未知，由往古成败之迹以探知来者之所当行。由此，船山将其所论合之于经典之所载，指出《康诰》"往敷求于殷先哲王，用保乂民"，乃言于殷朝历代智王之治以求安民之道，此即《易传》所谓"学以聚之"之意；《康诰》"汝丕远惟商耇成人，宅心知训"，乃言于商族健在老成之贤者以求训民之则，此即《易传》所谓"问以辨之"之意。在船山看来，君子格物穷理、尽心知性，需取古今之心与己心印证而合符，方能使"徜徉无定之情，有实以为之依"。由此而处天下之事，即使于天下之相龃龉者，亦能泰然处之、恬然以应，而于己身、天下皆得所安，其心亦终得久安之宅。

船山又曰：

> 今有所感于此，求之心则不得人之心，求之人则不得己之心。以

心得心，而人之情得矣。人得其心，而己之心亦得矣。惟不隘其心之量，锢之于私，不逆其心之几，姑为之忍，则天下之顺者逆者、同者异者，以心函之而不相为忤。此非违其心以强受也。心固无不可受，而安其土者仁斯敦也。物诚有其情，我诚有其才，无可忧也，无可歉也。故《易》曰："宽以居之，仁以行之。"而《诰》曰"若毕弃疾"，仁也；"若保赤子？"，宽也。天下皆吾赤子，而疾毕弃，康乃心矣。以大宅载天下，而才之尽者无不裕矣。陿束自困之情，有实理以扩充之，是亦释于桎梏而宁于其家也已矣。

此段主要论君子存心敦仁以为治人之事。船山论知行关系，反对将二者截然区判，基于其理势相因、理随势易之史观，特别强调处事行己，当依所处具体之境况以为因应之道，故处事之道无法尽知并预择于先，因此行中亦有知之工夫。其实，上文所谓"笃信而博推"、"非所闻、所习而适得我心"部分已涉及行中之知。但此段中，船山于彼我相感之际，又特论之以"求心"之法，实有更深挚之考量。船山认为人我彼此之相处，若专求诸己心所得之理，未必能知人情之百态；若骛外专求诸人，不准诸己心之义理以为权量，则虽见人情之百态，亦不免为之所惑。前者若专恃其所见以立政行事，因其无法通达众庶之人情，必致强人从己，困人于其所难为；由于民之好恶参差，情欲纷披，彼此间亦有利害相违之处，若不能"整齐其好恶以平施之于天下"，只求人之所欲而不尽之以理，必致扞格难通，丧己以徇物。因此，船山于上段所言尽心穷理之后，于此段又别授以求心之法。但尚需说明的是，前段所言之心，重在心智认知之能力；此段所言之心，则重在内心情感之体验。船山论心，于理智情感皆予看重，故其所言修己治人之道，亦必达诸人己相通、理情交尽而后止。

船山曰："以心得心，而人之情得矣。人得其心，而己之心亦得矣。"所谓"以心得心"，重在于人己相感之几，以情观情，以欲观欲，由己之情以达诸人情；"人得其心"，则指君子通人己之情以达天下之志，由此立政行事，百姓率循而自遂其情，君子敦仁之心亦得以自遂。船山之"继善成性"论，由分别"善"与"性"之不同，以个体性界定"性"

之概念，同时主张"性日生日成"，强调人性发展的动态性与可变性①。因此，船山不再局限于从抽象单一普遍性的角度把握人性，而能够从人性实际的存在状态出发，体察人于不同生存境况下，在情感心理、伦理精神状态方面，所具有的差别性。船山认为"物之资我以生者，已而各有其志欲，各有其气矜，积以相加而不相下，则可顺而不可逆"②。由此，船山亦强调修己与治人之分别，前者重在为学修身，以效天行乾健之德；后者则法地势坤顺之德，"顺以受物，合天下智愚贵贱，皆顺其性而成之，不以己之所能责人之逮，仁礼存心，不忧横逆之至，物无不载也"③。

正是基于对人性更为深刻与复杂之理解，船山劝诫君子不可专己自恃，锢于私意，以碍其心之量，亦不可禁抑其情，绝物于外，而姑为之忍。船山认为存心以治天下，不可以其自身有限之义理经验，概天下之情理，亦不可以其所抱持之道德信念，强天下以从己，而需"通贤智愚不肖于一"，于众著而共由者，立政以兴教④。由此，船山指出君子当于"天下之顺者逆者、同者异者，以心函之而不相为侮"，由此以合于《易系》、《康诰》"宽以居之"、"如保赤子"之教诲。船山又进而指出，君子存心以涵众庶之情，亦非"违其心以强受"。由于，"物诚有其情，我诚有其才"，尽心之才，不仅能合人我之情、通达天下之志，制礼兴教以导民弃恶而向善，又能随事应感、通理达情，于人我相接皆得其宜。结合船山他处之论可知，以船山之见，圣贤行仁之最高展现，即为礼之制作⑤。圣贤制礼作乐以施行于天下，众庶透过日用礼乐之践行，即能不断

---

① 有关船山哲学之动态性，参见戴景贤先生《王船山学术思想总纲与其道器论之发展》，香港中文大学出版社2013年版。
② 《周易大象解·坤》，收入《船山全书》（一），第699页。
③ 《周易内传》卷1上，收入《船山全书》（一），第78页。
④ 在《引义·皋陶谟》篇中，船山曾指出："贤智有贤智之天，愚不肖有愚不肖之天，恶得以贤智之天，强愚不肖而天之也哉？均乎人之天者，通贤智愚不肖而一。圣人重用夫愚不肖，不独为贤智之天者，愚不肖限于不可使知，圣人固不自矜其贤智矣。是故春温夏暑，秋凉冬寒，昼作夜息，赏荣刑辱，父亲君尊，众著而共由者，均乎人之天也，贤智之不易尽，愚不肖之必欲喻者也。教以之兴，政以之立矣。"船山于论中区辨"贤智之天"与"愚不肖之天"，后又以能"通贤智愚不肖而一"之"民之天"，以为政教立基之原则与标准，其主张与本段所论亦有相通之处。有关《引义·皋陶谟》篇此段文字之分析，可参见下文第七章第一节。
⑤ 船山《读四书大全说》之《中庸》部分，对此有详细之论述。可参见拙作《"修天德"以"成王道"——王船山对〈中庸〉义理的疏解与阐发》，《中国哲学史》2011年第4期。

感发志意,于情欲自遂之中,可渐向善而不觉;即使末世风习浇薄、百姓陷溺于恶,亦能由礼乐之善导,"若毕弃疾",渐化其恶于无形,风俗亦将趋于醇厚。在船山看来,如前段所言,君子为学穷理,可使其"徜徉无定之情,有实以为之依",但其若能如此段所述,于人我相感之几,处事待人因时以求因应之道,则更能以其躬行心得之实理,使其陿束自困之情得所扩充。由此,君子可"以大宅载天下,而才之尽者无不裕",不仅能令一己而得安,更能使天下得以相保。

船山篇末又综括以上所论君子修己与治人之方而曰:

> 盖宽者道之量所自弘,仁者道之生所自顺,学问者道之散见所自察。诚有之,诚宅之,诚尽之,各体其实而无摇荡拘迫之忧,故曰"志以道宁"。君子之以康其心者此矣。此之谓立天下之本也。惟然,而奚假禁抑之于末哉?

船山指出君子修己、治人皆以道为依归,故必致力学问,方能深入于事物之中以广求其道,同时亦需以宽厚存心,以仁爱为政,方能恢弘大道之量以顺于天地生生之意。在船山看来,此道乃真实无妄,故君子当以诚笃之意,尽心以求、择执不懈,随事体察以得处置之宜,由此方能不为一时之妄情摇荡、拘迫以自陷于忧虑,此即《康诰》所谓"志以道宁"之意。最后,船山再以篇首所言本、末之辨总结全文。船山以设喻的方式,对基于本、末两种不同治心之法加以比较说明。船山指出,"禁抑之於末"以为治心之功,只于情动之际施予克制之功,或索性绝情弃物以空守虚明,则因众情纷杂、动静无端,好比如纷披之枝叶,冬陨春生、才伐即长,"末之不胜禁抑",即使"乍释而康",亦"终身忧疑而不胜",其失在"未寻其本也"。相对于此,君子治心之法,则有如"良贾挟千金而不忧其不售,良农储陈粟而不患乎无年",将"惟所欲为而不歉焉",其得正在"立本以存诚","非彼亟离于末而忘其本者所可几幸"。船山认为古之圣王,位居万民之长,虽克艰靖难而有治平天下之功,却仍能常使其心泰然而从康,正在其能养心之极致以成圣德之明。船山《引义·康诰》所辨析阐明之治心之功,正期待后之君子能"慎择其所以安心者而已矣"。

第三节 "敬"与"无逸"

在《引义·召诰无逸》篇中，船山借佛教唯识学有关"能"、"所"之辨，强调君子为学力行，当以其所具知行之能，即天下之事物，以求对待因应之道，不可孤绝外物，专据内心以为工夫。并对理学有关持敬、笃行之工夫主张加以检讨。

一　君子立言设教之准则

船山开篇即引《周易·系辞上》之言，从知行关系的角度，对君子立言之准则做出说明。船山曰：

> 《易》曰："拟之而后言，议之而后动。"言者，动之法也。拟以言，非浮明之可以言而即言；则如其言之议以动，非凿智之可以动而为动；道之所以定，学之所以正也。①

船山此处论"言"与"动"之关系，可在理学知行关系这一议题下加以理解。船山曰"言者，动之法"，所谓"言"乃行动之准则，必致知以合诸事理人情，方可拟之而后言，非由浮明所发无实之言；船山曰"如其言之议以动"，虽据所知而行，但"理随事异"，仍需据所处特殊之状况，议之以得所处之宜，方可循之以行，非凿智者恃气任意而行。在船山看来，道必由此而能有定，学者亦必以此为学，方为正学。船山又曰：

> 夫言者因其故也，故者顺其利也。舍其故而趋其新，背其利用而诡于实，浮明之言兴而凿智之动起。庄生曰"言隐于荣华"，君子有取焉。后世喜为纤妙之说，陷于佛、老以乱君子之学，皆荣华之言、巧摘字句，以叛性情之固然者，可弗谨哉！

---

① 本节引文未做特别说明，皆出自《引义·召诰无逸》，收入《船山全书》（二），第375—380页。

船山认为"言者因其故也，故者顺其利"，正可作为学者立言之准则，而庄子"言隐于荣华"之说，亦当为儒者借鉴以为立言者之警戒。其中所谓"言者因其故"，意在指出学者立言以为天下所取资，然其言之所据需与前贤所明之理相互印证而不违；"故者顺其利"，则强调取资前人所言之理，又需将其所言与历史实迹相参合，见其于实践运用中确有真实之效验。船山同时指出，如庄子之所告诫，若立言者"舍其故而趋其新，背其利用而诡于实"，则将使"浮明之言兴而凿智之动起"。在他看来，后代学者引释、老之说以入君子之学，正蹈于此，而与"性情之固然者"相背离。

二 有关"所其无逸"与"王敬作所不可不敬德"诠释之分歧

船山在阐明君子立言准则之后，便据此对宋代学者吕祖谦、蔡沈有关《尚书》两处文句之阐说，加以批评。船山曰：

> 《书》云"所其无逸"，言勿逸其所不可逸者也，而东莱吕氏为之释曰"君以无逸为所"。蔡氏喜其说之巧，因屈《召诰》"作所不可不敬德"之文，破句以附会之，曰"王敬作所"。浮明憪悦，可以为言而言之，背其故，违其利，饰其荣华，使趋新者诧为独得，古之人则已末如之何而惟其所诂，后之人遂将信为心法而背道以驰。夫君子言之而以动，必其诚然者而后允得所从，如之何弗谨而疾入异端邪？

船山认为《尚书·无逸》云"所其无逸"乃言"勿逸其所不可逸者"，若以"能"、"所"加以分辨，其中"无逸"为"能"，此外实有"不可逸者"以为之"所"。而吕祖谦却将此句训释为"君子以无逸为所"[①]，既以"无逸为所"，则不免使"无逸"之修，失其所指。由于蔡沈喜吕氏之训，又类比而言《尚书·召诰》"王敬作所不可不敬德"之

[①] 吕氏之说，出自其所撰《东莱书说》，原文作"君子所其无逸者。凡人乍勤乍惰，盖亦有无逸之时矣，然能暂而不能居，非所其无逸者也。惟君子以无逸为所，如鱼之于水，兽之于林，有不可得而离者焉。或利而为之，或勉而行之，皆非所其无逸，其视乾健不息之体，犹二物也"（见吕祖谦撰、时澜增修《增修东莱书说》卷25，引据《文渊阁四库全书》本）。

文，破句以相附会，断之为"王敬作所"，以敬为所，则不免失其所敬之实。船山据其所谓立言之准则以绳之，则见其为浮明所发，"背其故，违其利"，实取佛教所言之理，附会以诂《尚书》之文，使趋新之后学喜为独见，取之以为心法，终难免为其导入别途。

船山又曰：

> 今以谓"敬"与"无逸"之不可作所，实与名而相称也。乃如曰"敬"与"无逸"之可为所，名之不得其实也。此亦晓然而易知者也。不得其实，且使有实，凿智足以成之，终古而不利用，用之不利，道何所定而学将奚以致功哉？

船山以"名实相符"为原则，从"理"与"事"两方面，论证"'敬'与'无逸'之不可作所"。船山指出，从理上言，若不具体说明"敬"所存与"无逸"所行之具体对象，则将仅有其名而无实以相符；从事上看，若其言不当于实，凿智以成说，则必不能于实践中见其利用之效，用之不利，则道无所定而学亦无以致其功。由此可见，船山权衡立言之得失，实兼重逻辑论证与历史效验两种视角。以船山之见，并非言之成理、能自圆其说即足以立其言，其所立之说必能理事相符，于实行中见有真实之效用，方能使道得所定，学以致功。

三　"敬"、"无逸"与"能"、"所"之辨

船山继此结合儒家体用之论，界定"能"、"所"之观念意涵。船山曰：

> 何以明其然也？天下无定所也，吾之于天下，无定所也。立一界以为"所"，前未之闻，自释氏昉也。境之俟用者曰"所"，用之加乎境而有功者曰"能"。"能""所"之分，夫固有之，释氏为分授之名，亦非诬也。乃以俟用者为"所"，则必实有其体；以用乎俟用而可以可有功者为"能"，则必实有其用。体俟用，则因"所"以发"能"；用用乎体，则"能"必副其"所"。体用一依其实，不背其故，而名实各相称矣。

船山界定"能"与"所"之内涵,以"境之俟用者"为"所",以"用之加乎境而有功者"为"能",并指出此二名之立,虽本于释氏,亦非诬也。船山指出心之有"能",亦必有其运用之"所",君子于天下,即事以为所,事易所异,本无"一定之所"。而于本无定所之天下,区划一界以为"所",则始于释氏之说。在船山看来,天下之物为人心所应之所,由于万物为实有而世界非幻成,故万物实有其体而待人以用;相对于此,人得以应物成事而见功,实因吾心固有明理用物以见功之能,方可为学力行以致其实用。正如本书首篇《尧典一》中,船山论及己、物之关系,曾指出己有物而物亦有己,物我相依而不可分离,物虽自具其理,却必待我先之方成其用。而船山于本篇所谓"体俟用而用用乎体","因所以发能"而"能必副其所",必求体用皆实而名实相称,正与前篇之说遥相呼应。

接下来,船山则对佛教唯识学以"能"、"所"论心之说,展开分析。船山曰:

乃释氏以有为幻,以无为实,"唯心唯识"之说,抑矛盾自攻而不足以立。于是诡其词曰:"空我执而无能,空法执而无所。"然而以心合道,其有"能"有"所"也,则又固然而不容昧。是故其说又不足以立,则抑"能"其"所","所"其"能",消"所"以入"能",而谓"能"为"所",以立其说,说斯立矣。故释氏凡三变,而以"能"为"所"之说成。而吕、蔡何是之从也?"敬"、"无逸","能"也,非"所"也明甚,而以为"所",岂非释氏之言乎?《书》之云"敬",则心之能正者也;其曰"无逸",则身之能修者也。能正非所正,能修非所修,明矣。今乃"所"其所"能",抑且"能"其所"所",不揣而言,使人寓心于无依无据之地,以无着无住为安心之性境,以随顺物化为遍行之法位,言之巧而荣华可玩,其背道也,且以毁彝伦而有余矣。

船山认为以心处物应事,确有"能"、"所"之分,而释氏之说本

"以有为幻，以无为实"，故为使其说得以成立而不致产生矛盾，必"'能'其'所'，'所'其'能'，消'所'以入'能'，而谓'能'为'所'"①。在船山看来，"敬"与"无逸"，本言"能"，而非言"所"，吕、蔡二人之训释却直以"敬"与"无逸"为所，实本于释氏"消'所'入'能'"、"以'能'为'所'"之说。船山以《尚书》所言之"敬"与"无逸"，拟之于"正心持志"与"修身力行"之工夫，故认为君子持志以正心，当"正其心于仁义而持之恒在"，实有所存仁义之理以为正心之对象；至于修身践行，亦必有所应之事以为致修之对象。如误以为单言"敬"与"无逸"，即足以全"正心"、"修身"之功，则将"'所'其所'能'，抑且'能'其所'所'"，不免使人存心以虚而"寓之于无依无据之地，以无着无住为安心之性境"，或"以随顺物化为遍行之法位"，不究实理而随顺自然以为行。在船山看来，若以此为君子存心践行之功，则不免使君子之致修，脱离于人伦日用与经世济民之实事，由此恐将毁弃彝伦而与道相背。

船山又曰：

> 夫"能"、'所'之异其名，释氏著之，实非释氏昉之也。其所谓"能"者即用也，所谓"所"者即体也，汉儒之已言者也。所谓"能"者即思也，所谓"所"者即位也，《大易》之已言者也。所谓"能"者即己也，所谓"所"者即物也，《中庸》之已言者也。所谓"能"者，人之弘道者也；所谓"所"者，道之非能弘人者也，孔子之已言者也。援实定名而莫之能易矣。阴阳，所也；变合，能也。仁知，能也；山水，所也。中和，能也；礼乐，所也。

船山继此展开观念史之考察与梳理，指出"能"、"所"此相对两名之确立，虽始于释氏，但若就"能"、"所"之所指而论，实同于儒家体、用之说，"其所谓'能'者即用也，所谓'所'者即体也"，汉

---

① 船山基于儒学立场以为辟佛之言，故对于佛教"唯识"之说，只从形式逻辑的角度拟构推演其成说之因，而对于佛教所言义理之实际，则不欲深求，仅以其所持之儒学信念而加以驳斥。

儒即已有此观念。船山又追溯此观念源流变迁之轨迹，指出《周易》载"君子以思不出其位"，其中"所谓'能'者即'思'也，所谓'所'者即'位'也"；《易》说有所谓"阴阳变合"之观念，其中"阴阳，即所也；变合，即能也"；《中庸》载"诚者非自成己而已也，所以成物也。成己，仁也；成物，知也"，其中"所谓'能'者即'己'也，所谓'所'者即'物'也"；此外船山认为《中庸》全篇核心之要旨，即言圣贤如何修中和之德以制礼乐而成王道①，其中"中和，即能也；礼乐，即所也"；《论语》载"人能弘道，非道弘人"，其中"所谓'能'者，人之弘道者也；所谓'所'者，道之非能弘人者也"；"知者乐水，仁者乐山"，其中"仁知，即能也；山水，即所也"。在船山看来，以上所列皆"援实定名而莫之能易"，虽名言不同，但具同样内涵实指之观念，则相沿而不绝。而儒者"以能为用，以所为体"，正以"能"为人之性德所具知行之能，"所"则为求知致修之对象，同时强调万物实有其体，吾心实有知物、处物之用，由此即体以为用，方能明善诚身以为人道之常。

船山又曰：

> 今曰"以敬作所"，抑曰"以无逸作所"，天下固无有"所"，而惟吾心之能作者为"所"。吾心之能作者为"所"，则吾心未作而天下本无有"所"，是民嵒之可畏，小民之所依，耳苟未闻，目苟未见，心苟未虑，皆将捐之，谓天下之固无此乎？越有山，而我未至越，不可谓越无山，则不可谓我之至越者为越之山也。惟吾心之能起为天下之所起，惟吾心之能止为天下之所止，即以是凝之为区宇，而守之为依据，"三界惟心"而"心"即"界"，"万法惟识"而"识"即"法"。呜呼！孰谓儒者而有此哉！

船山认为若依吕、蔡"以敬作所"或"无逸作所"之释，则不以天下为吾尽心求知致用之所，反以"吾心之能作者为'所'"，如此实销所

---

① 参见拙文《"修天德"以"成王道"——王船山对〈中庸〉义理的疏解与阐发》，《中国哲学史》2011年第4期。

以归能，同于释氏以心法起灭天地之说①。船山设喻指出，"越有山"乃天下之所故有，此一客观存在之事实，不因我之至与不至而有所改变，故不可因我未至越而谓越无山，亦"不可谓我之至越者为越之山"。同理可知，天下实有"民碞之可畏，小民之所依"，而为君子所当求知致用之所，此亦不因我之"耳苟未闻，目苟未见，心苟未虑"，即可捐弃不理，而谓天下之所固无。

四 君子"敬"与"无逸"用功之所

船山继此又指明君子"敬"与"无逸"用功之所，曰：

> 夫粟所以饱，帛所以暖，礼所以履，乐所以乐，政所以正，刑所以侀，民碞之可畏实有其情，小民之所依诚有其事。不以此为"所"，而以吾心勤敬之几、变动不居、因时而措者谓之"所"焉，吾不知其以敬以无逸者，将拒物而空有其"所"乎？抑执一以废百而为之"所"也？执一以废百，拒物而自立其区宇，其勤也墨氏之胼胝也，其敬也庄氏之心斋也。又其下流，则恃己以忘民碞之险阻，而谓"天变不足畏，人言不足恤"，如王安石之以乱宋者矣；堕民依之坊表，而谓"五帝不可师，三王不足法"，如李斯之以亡秦者矣。下流之敝，可胜道乎！如其拒物而空之，则别立一心以治心，如释氏"心王"、"心所"之说，归于莽荡，固莫如叛君父，芟须发，以自居于"意生身"之界，而诧于人曰："吾严净也，敬以为所也；吾精进也，无逸以为所也。"其祸人心，贼仁义，尤酷矣哉！

船山指出民心纷繁可畏而诚有其情②，衣食温饱为民生所依而诚有其

---

① 船山以"吾心之能起为天下之所起，惟吾心之能止为天下之所止"诠解佛教"三界惟心"、"万法惟识"之说，其语或出自张载《正蒙》"释氏不知天命而以心法起灭天地"之说。

② 此句释义涉及"民碞"之解释，原出《尚书·召诰》"王不敢后用，顾畏于民碞"，《伪孔传》解释为"碞，僭也。又当顾畏于下民僭差礼义"，《孔疏》解释作"'碞'即岩也，参差不齐之意，故为僭也……故'又当顾畏于下民僭差礼义'。畏其僭差，当治之使合礼义也"，《书经集传》解释为"碞，险也……小民虽至微而至为可畏，王当不敢缓于敬德，用顾畏于民之碞险可也"。笔者认为船山对"民碞"之理解，实兼取《尚书正义》"参差不齐"与《书经集传》"碞险"二意，以状民情之纷繁可畏。

事，而此常情日用之事，却有百姓生养抚恤之理，礼乐刑政、治理教化之道蕴含其中。故君子皆当于此用心经理、勤敬致修，非可仅论其身心之勤敬，而可无论其事之有无与功效之得失。船山认为君子如果不以百姓生养教化之事而为勤敬致修之所，反专据变动不居、因时而措之身心以致勤、敬之功，则其所谓之敬、勤，或执一废百而偏据以为所，或拒物绝情而空有其所，皆蹈陷于误。所谓"执一以废百"，船山列举四例以为说明：其一，为墨子之勤，不惜"摩顶放踵而利天下"；其二，为庄子之敬，心斋坐忘以为致修之功；其三，为王安石之变法，专己自恃、不顾民生艰困而为青苗之法，终致社会动荡而危害天下；其四，为李斯之治秦，自以为五帝三王皆不足效法，而以劝谏始皇焚书坑儒，以刑名法术治理天下，终使秦二世而亡。在船山看来，此四人不能于己、物相接之际，切实体察人情事理之宜，以为治理天下之道，反"拒物而自立其区宇"，置百姓生养教化之事于度外，自恃一偏之学以为极至，虽其存心动机或有利人、私己之不同，但皆不能切实有功于天下。至于所谓"拒物而空有其所"，则针对佛教之说。在船山看来，佛教"心王"、"心所"之说，乃主张超越经验感知与理智思辨之心，别立一心以治心，其所谓勤敬之修行，实远离人伦之道，而有悖于仁义之理①。

船山又曰：

> 古之君子以动必议者，其议必有所拟；以言必拟者，其拟必从其实。议天下者，言以天下，天下所允也；议吾心者，言以吾心，吾心所允也。所孝者父，不得谓孝为父；所慈者子，不得谓慈为子；所登者山，不得谓登为山；所涉者水，不得谓涉为水；鬼神亦有凭依，犬马亦有品类，惟其允而已矣。天下之所允，吾心之必允也。故朱子不以无逸为"所"者，求诸心而不允也。吕氏之以无逸为鱼之水、鸟之林者，未求诸心而姑允之也。呜呼！斯非可以空言争矣。知心之体，而可为"所"不可为"所"见矣。知身之用，而敬必有所敬，

---

① 佛教之说自有根本智与后得智之分别，且修行证悟亦有层次之不同，并非一悟即了。而大乘佛法亦教人修行当以度生为愿行，不可只求解脱自了而已。但船山持儒家立场以为辟佛之说，故对佛教所言教理之实际，皆不欲深究。

无逸必有所无逸见矣。"修辞立其诚",诚者天下之所共见共闻者也。非其诚然者而荣华徒耀,佞人之佞,异端之异,为君子儒者如之何其从之!

船山认为古之君子动必有议,以期因事择义、随时尽道;而其所议之言,又必依循人情物理之实拟度以立。由此,船山指出议天下者,由天下而立言,其言必允合天下之实,而为天下之所允;议吾心者,本吾心之所知以立言,其言必允合吾心之情理,而为吾心之必允。在船山看来,所谓拟议之言实为行动之准则,故所拟议者必合诸内外之宜,方能得事成之效。因此,船山分别从"吾心"与"天下"之内、外两面,对拟议之过程加以说明。船山一方面,强调天下万物为客观之实有,而将认知、行动之主体(身心)与认知、行动之对象(身心作用之对象)加以分别,并举例指出,如子女孝养父母,父母乃孝养之对象,为子女者当尽心体察父母之情,合诸事亲之理,并依礼而履践侍亲奉养之行,方能使其孝养之心得以最终落实,而不可离父母以言孝,离孝养之事以言孝亲之心。继此,船山推广以言人之一切行动作为,必以天下之事物而为对象,而万物品类繁殊各有其理,必于万物生成之变化与相互之作用审观细察,方能明辨事物分殊之理[1],故"天下之所允,吾心之必允也"。船山同时又指出,君子虽平日致知穷理以为学,但当立言、行事之际,亦必因其所处之具体时位与其所应接之事物[2],以其据德之心而为判断与抉择,非但循其平日所知之理,即可得诸立言行事之宜。在船山看来,朱子不认同吕祖谦之训释,正因其说与己心为学所明之理有所不合,而吕氏但以"无逸"拟诸"鱼之水、鸟之林"而为心之所居,正因自喜立说之新,而

---

[1] 此句乃诠释船山"鬼神亦有凭依",由于船山以"生理"把握"性"之内涵,故必由物之生成变化与相互作用,方能得见物性之理,并进求以利用之道。所谓"鬼神亦有凭依"乃言万物品类之生理必依凭于形气方能有其生成变化之实际。

[2] 船山下文曾言"身有无逸之'能',随时而利用;心有疾敬之'能',素位而敦仁",其中特别点明"随时"与"素位",即是强调君子立言、行事,必因应其所处之时位境况,以为具体之判断与决策。

不反求己心以审察得失所致①。由此,船山指出《尚书》此两句之诠释,涉及君子为学之工夫,故当切己以考诸身心之体用,而不可空言以争是非。在船山看来,若人能自明己心有致知为学之能,当即事穷理以尽心知性,存理默识以为心体之存,则必不会将其心所具能知之才而混于其所当知之理;而若人能自知"身之用"当以天下之事物而为施用作为之对象,则必不会离于事物以为勤敬之修。而以船山之见,朱子以存养虚明之心而当持敬之功,阳明以致良知而为治学心要,皆不能明辨此理,而有消所入能之失。此外,船山又引《周易·文言》"修辞立其诚"之言,以"天下之所共见共闻"诠释"诚"字之意,并借此补充说明君子立言设教之原则。船山认为君子于己心衡断事理之宜,亦必达诸百姓之常识与常情,由此方能于其所能知能行者,渐施导引以化民成俗;若卑视、违背人情之常,自恃孤明而强百姓所不愿与不能,则即使其所言荣华徒耀,亦不过为佞人之佞,异端之异,而为君子儒者所不从。

五 君子"敬"与"无逸"之功

接下来三段,船山则以致知、力行之事分别界定"敬"与"无逸"之功,并各自从知、能之两面加以详细说明。

船山曰:

> 夫敬者一,而所敬者非一"所"也。以动之敬敬乎静,则逆亿其不必然者而搅其心;以静之敬敬乎动,则孤守其无可用者而丧其几。故有所用刚,有所用柔,有所用温,有所用厉,皆敬也。敬无"所"而后无所不敬也。故曰"作所不可不敬之德",言不可不敬者,择之精而后执之固也。敬其可有常"所"乎?

---

① 朱子对于吕氏有关《尚书》"君子所其无逸"一句诠释之论,见于《朱子语类》卷79,原文作"柳兄言:东莱解《无逸》一篇极好。曰:伯恭如何解'君子所其无逸'?柳曰:东莱解'所'字为'居'字。曰:若某则不敢如此说。诸友问先生如何说?曰:恐有脱字,则不可知。若说不行而必强立一说,虽若可观,只恐道理不如此"。可见,朱子认为《尚书》此句或有脱文,应当存疑,故不认同吕氏之说解。

船山此段核心议题在阐发"敬无常所"之观点,而其所针对者则为程朱有关持敬工夫之主张。朱子经过苦参中和之历程,最终确定以耳目未与外物相接之际,思虑未萌、知觉不昧而为人心未发之体段,并以二程持敬之说,当未发涵养工夫。朱子认为人心之体"湛然虚明,万理具足",但为私欲所动,不免陷于昏惰杂扰。故君子当于无事之际,常使此心虚明专静而不放散,以立心之主宰,如此方能于应事接物之际,不为私欲所扰,并有助于穷理察识之功。于是,朱子又有敬贯动静之说,要点只在随时提撕警策,以使内心虚静清明,并针对私欲而保持一种道德意识之警觉。但在船山看来,朱子持敬之说,无论静时涵养虚明,抑或以提撕警策贯穿动静,实皆割裂能、所,并以能为所。船山曰"敬者一,而所敬者非一'所'",首先意在指出敬者虽一,但因动静各有其所,为敬之功亦有所不同。船山认为"静之敬",其要在存理不忘,并致思会通其理以得一贯之义,而"动之静"则要以其据德之心,随事观几、察微尽变,因时以为判断与决策。在船山看来,如果以"动之敬敬乎静",则不免患得患失,凭空臆测以生忧惧而扰动其心;若以"静之敬敬乎动",则将孤守其固有之见,而不能见几择义以致实用之效。此外,船山还指出"敬无常所"之义,若专就所谓"动之敬"而论,还体现在随其所处事务之不同,而能因事察理、因时制义,"有所用刚,有所用柔,有所用温,有所用厉",以为具体之应对,如此方能"无所不敬"。在船山看来,《尚书·召诰》所谓"作所不可不敬之德",正言君子于其所当应接之事物,皆应以诚敬之心,精择其理以默识于心,如此方能日新其德,而不限于空疏与偏执之弊。

有关"无逸"之功,船山曰:

> 无逸者,则小人之勤劳稼穑,而君子之咸和万民者也。稼穑惟其"能",弗劝弗省而无勤;咸和惟其"能",不康不田而无功,皆"能"也。有成"能",无定"所"也。非然者,衡石程书者,亦无逸也;夜卧警枕,亦无逸也;卫士传餐,亦无逸也;乃至浮屠之不食不寝,求师参访者,皆无逸也。惟立以为"所",而其"能"也适以叛道。故曰"所其无逸",言无逸于所[不]当逸者也,其可据无逸以为"所"乎?

船山指出同样以"无逸"为功,小人勤苦于农田耕种、收获之事,君子则操劳于政务以协合万民生养、教化之事,其用功之所,有所不同。此外,百姓以耕种、收获为其能,但却需奖劝督责等外在措施,方能勤而无倦;君子以协合百姓为其能,但必亲躬践履于耕作之事,方能令其劝农之举措合乎实际而有功。此皆说明,人有其能,但必以无逸为功方能成其实效,而其无逸用功之所,亦可因"人之才具"与"所处之事"之不同而有别。船山曰"有成'能',无定'所'也",实是对君子提出之要求。其要义有二:其一,需先辨何为君子所不当逸之事,再致以无逸之功。其二,则指出百姓众庶虽可专一其能以为生计,因其所操之事无逸以各成其能,由此而有社会职业分途之不同;但对于为政之君子,当循孔子"君子不器"之教诲,对于同社会治理教化相关之各种知识与技能,皆当以无逸之功,致学实践以扩充日新其德,而不可拘执于定所。基于以上二点,船山以批判之立场举例指出,秦始皇衡石程书、五代十国时期吴越王钱镠夜卧警枕、隋文帝由卫士传餐①,乃至禅家废寝忘食以求师参访,虽皆以无逸为功,但其或代有司之任而亲于细务,或虽勤于政事却不知致学以求治道之理,或为功于异学而不循儒者之道,因其立以为所者,非君子所当为,故其无逸之功,亦仅适以为叛道之用。在船山看来,《尚书·无逸》言"所其无逸",乃强调君子必无逸于所不当逸之事,非可但据无逸之功以为所。

由此,船山总结全文曰:

> 身有无逸之"能",随时而利用;心有疾敬之"能",素位而敦仁。"所"著于人伦物理之中,"能"取诸耳目心思之用。"所"不在内,故心如太虚,有感而皆应。"能"不在外,故为仁由己,反己而必诚。君子之辨此审矣,而不待辨也,心与道之固然,虽有浮明与其凿智,弗能诬以不然也。

---

① 《书传大全》于《尚书·无逸》"自朝至于日中昃,不遑暇食,用咸和万民"下,释曰:"文王心存乎民,自不知其勤劳如此,岂秦始皇衡石程书,隋文帝卫士传餐,代有司之任者之为哉。"《资治通鉴》卷270"后梁均王贞明五年"载:"镠自少在军中,夜未尝寐,倦极则就圆木小枕,或枕大铃,寐熟辄欹而寤,名曰'警枕'。"船山所举之例或出于此。

船山指出身有无逸之"能",当因时处事而利用乎物,心以疾敬之"能",当随位尽道而敦厚乎仁,存心笃志,以诚行仁,合知行而贯内外。在船山看来,人虽合诸能、所以为功,但必当先辨能、所内外之有别。其中,知行用功之"所",显于人伦用物之道,知行用功之"能"则取之耳目心思之用;"所"虽不在身心之内,但耳目心思感物而有明理处事之能,可随感而皆应;"能"虽不在身心之外,但正如孔子"为仁由己"之教言,与外物相感,必反求己心,致思穷理以达处事应物之道,方能合乎性德之诚。由此,以见心与道之固然,而非浮明与凿智所能诬。

最后,船山又就本篇所分析《尚书》两处文句,对比汉、宋人之注说,指出:

> 汉孔氏曰:"敬为所不可不敬之德。"又曰:"君子之道,所在念德,不可逸豫。"汉无浮屠之乱,儒者守圣言而无荣华之巧,固足尚也。浮屠之说泛滥以淫泆于人心,吕、蔡明拒之而不觉为其所引,无拟于心理而言之,将使效之动者,贼道而心生于邪,可惧哉!

船山指出《伪孔传》,将"王敬作所不可不敬德"解释为"敬为所不可不敬之德",以敬为能、以德为所敬之对象;将"君子所其无逸"解释为"君子之道,所在念德,不可逸豫",以无逸为能、以德行道而为无逸致勤之所。依船山之德性论,"德"字主要体现为道德实践之能力,由君子为学力行之功而日新富有,常存于君子持志笃敬之心,并于临事之际因时随位以尽道。在船山看来,无论君子致学修德或以德行道,皆合诸"内、外"、"能、所"以为功,不可如蔡、吕二人之所释,不辨能、所而消所入能。由于船山尚未能辨《孔传》之伪,故以之为汉人所作,并认为汉时佛教尚未传入中国,故《孔传》之说实保留先王遗经之正义。而吕、蔡二人由于受到佛教思想的影响,其诠释经文不免偏离经义而有失原旨,若奉其说而为学力行,恐将偏离于儒家之道。

第四节　"止"与"几"

在上一节中，船山以"能"、"所"之分合关系为分析框架，指出君子持敬、力行之事，皆必以人伦事理而为用功之所。而在本节中，笔者主要关注船山围绕《尚书·益稷》中有关"止"与"几"之关系，对于人心认知之能力，以及在君子致知、力行过程中，心与外物相互作用之机制，所进行的深入探讨。对于如何在事物相互关系及其动态发展的过程中，深入把握其复杂与变化之理则，船山有深刻之论述。

船山开篇曰：

> 性命之贞，未易合也；天下之赜，未易治也。抑惟其所以用心者而已矣。①

船山开篇即将"性命之贞"与"天下之赜"对举而论，言性命之道未易合，天下事物纷繁复杂未易治，欲贞性命而治天下，全在"所以用心"之工夫。由船山之立论，可见其此篇文章乃针对认识论问题而展开，其焦点则在如何用心以为工夫，方能打通内外之隔别，从而使内外相合于一贯。

船山曰：

> 性命之理显于事，理外无事也；天下之务因乎物，物有其理矣。循理而因应乎事物，则内圣外王之道尽。苟循乎理，以无心应之而已足，天下之言道，有出乎此者，而实非然也。理则在事与物矣。循其序，定其志，远其危疑，非见闻步趋之可顺乎天则也。循夫理者，心也。故曰惟其所以用心者而已。

此段明显针对朱子有关理气、心性关系之理解。朱子主张"性即理

---

① 本节引文未做特别说明，皆出自《引义·益稷》，收入《船山全书》（二），第273—276页。

也",心属于气而非理,但因其为气之虚灵,故有知觉之用,可格物致知而明理。朱子又言"理先气后",在他看来,理乃天下所固有,心仅能被动地知觉理,并依循其所知之理以为行。结合其"理一分殊"的主张可知,以朱子之见,性命之理、物理、事理三者皆无本质之不同,人透过格物的工夫,即可使在物之理明见于心,其所知者即为性所本具之理,亦为人处物应事之理。而人尽心知性所达最高之境界,即程颢所谓"廓然而大公,物来而顺应",以无心循理而不假人为与私意。

船山论中所举天下之言道者,有主张以无心循理而因应乎事物,即足以尽内圣外王之道,实将程朱之说,作为其立论批评之对象,同时亦指向阳明后学废书不观之弊。在船山看来,人"循理而因应乎事物",其所循之理,即所谓"性命之贞",皆指人处事应物之道而言,与物性之理(即论中所谓"物有其理"之理,乃指物所自具之理)实有不同。船山认为欲合于"性命之贞",虽于物性之理必有所知,但并不局限于此;率性行道,亦必依其所处之具体事物,因时因地制以应对之方,决非仅据物性之知,即可循之而行。在船山看来,即以处一事而观,无论以其贞定之志,循序而行,或随时应变,以远其危疑,皆非见闻步趋,剿拾前人之迹,即可顺乎天则。以船山之见,处事之理,随事而易,无论成事之序、应事之情,以致其中困难艰危之处,亦皆因事异而有别,因此所谓循理应事,权在用心处事以求当为之道,并非有一成之理而可因循不变。

船山论中所谓"性命之理显于事,理外无事也"一句,若孤立而看,实有不易理解之处。事本有善恶之不同,但船山何以言"理外无事",但若结合船山其他相关论述,其中颇有待发之覆。笔者认为船山此段所谓"性命之理",与上段所言"性命之贞",应有所分别。"贞"指理之正,理则兼一切善与不善[1]。船山认为人之所为无论善不善,皆有其所以然,此即所谓"性命之

---

[1] 有关理兼有善不善之说,船山在《大全说》中曾有详细之论述。船山曰"有道、无道,莫非气也(自注:此气运、风气之气),则莫不成乎其势也。气之成乎治之理者为有道,成乎乱之理者为无道。均成其理,则均成乎势矣"(见《读四书大全说》,《船山全书》,第991—992页),并对"理"与"道"之意涵加以分辨,以别于朱子之说。朱子的"理"既是"所以然",又是"所当然",兼有原理与规范之双重意涵。船山区分"道"与"理"显然意在将"理"之规范义与原理义相分离。船山将规范义从"理"字的意涵中分离出去,并专属于"道",正意在强调在应然之"道"外,即使不合乎道,亦有理之存在,于此同样具有认知之重要性。此处船山所言"性命之贞",不仅合于"理之正"与"人之常道",更需针对所处理之具体事为,因时择义、随位尽道,以合于人情物理之宜。

理",而君子则当致心于一切人情事为之中,无论善与不善,皆求其所以然之理,由此方能更为深刻地洞察人性之丰富与复杂。故求知性命之理,不仅局限在人性之当然与应然,亦需对现实之人性,即于现实社会中所展现之种种人情状态与变化皆能有所理解。其方法不仅在由自我内心义理经验之体察,进以推求人性当然之理,更在通过观察社会种种人情之展现,并与自我心性经验相取证,全面深刻体察人性之常与变。而在此基础上,又当明辨是非,抉择去取,并于其所应接之事,因时择义,随位尽道,以达人情物理之宜,如此方能合于性命之贞。

船山认为《益稷》中,大禹对舜所陈"安汝止,惟几惟康"一句,正为古圣人治心之法的精要所在。船山曰:

> 古之圣人治心之法,不倚于一事而为万事之枢,不逐于一物而为万物之宰,虚拟一大共之枢机,而详其委曲之妙用,曰:"安汝止,惟几惟康。"何安乎?何几乎?何康乎?事无定名,物无定象,理无定在,而其张弛开合于一心者如是也,则百王之指归,千圣之权衡也。

船山所言之理,乃就人处事应物之道而言,故"事无定名,物无定象,理无定在",因人所处事物之不同,处事之理亦分别而无定。船山指出所谓人心之妙用,在能"不倚于一事而为万事之枢,不逐于一物而为万物之宰","张弛开合"随时因事以为应对。由此,船山认为治心之要,必能持守有据而应物无方,需于体用、动静得其一贯,而非偏持一端,即可获其受用。在船山看来,"安汝止,惟几惟康",实乃圣人巧妙设言"虚拟一大共之枢机,而详其委曲之妙用","百王之指归,千圣之权衡"皆不出此。船山即由分析此句之意而敷衍成篇,基于一种动态之眼光,对心性工夫之操持展开深刻的讨论。

船山此下议论,分为两部分,先就"用心"之失的三种情况,及其弊害,进行批判性地分析与检讨,再申论其己说。船山指出:

> 心之用,患其不一也。一之用,又患其执也。执以一,不如其弗一矣。用一而执之,不如其弗用矣。流俗之迷而忘返,异端之波而贼

道，无他，顺心之所便，专之而据为一也。

船山曰"心之用，患其不一也。一之用，又患其执也"，其中所谓"一"指人处事应物，内外动静相合于一贯以见心之用。此句之意为，心之为用，患其不能内外动静相合于一贯；内外动静相合以见心之用，又患其执于一隅而不能因事见道。船山认为"用心"之弊，正在偏执一隅以为用，"执以一，不如其弗一矣。用一而执之，不如其弗用矣"。在他看来，众庶失之于感外之动，溺心于私欲而忘返无归；异端失之于静之所持，以内拒外、置心虚无而丧物失道，虽其各有偏失，但其弊根本皆在"顺心之所便，专之而据为一"也。

船山接下来，则将用心之失归结为三类，分别对应着三种人格状态，船山拟设其言以显其用心之法，曰：

> 弱而固者曰，"吾以图安也"；慧而儇者曰，"吾以审几也"；傲而妄者曰，"吾以从康也"。夫心之灵，足以尽性而应天下者，岂其然哉！

其中所谓"心之灵"，即指"心之才"而言。船山认为其所列三者，皆不足以极心之才用，以尽性而应天下。船山指出"于止而安，亦必有当所止者也；往而审几，亦必有见于几也"，"止"与"几"本相依而为用，"弱而固者"、"慧而儇者"，却割裂二者而偏主一端，则必不能使心得其所安。

有关"弱而固者"，船山曰：

> 据所当以为止，岂其几之或息乎？弱而固者曰："吾安吾止而遑恤焉！"惟其然，而固不安也。天下未有滞于一隅之当，而可使心之无震动者也。

在船山看来，所谓"弱而固者"，为使其心得所安止，或绝物离情而孤守虚明，或执其所见之常道而固执一偏，但因事几往来无息，故"未有滞于一隅之当，而可使心之无震动者也"。船山认为由于"事几"乃成于"心几"与"物己"之相接,因此人所处理之任何事物,都有特殊与具体之一面,特别与政治相关之事务就更是如此。由于政治境况之易变与复杂,几乎不可能于过往历史中,找到具有完全相同时空条件之事例,及可从中直接取以为用之经验。由于理势相因,理随势变,处事应物之方,不仅随所处之事务不同而有别,即使面对同一事务,亦会因具体时位(人事形势所呈现的具体时空条件)不同而有所变化。因此,绝不可能据以往之经验而有所谓固然之理,可执持以应对于一切事务之中。

有关"慧而儇者",船山曰:

> 有见于几而数迎其几,岂遂不可康也乎?慧而儇者曰:"利用吾几,以应天下之几,固无取于康也。"惟其然,而固不能康也。天下未有以变宅心而可应天下之变者也。

在船山看来,所谓"慧而儇者",心无定志,但恃其智能以测知事变之几而见机取利,其言行皆变易无恒,亦不以心安为其所求。但船山指出"天下未有以变宅心而可应天下之变者也",其心虽"无取于康",但终必难逃危殆之患。

至于"傲而妄者",船山似因其有类近于"慧而儇者"之处,故仅一语带过而未作专门分析。船山曰:

> 夫心之所以不知所止而危殆者,无他,意欲乱之耳。

结合船山《引义·康诰》篇之论可知,"慧而儇者"主要指因能以私意测知事变之几,故自以为智者;至于"傲而妄者",则主要指为外物所驱诱,以顺遂私欲满足以为安心者,二者亦略有不同。船山所谓"心之所以不知所止而危殆者",其中"慧而儇者"为私意所乱,"傲而妄者"为私欲所困,二者皆因心无所止而必陷于危殆。

至此,船山又将其批判重点,深进至对儒家自身之反省。船山曰:

> 安止者奉道以为栖泊,而意不流于僻,欲不得而间焉,而犹惧其坚以自信者失此心察微尽变之大用也。

此句立论所主要针对者，明显为程朱之说。程、朱皆以存理去欲而为治心之功，程颐在《伊川易传》中解释艮卦卦辞时曾指出"外物不接，内欲不萌，如是而止，乃得止之道，於止为无咎也"，朱子以程子所言只及静时之止，恐有绝物之嫌，故又以孔子所谓"非礼勿视"等四句加以诠释，后朱子将程子之说采入《近思录》，叶采在《近思录集解》中即本朱子之说，将此解释作"不交于物，非绝物也，亦谓中有所主，不诱于外物之交也"。由此可见，程朱于心得止之道，在常于静时持敬以立心之主宰，当与外物相接之时，则又能省察克己，不为意、欲所乱。有关程、朱持敬之说，前文已有所述及，程子曾曰"居敬则心中无物"，朱子则曰"自处以敬，则中有所主而自治严"。其实，无论程子所谓"心中无物"，抑或朱子所言"中有所主"，其目的皆在对治人心与外物相接所可能引动之物欲与私情。此外，朱子又以敬义夹持为教法，主张持敬存心之功与格物穷理之学相互为用。由于程、朱认为万事皆有不易之定理，存心所奉之道，亦指永恒不易、放诸四海皆准之常道①，故在朱子看来，处事之道可经由格物穷理之功预择于事先，应物之际但能克除私欲，便自能顺其所知之理以行。由此，可见程朱论道与理，皆重在强调事物之理所具有之普遍性与原则性，对于事物变化之理，以及境况中之人事，因时地之不同、个体之差异，所具有之特殊性与具体性，则有所轻忽。

针对于此，船山指出"心者，得天圜运不息之灵，以为流行之体"，故能与于"造化流行不息"之中，"察微尽变"以尽其大用，若"困于自信之区宇"，则自限一隅，终无能以得安。

接下来，船山则从正面论述君子存养、省察以治心之工夫。船山曰：

> 惟夫至静之中，意不妄，欲不萦，而于理则经之、纬之，曲折以迎其方生之绪，故端凝以处，而聪明内照，固无须臾之滞矣。

---

① 程子曰："理则天下只是一个理，故推至四海而准，须是质诸天地考诸三王不易之理。"（《二程遗书》卷2上）朱子曰："天地之间，自有一定不易之理。"（见《答黄叔张》，收入《晦庵先生朱文公文集》卷38）

船山指出，君子处至静之中，尚未与外物相接而意、欲未起之际，其心中并非空明无物，而实有理存于其中。当此之时"端凝以处，而聪明内照，固无须臾之滞"，不仅存理默识不忘，更当尽心致思，经纬会通，以得事物生成变化之道，此正以言君子存养之功。在船山看来，"心之生理"无一刻停息，人必于至静之际致思以会通其理，方能"察微尽变"，见几而作，"曲折以迎其方生之绪"，此即所谓省察之事。

船山又曰：

> 乃既研心以尽虑，而无或怙所安以自困，又惧其心之疲役而数迁也。乃其所以不康者，心之为灵也善动，如止水之微撼而波不息也。则惟见智之足恃，巧之足乐，任其所往，愈入而愈曲，则机智兴焉，而理不足以为之畛域。若夫善审几者，以心察几，而不以几生其心。故极心之用，可以大至无垠，小至无间，弋于不闻，入于不谏；而其为几也，尽心之用，不尽物以役心也。故胎孕如闻，寂光如烛，而不为智引，不为巧迁。夫然，而"大明终始"者，六位各奠其居矣。至此，而后心之为用也，无不尽矣。

在本段一开始，船山又对察识之功，提出告诫，强调君子虽不应恃其所已知者而自困于一隅，故当于其所应接之事物，研心尽虑以察其理，但又当避免其心为外物所动，随感起意而善变无恒。船山论心有"道心"与"人心"之辨，相关问题在本章第一节中已有详述，本段中船山虽未显以其辞而别其异同，但读者却需对其所论对象究属"道心"或"人心"作出分辨，方能确解其意。如首句中所谓"研心尽虑"之心，即为"道心"之属，而其"疲役而数迁"之心，即属于"人心"。此下，笔者将径以"道心"、"人心"之辞，辨析其说。船山指出"人心"之灵，易感而善动，如静水虽受微动亦随起波纹而不息。"人心"恃耳目见闻之快利，随其私意、贪欲所起，逐利以生智、巧，若不加以节制，必将悖理妄为以入于邪曲。相对于此，船山指出"善审几者，以心察几，而不以几生其心"，其中所谓之"几"，指物、我相接之事几，由于耳目与外物相感，意与情亦随见闻而起。船山认为"善审几"者，随其所处之事，当以"道心"之能，察微观变、因时制义，以使其情、意合于性命之正，而不可随物、我相感所起之意、欲,逐利妄为,而陷溺于私意私欲之中。论中"以心察几"之"心"即指"道心"致思穷理之能,"以几生心"之心,则为随感所生之私意与邪情。由于在天理与人欲之辨的问题上,船山反对将天理、人欲两相对立,认为即使人欲净尽亦未必当于天理,若能复礼于心,则可达情遂欲以合天则。因此船山论治心之功,更多从积极方面强调运用理智思辨之能,审察制事之义,以得理欲与情理之宜,反对片面强调对人欲的克制与屏除。而在"道心"与"人心"之辨的问题上,船山同样反对将"道心"与"人心"严格加以对立,船山认为人若能以"道心"统御"人心",则"人心"与耳目相合可为"道心"效见闻知觉之用,只有当人不知"道心"之用,"人心"方易于为外物所诱而陷于私欲与邪情。

船山又指出极"道心"致思穷理之能,既能充量无涯,宏观世界万物本原之理,亦能深入于事物之中,以察事理细微之分际与阴阳微密之变化。船山认为必经由如此对事理之会通与体察,当物我相感之际,方能于无所前闻之事,亦能得其因应之道,于众所不察之时,亦能见其先几而预为抉择①。在船山看来,欲达于此,工夫全在体察会通事理以尽"道心"之用,而非在以其"人心"见闻知觉,逐物求知,以陷于好博无归之地。船山所谓"胈蠁如闻,寂光如烛,而不为智引,不为巧迁",正以描述道心之思,穷理会通,所具察微尽变之能,如此方能深察事物终始变化之理,并于时势变化之中,随事尽道,因时制义。正如乾卦《象传》所谓"大明终始,六位时成",强调人当以刚健乾知之能,遍察事物终始之理,方能以象乾卦六爻之阳,因时奠位,各尽其能,行乎万变而皆通。至此,方能极心之才而尽其所用。

有关"尽心之用",船山接下来又做一补充,并小结上文,承先以起下。船山曰:

> 无不尽者,不尽于所尽,而方静方动,方动方静,以一念函三

---

① 船山所谓"式于不闻,入于不谏",语出《诗经·大雅·文王之什·思齐》,原文作"不闻亦式,不谏亦入",《伪孔传》解释为"言性与天合也",朱子《诗经集传》解释为"虽事之无所前闻者,而亦无不合于法度;虽无谏净之者,而亦未尝不入于善,传所谓性与天合是也"。船山此处引用之意乃近于朱子之诠释。

变,以不相悖害也。无不尽,而性命之贞尽矣。于是而天下之赜于此焉应之,无不顺以正矣。

船山所谓"无不尽者",强调君子治心之功,既不尽于存养其心所已知之理,亦不尽于察识其心当前所应之事,而是应将存养、察识交互为用、相合为功。正如上文船山所论,人之心固有察微尽变之才,故不可偏执动、静之一端,必使其心"方静方动,方动方静,以一念函三变",方能做到既通达事物变化之理,又能随时体察现实最新之变化,并因时制以应对之方。在船山看来,人必如此方能尽其心之所用,于天下纷纭复杂、变化莫测之世事人情皆能承顺因应,各得其正,并由此以达于性命之贞。

接下来,船山又引《礼记·乐记》"一动一静者,天地之间也",从静与动之两面,指出"安止"与"知几"必交互为用、相合为功,方能使心得所"安"、"康"。由此接续上文,对存养与察识工夫之关系,展开更深入之讨论。

船山曰:

何也"一动一静者,天地之间也"。阴阳之有成象,万物之有成形,是非之有成理、吉凶之有成数:皆止而不迁者也,动之必静者也,虽欲不安而不能。而纷扰胶葛,以利害动其心者,恒罔于其一定之轨则,而憧憧于往来。乘大正者,以御阴阳,以裁万物,以断是非,以贞吉凶,非自安而忘物也。本无不安,静以应静,而安如其安也。

船山指出,由造化之所生成,见有阴阳化生之成象、万物各自之成形;因人事之变化,可察知是非判断之成理、吉凶肇端之成数;此皆内含一定之理则,故止而不迁。船山曰"动之必静者也",乃言动必循理,虽欲不安而不能,但若中无所主,理无所存,随外境之利害以动其私己之情,则不免使其心,憧憧往来、纷扰纠结,恒悖于人事之轨则。船山指出"乘大正者,以御阴阳,以裁万物,以断是非,以贞吉凶",非仅存心虚明以自安而忘物,即可备此之能。船山曰"静以应静,而安如其安",正言君子存养之功,当于事物纷纭变化之中,致思穷理,融会贯通以得一定

第四章 王船山之心性论与治心工夫

之则,方能静以待变,进求其安。在船山看来,正如本篇前文所言,君子必"博取之天地之数、万物之情、逆顺之势、是非之淮、治乱吉凶之由",以求协于大中而立心之本。

船山又曰:

> 然而天下则已几矣,一静之必一动者然也。阴阳之变无畛也:泄于极盛之中,而后著于已衰之后。万物之用无常也:成其各正之性,而自有其相感之情。是非之际甚微也:君子有不可恃之仁,而小人亦有未亡之彝。吉凶之至不测也:成乎吉者,置其已得而迎其未来;贞于凶者,小信且穷,而微权当审。故方其静见为静,而动者固然矣;乃即其动,而静者初未离也。无不可安者,惟其几也。故曰:"知几其神乎!"介于石也。然而阴阳之变,皆可承也;万物之用,皆可任也;是非之数移,无往而不有是也;吉凶之递进,无处而不可吉也;一动一静,而天下之理毕也。则知几者知之而已矣,善之而已矣。穷神知化,通志达情,而心恒持其衡,又岂有不康者乎?

船山又指出宇宙造化之生成,"一静之必一动者然也",故以心应天下,虽"止"亦不可失"几"。船山下文则举出四例,以对人心所应"天下之几"做出解释。笔者认为其说可分为两组,乃分别对自然、社会之复杂与丰富性,以及社会、历史之变动与不可测性,加以强调。

船山曰"万物之用无常也:成其各正之性,而自有其相感之情",乃言天地化生万物,万物各成其性,"物之性状"虽有其常,但事物彼此相感所显之物情,则复杂多样。而人基于自身之需求与目的,善用事物相感之情以成利用厚生之道,亦随所处不同而其用有别,并无有一定之固常。因此,船山认为格物致知,非仅限于物性见闻之知,而当依循事物相感之情,具体以求利用之道。船山曰:"是非之际甚微也:君子有不可恃之仁,而小人亦有未亡之彝。"虽然船山认为人"继善而成性",皆禀赋学习与实践之能力,并因其所具之道德与伦理性而构成社会。但根据船山《引义·太甲二》篇"天日命、性日成"之说,人性并非完具于初生之始,后天之所习对于人性之发展与变化亦具关键性作用。由此,在社会现实中也呈现出不同之人性状态与丰富、多样之人情。在船山看来,人之社会存在与精神存在，具有层次之分别，与之相应，人事是非之理与价值判断之标准，亦因君子与小人之不同而有层次之分别，并皆具存在之意义而不可相互取代。因此，船山认为大至制度之创建与实践，小至判断一事之是非，需知是非之际，其理甚微，"君子有不可恃之仁，而小人亦有未亡之彝"，不可皆以君子之道德原则与价值标准，一概而论。以上，船山主要从共时性的角度，对自然与社会之复杂性与丰富性加以强调。

船山曰："阴阳之变无畛也：泄于极盛之中，而后著于已衰之后"、"吉凶之至不测也：成乎吉者，置其已得而迎其未来；贞于凶者，小信且穷，而微权当审"，则从历时性的角度，对社会、历史之变动与不可测性，加以强调。船山指出，若从长时段观察社会演化，虽呈现盛衰起伏交替的发展趋向，但其盛衰消长又是一个积累渐变的连续性过程，"泄于极盛之中，而后著于已衰之后"，并无截然可分之畛域。因此君子经世致用，必当审时知势，察微尽变，方能防微杜渐，矫挽世风；若从短时段看政治事变之吉凶，则又有难于完全预测之偶然性。君子立身行事，无论所处之吉凶，皆当随时存以戒慎恐惧之心：于顺境平康之中，当置其已得而着眼将来；于逆境凶危之中，不仅要有道德原则之坚持，更需对其行事之道审察自省，因应具体状况，权衡调整以求应对之方，而不可偏执一己之私见，效穷而不易。

由以上四例，船山指出"故方其静见为静，而动者固然矣；乃即其动，而静者初未离也"。其中所谓"静见为静"，乃"敬以居诚"而为存养之功，而由"动者固然"，可知其存养之功，正为致思会通事物变化之理，以备处事应物之用；而"即其动而静者初未离也"，则言临事之际，当以其据德之心，因事集义，由几达诚而为察识之功①。在船山看来，由于事物纷纭复杂，并始终处于变化之中，人唯有于实践当中，能够针对具体境况，因时以得处事之宜，如此方能使其心得所安止，故船山曰"无不可安者，惟其几也"。船山又以孔子对《豫·六二》"介于石，不终日"一句之诠释作结，在船山看来"知几其神"，即言其所谓心有察微尽变之能，"见几而作，不俟终日"则正以"惟几得安"之道理告诫君子，必

---

① 船山对于《孟子》"集义"之理解，重在强调君子于实践笃行之中求知处事之义，乃兼行以言知，非如朱子单以格物诠释"集义"、偏主于知之说。

"存诚"方能"知几","知几"亦必以"达诚"为归趣,此即所谓"介于石"之意。以船山之见,君子必需存养与察识相互为功,以使"止"不失"几"、"几"不离"止",方能承阴阳之变以兴事、任万物之用以为功、于理势变易之中因事以择义、于吉凶嬗变之际随时位以处吉。

船山呼应前文所引《乐记》"一动一静者天地之间也"之言,又曰"一动一静,而天下之理毕也"。船山在《礼记章句》中曾对《乐记》之言有所解说,其曰:

大始而不息,"动"也。成物而不动,"静"。动静各有其则,而天地之间,化机流行,则动以养静,静以居动,互相为用,合同而成化。盖动静有必合之几,而万物由之以生成,不可偏废也……学者考其分合之由而不滞于一端之见,则道之全体亦自此而可窥矣[①]。

船山认为《乐记》之说,主要言天地阴阳之造化必"动以养静,静以居动",动、静互相为用,合同以成化,方能出生万物,二者不可偏废其一。由此,学者亦必经考察造化动静分合之由,以得其相通之义而不滞于一端之见,方能窥见道之全体。而在本篇中,船山取《乐记》之说以论圣人、君子治心之功,正是本其宇宙论之见解,提出其认识论主张。

船山认为格物之所致,涵养之所存,其对象并非物性自具客观之理,而为人之处事应物之道,乃通过人对已往之实践加以反省与总结所形成之经验理则。而存养工夫之目的,正是经由致思穷理之功,对于社会、历史以及个人实践之经验,形成贯通性的理解与把握,以为现实实践提供整体性与历史性之视野。但船山同时也指出,经验理则虽能帮助与导引我们认知现实中的具体形势以制定行动策略,但由于现实境况复杂多变之特点,不可能尽于事先完全预测。因此,在现实实践中,又必须对形势之变化与走向,以及具体境况中新的问题结构与要素,都保持高度的敏感与自觉,并能够针对现实状况之变化,不断做出新的判断与抉择。由于船山本篇所言之"道"与"理",并非超绝现实、永恒不易之法则,而为得自前人与自身实践之经验理则,因此其有效性亦必不断受到现实实践的检验,并不

[①] 王夫之:《礼记章句·乐记》,收入《船山全书》(四),第914—915页。

断使新的实践经验相对化,从而不得不随时相应做出调整、修正,如此方能使其富有而日新。这也要求为学力行之君子,其内心始终要保持对现实开放的紧张感与灵活性,既要使其所掌握之历史与现实经验不断得以扩充与丰富,并从中总结经验理则,培养处事应物的实践能力,又要同时面对具体与变动中的现实,随时做出判断与抉择,以保持其德性之日新,及其实践之成效有功。

在船山看来,存养之功重在会通事物复杂变化之理,以得处事应物一贯之道,亦有"静以居动"之意;察识之功,则强调察势观几,因时因事以择义,亦含"动以养静"之旨。存养与察识必"互相为用",方能合同以成万事,故不可于动、静偏执一端。船山曰"知几者知之而已矣,善之而已矣",指出"知几"者不仅要能察见人情事物细微之分际与微密之变化,又需见几而作,因事择义,以其恰当之行动善处以达情理之宜,由此而对人于实践中判断与抉择之能力特别加以强调。而以船山之见,此即《系辞》穷神知化、通志达情所描述之境界,而其关键则在恒以其心持衡而不息,由己心之安以达天下之平康。

船山继此总结全文曰:

> 呜呼!至于康而耳且顺矣,从欲而可不踰矩矣,帝之道、圣之功至此而极矣。子曰"为之难",难此者也。一念以安止,即一念以惟几,而又必其康也。心有两端之用,而必合于一致。天下有三象之情形,而各适如其分以应之。圣人之用心,至于义精仁熟,而密用其张弛开合之权,以应天地动静之几,无须臾而不操之以尽其用。盖用心者,圣人以之终身,以之终食,而不曰理已现前,吾循之而无不得也。此大禹之心传,为千圣之统宗,至矣哉!

船山认为为学至于"穷神知化、通志达情",恒持其心之衡,随位尽道以得身心之安,即已达孔子自述"六十而耳顺"、"七十而从心所欲不逾矩"之境界,帝王之道、圣学之功亦于此方能臻于极致。以船山之见,圣人治修之功、圣学所成之德、帝王治平之道,其目标与宗旨本相合于一致,故君子或修德以凝道,或居位以行道,皆当以身心、天下咸至平康而为趣向。在船山看来,心有动、静两端之用,存养、察识必交互为功,方能使其相协于一致；天下有天、地、人三累之情形，面对造化不齐之道器，必当随时尽心、因事择义，各适如其分以应之。因此，君子操心之功，一念以安止，即一念以惟几，必使止不失几，几不离止，方能达于内外之平康，而以船山之见，孔子所谓"为之难"正指此而言。船山认为君子为学力行之所得，乃在处事应物之道，由于理势相因，理随势变，故致学穷理，不可能因所谓豁然贯通之一旦，即可曰"理已现前，吾循之而无不得"。因此，在船山看来，即使治学成德已达圣人"义精仁熟"之境界，仍无须臾之刻不慎操其心张弛开合之权，以应天地动静之几。圣人操心之功实与君子并无不同，其所卓异者，在能终身不舍、终食无违，其用愈加详尽缜密而已。船山于全篇最末赞叹"安汝止，惟几惟康"之言，乃"大禹之心传，为千圣之统宗，至矣哉"，并以此结束全篇之论述。

第五节　"克念"与"成德"

在本章第三节中，笔者曾论及船山通过诠释《尚书》之《召诰》、《无逸》两篇中有关"敬"与"无逸"之论说，强调君子主敬力行之功，皆必有实理以为存依。在船山看来，君子主敬之功当以处事应物之道而为心之所存，力行之功则必据德行仁，因时随位以履践其所当行之道，不可无论其所存持、力行之对象，仅于自家心上但求"敬"与"无逸"。在上一节中，笔者又以《引义·益稷》篇为核心，考察了船山经由讨论"止"与"几"之关系，对于君子在为学力行过程中，如何将存养与省察之功相互为用，以达致对于事理更为复杂与深刻之理解。而在《引义·多方一》中，船山则以"念"之一字，贯通动静，以论存养省察之功，又以"克念"而为圣人治心成德之极致。

一　"念"与"圣"、"狂"之分

船山全篇所论即针对《尚书·多方》"惟圣罔念，作狂；惟狂克念，作圣"一句而作阐发。故船山开篇即转述此言并指出，辨圣、狂之分别，仅在克念与罔念之不同，圣人用心之方，全在"克念"，《尚书·多方》言"克念作圣"，非易辞也。船山曰：

蔽圣证曰克念，蔽狂证曰罔念。圣狂相去之殊绝，蔽于两言之决，何易易邪？孰知夫易此两言者之非能为其难也，则亦惮此两言之难而别求其易者也。大哉，念乎！天以为强之精，地以为厚之持；四海群生以为大之归，前古后今以为久之会；大至无穷以为载之函，细至无眹以为破之入；《易》以为缊，《礼》以为诚，《诗》以为志，《春秋》以为权衡；故曰"克念作圣"，非易辞也。[①]

船山认为人心之能"念"实承继天地乾坤强健不息、厚持载物之大德；而此文明世界之整体，无论四海群生范围之广大，抑或前古后今时间之久远，皆应系于"念"中；而此"念"中之知，既当涵载天下无穷之广大，又当体察其精密之构成与细微之变化。在船山看来，此篇所言之"念"，与《易》之"缊"、《中庸》之"诚"、《诗》之"志"、《春秋》之"权衡"，皆由"道心"所见本性之德用，以言其实蕴。船山以"念"为心德之用，实有能念与所念之分别，"能念"即指"道心"存持之工夫，"所念"则以界定存主持守之对象。船山既以"克念"言圣人成德之心，故于篇中探论圣人之"所念"与"能念"，正欲以示圣人志学之规模，为学之工夫，以及成学终极之境界，由此以为后世君子确立从学之典范。

船山接下来，则以自设问答之形式推进讨论，曰：

乃或疑之曰：克者，但能之之谓也；念者，意动而生心者也。所念者特未定矣。之于圣之域乎？之于狂之径乎？克念而奚即入于圣？故必目言其所念者伊何，而后圣狂之分以决。乃所念者未易以目言之。道之无方体也久矣。

虽然，则亦有可以目言者。孟子曰：欲知舜与跖之分，无他，利与善之间也。圣之所克念者，善而已矣。而抑有说焉。利与善，舜、跖分歧之大辨，则胡不目言善，而但云克念邪？曰：但言克念，而其为善而非利，决矣。此体念之当人之心而知其固然也。何也？念者，

[①] 本节引文未做特别说明，皆出自《引义·多方一》，收入《船山全书》（二），第388—392页。

反求而系于心,寻绎而不忘其故者也。

船山自问人之意动生心而有念,"克"为"能之"之意,《多方》仅言"能念",至于"所念"之内容则并未特别说明,何以但言"克念"即可入于圣域?其自答则言,由于道用无方,所念对象亦当因时、地而易,逐事而不同,并不易加以确指。若必直言其所指,则可据《孟子·尽心上》所载"鸡鸣而起,孳孳为善者,舜之徒也;鸡鸣而起,孳孳为利者,跖之徒也。欲知舜与跖之分,无他,利与善之间也",依孟子以善、利分辨舜、跖之言,而以"善"之一字界定"克念"之对象。但船山又自问,利与善之二字,既由人之为善为恶之根由而言舜、跖分歧之大辨,何以《多方》仅言"克念",而未直言"念善"以为训诫?船山认为但言"克念",已决知其为善而非利,此可经由体察"能念"者之用心而确知其固然。至于"克念"者所操之能,关键在"求而系于心,寻绎而不忘其故者也"。

接下来,船山则将"义利之辨"这一本属道德、伦理学之议题,同与认识论相关之心性工夫问题关联起来,加以讨论。船山曰:

> 今夫利,无物不可有,无事不可图,无人不可徼,义苟不恤,则以无恒不信为从致之术。故小人之于此也,与波俱流,与汩俱没,旦此而夕彼,速取而旋舍,目淫而不问之心,心靡而不谋之志。其为术也,乘机而数变者也,故盗跖随所遇而掠之,无固情也;苟得而不忧其失,无反顾也;极至于脯肝脍肉之穷凶,一周念而已矣。

船山认为"义利之辨",必待人于事为之中,根据所处之境况,具体加以分辨与取舍,并非完全能够依据所谓普遍不易之原则,以逻辑演绎之方式加以推定。其所依赖者,全在君子心德之运用,即平日致学以恒存事物之理并贯通于心,临事依据具体境况,因时、因地以制义。因此,船山乃从善者与利者,此两类人用心(包括认知、思维、行事方式)之不同,说明其何以各自成其所是。船山指出"利"之存在,遍及一切人、事、物当中,无时无处不可为取利之所,若不恤取予行事之义,则必以无恒不信而为从致之术;小人之心,正因对义利取舍之则无所操持,不免因外境所感而随波逐流,"目淫而不问之心,心靡而不谋之志"①,随其所见之利,"且此而夕彼,速取而旋舍",乘机数变而行事无恒。正如盗跖随其所遇而行劫掠之事,本无固有之情,但见有得而不虑其失,亦无反顾之思,以至穷凶极恶,实皆由"一罔念"之故。

船山又曰:

> 若夫善也者,无常所而必协于一也,一致而百虑也;有施也必思其受,有益也必计其损;言可言,反顾其行,行可行,追忆其言;后之所为必续其前,今之所为必虑其后;万象之殊不遗于方寸,千载之远不諠于旦夕。故《易》曰:"继之者善也。"天以继而生不息,日月、水火,动植、飞潜,万古而无殊象,惟其以来复为心也。人以继而道不匮,安危利害,吉凶善败,阅万变而无殊心,惟其以勿忘为养也。目数移于色,耳数移于声,身数移于境,不可动者在心,不可离者在道,舜之所以为舜者,在此而已。

相对于"无固情"、"无反顾"、因利而罔念之小人,船山指出善者之用心,虽无常所而必协于一,惟其能恒存为善之理于其念中,方能随事应感,"一致而百虑"。在船山看来,事常有两端之义,惟能念者,方可会通其理于一致。对此,船山举出四例以示其意。其一言"有施也必思其受",船山以施受为例,强调君子待人接物,必于人、己之情理皆尽其宜,故思维处事之道亦必兼顾人、己之双方;其二曰"有益也必计其损",强调君子对于所处之事(尤其政治事务)的复杂性应有充分之理解,事物往往有正反利弊之两面,且会因时而相互转化,故于临事之际,必当基于长远之眼光,权衡利弊得失,审慎以为决策;其三曰"言可言,反顾其行,行可行,追忆其言",此既可参照船山于《引义·召诰无逸》篇对于《易》"拟之而后言,议之而后动"之诠释,从知行关系加以理解,亦可从君子之言教与躬行二者之关系切近其说,船山意在指出君子所

---

① 所谓"目淫而不问之心,心靡而不谋之志",其中"目"指感官,"心"指因外物所感所生之"意"与"情",相当于船山所谓之"人心","志"则指存主之"道心"。有关船山对"人心"、"道心"之分辨,详见本章第一节之论述。

言必本其躬行之心得，而君子所为必力求践行其言，言行一致正为君子之所常念；其四曰"后之所为必续其前，今之所为必虑其后"，强调任何行动与作为，皆必于历史中展开，故当事者需具备充分的历史意识与自觉，而在做出决策之当下，应当尽量同时考虑到其所接续历史中之一切复杂要素，与即将展开未来中之一切可能。而船山以"万象之殊不遗于方寸，千载之远不喧于旦夕"作结，实将人文世界整体与历史皆纳入君子所当存之念中，并以此指示君子为学之规模与成学之目标。由此，船山举《周易·系辞上》"继之者善"之言，指出造化生物惟健行不息，而又以来复为心，方能于继继不已之中，见有如川流相循之理则，天地万物亦因此得以存续而不亡；同理而言人，亦惟有通过历史探究与亲身实践，于古今变化与事为之迹中研寻其理，并勿忘存养于心，渐达融会贯通之境，如此方能于一切所处之境况中，不随耳目所感而妄动其心，无论安危利害、吉凶善败，皆能因时尽道，处之得安。主政者，亦必如此方能渐达善治并维系而使之不堕。在船山看来，舜之所以为舜，其存心之功，即在于此。

由此，船山对以上论述，做一小结，曰：

  通明之谓圣，炯然在心之谓明，终始一贯之谓通，变易之谓狂，惟意而为之谓易，今昔殊情之谓变。由此言之，彼异端者狂也，其自谓圣而适得狂者，罔念而已矣。

船山分别以"通明"、"变易"界定圣、狂之不同。在船山看来，"明通"之意，乃言圣者能恒存事理于心、炯然不忘，故谓之明；能使众事之理统纪相协而始终一贯，故谓之通。至于"变易"之意，则言狂者临事起意，恣意妄为，故谓之易；因感生情，逐境无恒，故谓之变。船山认为儒家所谓之异端，即《多方》所言之狂者，其自谓为圣而适得于狂，正肇因于"罔念"而已。

二 "念"与船山之历史观

接下来一段，因涉及船山独特之历史观，故对于理解船山之义理思想极为重要。船山曰：

> 彼之言曰：念不可执也。夫念，诚不可执也。而惟克念者，斯不执也。有已往者焉，流之源也，而谓之曰过去，不知其未尝去也。有将来者焉，流之归也，而谓之曰未来，不知其必来也。其当前而谓之现在者，为之名曰刹那（自注：谓如断一丝之顷），不知通已往将来之在念中者，皆其现在，而非仅刹那也。庄周曰"除日无岁"，一日而止一日，则一人之生，亦旦生而暮死，今舜而昨跖乎！故相续之谓念，能持之谓克，遽忘之谓罔，此圣狂之大界也。

船山指出异学强调念不可执，故主张无念[①]。而以船山之见，念诚不可执，但人惟克念，方能不执。在船山看来由于道用无方，因时因事而易，故不可固执于一隅，君子为学必明通其理，方能与时偕行、因地制宜、随事尽道，以达精义入神之境。

船山基于其独特的历史意识，对于"过去、"未来"、"现在"三个标识时间维度的概念，皆做出独特之解说。船山指出如果将历史比作长流，已往者则为"流之源"，现在之面貌为历史所形塑，过去之因素依然在当下发酵，对当下产生影响，并制约着当下的行动，因此虽谓之曰"过去"，却实未尝去；将来则好比"流之归"，形塑将来之因素，正以萌芽的状态潜藏于现在当中，并可能为当下的行动导引或改变，因此虽谓之"未来"，却实必来也。至于"现在"，常被人视为如利刃断一丝之顷而名之曰刹那，但在船山看来，过往与将来会通于每一刻的当下之念，正是"现在"这一时间维度在主体中的安居之所，而这个在"念"中不断持续变动的"现在"，实浓聚者"过往"与"将来"，"而非仅刹那也"。

由以上分析，可知船山并未将时间视为脱离于主体的客观存在，而是结合于主体之认识与感知，来理解时间与历史。在船山看来，正是由于作为历史主体的人，对于当下的历史产生感知与自觉，绵延不绝的历史长流，才被区分为过去与未来。也正是由于主体对于历史时间的感知与自觉，这个被不断意识到的当下时刻，才使过去与将来的区分具有意义。同

[①] 宋初人晁迥撰《法藏碎金录》曰"在外随时过去者，事事尽空，不执其事，则身无碍也。在内随时过去者，念念尽空，不执其念，则身无碍也。身心外内无碍无缚，更去何处别求解脱"，即言此理。

时，时间感知与历史意识又同实践主体的自觉密切相关，只有意识到自我的存在及其与历史的关联，并企图把握自己的命运，才会理解过去，以探知今日之我何以成，展望未来，以明确现在之我所欲就，会通过去与将来于每一刻的当下之念，并在对现实持续动态的把握中，不断地做出判断、抉择与行动。

于是每一刻的当下，都承载着过去与未来，也成为衔接过去与未来的结点。而历史被意识到的当下时刻，也正是主体以认知或行动的方式进入历史的瞬间，在这每一个主体与历史遭遇的紧张瞬间中，都蕴含着扭转历史朝向新方向的可能。在船山看来，衔接过去与未来的每一个当下的历史时刻，都需要主体以高度的自觉与敏感，既要看到历史的连贯性，又要看到现实改变的可能性，既具有相续的意识，又要有能持的意志，既要运用思辨对历史予以贯通的认知与把握，又要基于历史反省与未来展望，对现实做出判断、抉择，并以意志付诸行动。由此，历史主体每一刻的当下之念，都应当既饱满充实又极具紧张，而念与念之间则既保持连续又富于灵动，而此即船山所谓之"能持"。

船山对于历史与主体关系的理解，在其历史研究中亦有所体现。船山认为只有对历史形成贯通性的理解，才能以其史识有效地把握现在与未来，并对主体以行动介入历史的恰当时机与方式作出准确的判断与抉择。而船山的历史研究，正是注重从过去、现在与将来三个时间维度观看历史与实践主体的互动关系，考察历史当事者，如何在历史形势的转变中，分析、判断以抉择行动，并将其与前人经验、历史实效相互检证，深观历史之几，以磨炼介入历史行动所需要的判断与抉择之能力。此外，船山的历史探究，往往为其当身所处时代的现实问题所导引，而其历史探究的过程，又使其对现实问题的理解不断深刻与复杂，而其对时代课题的解答也愈益缜密与深致。于是，现实与历史，在船山的学术探究中形成了既真实而又有效的互动与关联。

船山继此批评庄子"除日无岁"之说，因岁由日积之故而教人不必计虑久远，实将一人之生，视为朝生暮死之蜉蝣，如昨为盗跖而今可为舜一般，性情无定而变易无常。由此，船山总结上论而指出，《多方》所言之"克念"，其心必能会通过去与将来于不断持续之当下，方可谓之为"念"，而其心持此而不懈方可谓之为"克"，其心有一念遽忘于此即谓之

"罔"。"罔念"与"克念"之间,在船山看来,正乃圣、狂分判之大界。

三 "念"与船山对各家心说之检讨

以上所述则为船山眼中治学为政之君子所当持有的时间观与历史观,接下来船山则对佛、老之学,以及理学因受佛、老之影响所抱持的历史观及其治心工夫展开批评。船山曰:

> 奈之何为君子之学者,亦曰:"圣人之心如鉴之无留影,衡之无定平,已往不留,将来不虑,无所执于忿恐忧惧而心正!"则亦浮屠之无念而已,则亦庄周之坐忘而已。前际不留,今何所起?后际不豫,今将何为?狂者登高而歌,非有歌之念也;弃衣而走,非有走之念也。盗者见箧而肢之,见匮而发之,不念其为何人之箧匮也。夫异端亦如是而已矣。庄周曰"逍遥",可逍遥则逍遥耳,不撄于害,所往而行,蔑不利也,固罔念夫枋榆溟海之大小也。浮屠曰"自在",可自在则自在耳,上无君父,下无妻子,蔑不利也,固罔念夫天显民祇之不相离也。故异端者狂之痼疾,跖之黠者也。

论中所引"为君子之学者"之说,其实正出自朱子,船山有回护朱子之意,故仅批评其说而未点出其名。朱子之说,大体出自《语录》论《大学》"正心"之工夫,略引如下:

> 心不可有一物。外面酬酢万变,都只是随其分限应去,都不关自家心事。才系于物,心便为其所动,其所以系于物者有三。或是事未来,而自家先有这个期待底心;或事已应去了,又却长留在胸中不能忘;或正应事之时,意有偏重,便只见那边重,这都是为物所系缚。既为物所系缚,便是有这个物事,到别事来到面前,应之便差了,这如何会得其正。圣人之心,莹然虚明,无纤毫形迹,一看事物之来,若小若大,四方八面,莫不随物随应,此心元不曾有这个物事。且如敬以事君之时,此心极其敬。当时更有亲在面前,也须敬其亲。终不成说敬君,但只敬君,亲便不须管,得事事都如此。圣人心体广大虚明,物物无遗。

第四章　王船山之心性论与治心工夫

人心如一个镜，先未有一个影象，有事物来，方始照见妍丑，若先有一个影象在里，如何照得。人心本是湛然虚明，事物之来，随感而应，自然见得高下轻重，事过便当依前恁地虚方得。若事未来，先有一个忿懥、好乐、恐惧、忧患之心在这里，及忿懥、好乐、恐惧、忧患之事到来，又以这心相与滚合，便失其正。事了，又只苦留在这里，如何得正？

叶兄又问《忿懥》章。曰：这心之正，却如秤一般。未有物时，秤无不平，才把一物在上面，便不平了。如镜中先有一人在里面了，别一个来，便照不得。这心未有物之时，先有个主张，说道我要如何处事，才遇着事，便以是心处之，便是不正。且如今人说我做官，要抑强扶弱，及遇着当强底事，也去抑他，这便也是不正。

惟诚其意，真个如鉴之空，如衡之平，妍媸高下，随物定形，而我无与焉，这便是正心。

朱子认为心体本是湛然虚明，万理具足，但因其为外物所系，为情所扰，故不能得正。故君子正心存养之功，必使其心能常如鉴空衡平，事未来则无期必，事已过则无系留，事至则随感而应。其为功所达圣人之境，亦如大程子所言"廓然而大公，物来而顺应"，"以明觉为自然"而非"自私以用智"。阳明亦曾说"只存得此心常见在，便是学，过去未来事，思之何益，徒放心耳"①，亦以思虑过去、未来为"放心"。朱子以"未来不期，已过不留，正应事时不为系缚"而为君子正心之功，"留则过去亦在，期则未来亦在，系则现前亦在。统无所在，而后心得其虚明"，于此针锋相对，船山则主张"正心者，过去不忘，未来必豫，当前无丝毫放过"。朱子认为万理固然在心，若无私欲系缚，便自能随时处中，应物无遗；船山则认为理随势异，处事之道非能尽择于先，必因事择义，方能得物我之宜。朱子认为只有常使其心湛然虚明，方能随物应感而不着私意；船山则认为君子只有恒存其理而不忘于心，既以存养之功会通其理以得一贯之旨，又当临事省察以求因应之方，如此方能免于私意之弊。朱子主张"心不可有一物，酬酢万变，都不关自家心事"，"随物定形，而我

---

①　见《王阳明全集》卷1，上海古籍出版社1992年版，第24页。

无与焉",认为私欲尽释、本心全体大用完全呈显后的境界,即是随物应感,无需着心用力,便自然合义中理;船山则主张即使圣人亦克念操存,终身勿忘、终食无违,密用张弛开合之权,无须臾稍释于心①,从而呈现出主体在面对复杂与变动之世界所具有的一种高度自觉与紧张状态。

由此,船山认为朱子对于正心之功最终所达境界的描述,无异于佛教之无念,与庄子之坐忘。船山质疑人之存心若"已往不留,将来不虑","前无所忆,后无所思",则"前际不留,今何所起?后际不豫,今将何为?",必惘然于现实,随所遇而妄为。狂疾之人"登高而歌、弃衣而走",其心原非有"歌之念"与"走之念";盗者见人箱柜即欲偷窃,却未曾念及此为何人之所有:在船山看来,异端绝物灭情、空虚其心亦可同归于无念。船山又进而指出,庄子提倡逍遥,不过为存身避害而以无心处世,随其所往,无不快利,却对存志高远与处心卑狭而无所分辨;佛教言自在,在船山看来,亦不过为追求自在快利之心境,而弃君父、妻子于不顾,对于人生在世本不可相离之人伦物则,罔念而不察。

船山又曰:

> 夫舜之为善,非但于为而为之也。于为而为之,昭昭灵灵之偶动而不可保。跖之为盗,则见可盗而盗之也。未见可盗,惛惛梦梦之知,固未有托也。舜非于为而为之,鸡鸣而起,念兹在兹,而期副其初心,故孳孳于善而无所息。跖必见可盗而盗。当其未为盗,有确然见不为盗而必不可者乎?无有也。当其为盗,反诸心而遇其故者乎?当其已为盗之余,果且有盗者存乎?无有也。故异端之泯三际以绝念者,纵其无恶,亦与跖未为盗之顷同其情,前无所忆,后无所思,苟可为而无心以为之,因其便利而无碍,惟利是图,故罔念也。惟罔念也,故随所往而得利也。故曰:欲知舜与跖之分,无他,利与善之间,系乎念之忘与不忘而已矣。

船山指出舜之为善,并非临事方操为善之功,若平日无操存之修,随

---

① 参见本章第四节相关之论述。

外物所感而情动以起行,则其昭灵虚明之人心①,即使偶动于善亦不能常保,且因其无能因事择义,其为善之动机亦未必能够落实为恰当之善行。在船山看来,跖之为盗,见可盗之物方起盗窃之行,未见可盗之物,亦昏昏无所察于善恶,与此上所言但恃昭灵之心者,当物感未至之际,同样无所存主。相较于以上两类人之存心,船山指出舜之为功,日复一日,自晨至夕,不忘其立志之初心,于为学、力行之中,勤勉不懈以致知践行于善而无所止息。对比于舜,船山又从存心的角度对盗跖之恶行背后的心理原因,做出分析。船山指出跖未为盗之时,虽尚未感物而起为盗之意,但不能确然有见盗不可为之理;因其无是非之定准常存于心,故为盗之时,亦不能反求其心而知盗行必不可为;当其行窃之后,为盗之意亦暂时止息,其心又复归于无善无恶之状态。在船山看来,异端欲泯忘过去、现在、未来之三际,纵然无恶,亦与跖未为盗之时无善无恶的心理状态相同而无别,对于善恶之理无所致知而存主,对于为善为恶之后果亦无所思虑而顾忌,苟有可为即随顺物化,巧取便利以期所行无碍,皆惟快利是求,故罔念而无所用心。惟其罔念于善恶之理,故随其所往而无不得利。正如孟子言舜与跖之判分,即在利与善之间,而以船山之见,若从存心有无而论,所谓利与善之别,亦可归于念之忘与不忘而已。由以上之分析,可见船山将儒家义利之辨这一本属伦理学领域之议题延伸至认识论问题之讨论。船山认为与义相对之利,除表现为对于财货之利的贪昧与私欲,还表现为于致知与力行之功无所用心,畏惧思虑审度之艰难,只以耳目之虚明随感应物以贪求快利,而不求诸事理之宜。船山在《引义》之后所撰著之《读四书大全说》中,对此有更深入之分析,船山曰:

  故不待思而得者,耳目之利也;不思而不得者,心之义也;(自注:义谓有制而不妄悦人。)"而蔽于物"者,耳目之害也;"思则得"者,心之道也。故耳目者利害之府,心者道义之门也。

  船山从心与耳目在认知功能与趋向上之不同见有义利之别,故以心思

---

① 据本章第一节船山有关"道心"、"人心"之辨,此处所言"昭昭灵灵之偶动而不可保"即指"人心"而言,而念之所持,方为"道心"之存。

之能为道义之门，以耳目见闻为利害之府，在船山看来，耳目视听之能必与心官之思合用方能合于道义之宜，若耳目离于心官之思，独自以为用，必好逸恶劳以求当前捷取之效，而为贪利之私。船山以心官之思而为道心之能，并从其与耳目见闻之能的分合关系以论"道心"与"人心"之辨，正是对《引义》之《尧典一》、《洪范三》、《大禹谟一》等篇所涉及"人心"、"道心"之讨论①，进一步深化所得出之结论。此外，笔者认为还需注意的是，船山心说之要义，乃在对心官理智思辨之能加以强调与突显，并以此诠解"道心"之实，同时将理学因承受佛教影响而对于心体虚明之描述皆斥于"人心"之列。在本篇中，船山尤为关注基于实践之目的，人如何运用理智思辨之能，以达致对于历史之动态认知与适时之行动决策，同时批评朱子、阳明之心说皆泯于过去、现在、未来之三际，而与禅宗之说异途而同归。甚而将此上诸家之心说与盗跖之存心等视并举，以张大其批判之效果。但由于船山对于人类超越理智思辨之上而另有智慧能力存在之可能性，以及人通过某种精神与智慧修行，可达致朱子所谓之"豁然贯通"、阳明学所谓之良知彻悟以及禅宗之修行证悟等超越理智思辨所及之心灵境界，皆持怀疑与否定之态度，故在理解船山之说时，对其持论之立场及由此对其视域所可能带来之限度，读者亦需有必要之了解。

四 "克念"与"默识"

接下来，船山又将其上文对于《多方》"克念"之诠义，合诸《论语》中孔子"默而识之"之说，再加以深入之分析。船山曰：

> 孔子曰："默而识之。"识也者，克念之实也。识之量，无多受而溢出之患，故日益以所亡，以充善之用而无不足。识之力，无经久而或渝之忧，故相守而不失，以需善之成。存天地古今于我而恒不失物，存我于君民亲友而恒不失我。耳以宣聪，目以贞明，知以知至而知终，行以可久而可大。一日之克，终身不舍；终身之念，终食无违。此岂非"终日乾乾夕惕若"之龙德乎？

---

① 参见第二章第一节、第三章第二节、第四章第一节。

船山论中引据孔子"默而识之"之说,而其在《四书笺解》中对《论语》此句亦有独特之诠释。船山曰:

> "识"者,常常记忆其心之所得也。人即心有所得,而言则有,不言则忘;默时便忘,则不能为主于心,而意之所发,有非其志之所持者矣。当静默时常常在心目间,无有断续,则心统乎理,而随其所发,左右逢原,终身终食皆得所依据,语亦识也,默亦识也,其得乃真得也。"识之"之字虽有所指然,然不可于此捉定说何所识,但是心所得之理皆常存而不忘。①

船山在《笺解》中对"识"字之解读实有多重意涵。其一,突显人之本心所具有之记忆能力,能够"常常记忆其心之所得",使"心所得之理皆常存而不忘"。其二,则为道德存主之义,强调人对于道德价值与人生信念之持守。船山以孟子"持志"之说,诠释《大学》"正心"之意,与其本篇中诠释"念"、"识"部分意涵,具有相同之关切。其三,结合以上两重之意,"识"还体现为人通过致知与力行之努力,不断提升之道德实践能力,故不可将"识"简单理解为一般知识之记忆与累积。而在本篇中,船山正以孔子"默而识之"之"识",阐说"克念"工夫之实指,其诠义亦兼有《笺解》所论之三重意涵。船山指出"识之量",不会因多受而有满溢之患,故人之为学可以日进而增益其所无,不断充实其为善之能力而无有缺欠。所谓"识之量",正以言人之记忆存理之能力本无一定之限量,故人之为学潜能亦有无限拓展之空间。船山又指出"识之力"无历时长久而有改变之忧,故人能持志存理而不失,以待其善功之成。所谓"识之力",一方面言人对于道德价值与信念持守之坚定;一方面则言人在实践(尤其是政治实践)过程中,很多事务都不能一蹴而成,亦不可急求速效,必须循其事理之序,以持久的耐心与意志力不断做出努力,方能将其良善的动机最终落实为现实中的善行。而论中所谓"充善之用"、"需善之成",皆体现出

---

① 王夫之:《四书笺解》卷3,收入《船山全书》(六),第197页。

船山对于实践能力之强调。在船山看来,君子为学,应当存天地古今之理于我而恒不失于物;君子力行,应当自尽己心、随位尽道,存我于君民亲友之间而恒不失于我。由此,以尽耳目心思之聪明,大明事物终始一贯之道,力行以成可久、可大之事业。其一日所持之志,终身不为之改易,其终身所操之念,终食之间亦无有相违,如此方能称于《周易》乾九三之卦辞所示圣人、君子健行不息之龙德。

船山又指出,此上所述圣人、君子由圣学之功以成至德,实亦建基于人人皆所本具的心智能力。船山曰:

> 乃其为功也,岂圣之专能而人所不可企及哉?晨而忆起,晦而忆息,客而忆反,居而忆行,亦其端矣。孩提而念亲,稍长而念兄,言而念其所闻,行而念其所见,尤其不妄者也。夫人终日而有此矣,故曰易也。

船山指出人相较于禽兽正因具有记忆之能力,方能行止有常,如每日晨起夜息而起居有则,又如客居在外而思归,燕居在家而能不忘临事以起行,皆为人心存理之能,自然发用而显诸事端。至于,孩提之童已知恋慕其亲、稍长又能敬重其兄,言事之时能参酌旧有之见闻,行事之际又能参照以往之经验,此更显爱亲敬长之理乃人心所本具,而人心存理之能可使知行相辅以为功。在船山看来,人心克念之能,亦随时随地见诸众庶日用之常行,但习焉不察而已,故可称之为易。①

船山又转而指出,虽此克念之能人所皆具,亦常见诸日用之中,但要充分掘发其能,以成圣德之极致,亦必有健行不息之功时刻操之于心,故船山又亟言其难。船山曰:

> 虽然,惟此之为不易也,甚矣。未能富有,则畜德小而困于所诎;未能日新,则执德吝而滞于其方。私未蠲,则有所甚执者,有所甚忘;欲未净,则情方动,而或沮之以止。一念之识,不匮于终身者,存乎所志之贞;终身之识,不间于终食者,存乎所藏之密。是故

---

① 本段所言"人心",皆泛论以言"人之心",并非特指与"道心"相对之"人心"。

战战栗栗,毕其一生而无息肩之地,则为之也亦难矣哉!无惑乎异端之惮焉而他求其易也。

船山指出君子进德必当富有而日新,若蓄德小而未能富有,则必困于其所不能,若执德吝而未能日新,则必因循故常而不能随时以应变。私意未除,则因其有固执之先见,虑事不能周全而必有所甚忘;私欲未净,则感物情动,其为善之志或为之中辍。在船山看来,圣贤君子之为功,既在持志之贞正与坚定,以使其最初立志之一念,操之终身而不舍;亦在存理之细密与深微,以使其终身所志之道,于终食之顷亦有所不忘。以船山之见,圣贤君子之存心,必戒慎恐惧、战战兢兢,终其一生而无一刻懈怠之时,由此可知克念之功,为之甚难,故异端不免惧此而别求其易。

最后,船山总结全文曰:

呜呼!前古有一成之迹,后今有必开之先。一室者千里之启涂,兆人者一人之应感。今与昨相续,彼与此相函。克念之则有,罔念之则亡。人惟此而人,圣惟此而圣,狂惟此而狂,盗惟此而盗,禽惟此而禽,辨乎此而圣之功决矣。天健行而度不贰,地厚载而方有常。多学多识而一贯,终身可行于一言。知其亡,勿忘其能;瞬有养,息有存。其用在继,其体在恒,其几在过去未来现在之三际。

依船山理势相因之历史观,君子必与时偕行,因时以制义。即使三代圣人之制度与举措,亦不过为前古一成之迹,而不能直接取用而施行于当代,君子为治,当因应其时代所需,面对具体之形势,承上启下,以开后代之先。朝堂一室之筹划,影响可及于千里;为政者一人之好恶,可感通亿兆人之情志。"今与昨相续",以言现实与过往连绵相续以构成历史,君子当贯通古今之理而不忘;"彼与此相函",以言人群彼此联带相维以构成社会,仁者当以万物一体而存心。船山指出,圣功之有无,全在"克念"与"罔念"之间,人禽之辨、圣狂之分、舜跖之别皆可据此而分判。在船山看来,天惟健行不息,方能行度不变,地惟厚载咸备,终能德方有常。君子效法乾坤健顺之德,必当多学多识以求一贯之义,终身力行无怠以践其立志之言,进德以日知其所无,据德以勿忘其所能,瞬息之间皆有存养之功,其用在继善而不已,其体在恒存而不失,其慎操之几则在过去、现在、未来之三际。

第五章　王船山之身心关系论与其复礼之学

本章将在前两章有关船山人性论与心性工夫问题分析的基础上，重点考察船山如何从身心与事物关系问题着眼，提出复礼成德的为学主张。

第一节　"身心"、"物情"与"礼"

在《引义·顾命》篇中，船山从己、物关系的角度讨论礼之根源及其制作与运用之原理。本篇可以说是《引义》开篇《尧典一》中有关"己物关系"议题的进一步充分展开。在《引义·尧典一》篇中船山曾对佛教、道家、名法等思想立场展开批评，并指出儒家主张物、己相依不离，处物有则可据。而船山此篇中所谓"固有于中，真有其可"，"条理无违，实有其则"，及其对"文、思、恭、让"之诠义，推其论旨皆指"礼"而言，并以人本其固有之性而为处事应物之道，界定礼之内涵。故其篇末即提出食色之欲、财货之利，正为"礼之所丽"而为"民之所依"，应辨之毫厘而使当其则，即将全篇所论落脚于君子制礼之责[①]。在《引义·顾命》篇中，船山则针对老子"五色令人目盲；五音令人耳聋；五味令人口爽"之说而立论，正可视为《引义·尧典一》篇末未尽之论的延续与展开。

船山《引义·顾命》一篇，主要针对《尚书·顾命》"思夫人自乱于威仪"一句而展开。《尚书·顾命》本为周成王临终遗命之辞，此句即为成王告诫群臣之言，前人对此之解释，主要有：

[①] 可参见第二章第一节相关之论述。

> 群臣皆宜思夫人，夫人自治正于威仪。有威可畏，有仪可象，然后足以率人。(《尚书正义·伪孔传》)
>
> 汝群臣等思夫人，夫人众国各自治正于威仪。有威有仪，然后可以率人。无威无仪，则民不从命。戒使慎威仪也。(《尚书正义》)
>
> 乱，治也。威者，有威可畏。仪者，有仪可象，举一身之则而言也。盖人受天地之中以生，是以有动作威仪之则。成王思夫人之所以为人者，自治于威仪耳。自治云者，正其身而不假于外求也。(《书经集传》)

前人诸说，大体将"自治威仪"解释为君王以礼饬身修己之事，强调君主必自治于礼之威仪以正其身，方能率群臣众人以从。船山正由引申此句之意涵，本其"内外一贯"的思想宗旨，围绕"威仪"、"文质"两个核心观念之内涵与关系，对于礼之制作与运用原理展开深入讨论。

一 "求己"与"怨物"

船山于文章一开始，即点出其立论批评之对象，他说：

> 老氏曰"五色令人目盲，五声令人耳聋，五味令人口爽？"，是其不求诸己而徒归怨于物也，亦愚矣哉！[1]

船山所引乃出自《老子》第十二章，大意是讲，虽然人之目能见色、耳能闻声、口能尝味，却因外物所感而动欲于中，不免为"五色、五声、五味"所乱，以致"目盲"、"耳聋"、"口爽"之害。但船山却批评老子之说"不求诸己而徒归怨于物"，乃将身之过患归咎于外物而不求诸己心，实自限于愚而不知。

船山分析指出"色、声、味之在天下"，为万物所显之情状，乃天下已然之迹。同时，"色、声、味之显于天下"，能为人之"耳、目、口"所感受与察觉，此亦为人性固然之理。因此，在船山看来，告子"以食

---

[1] 本节引文未做特别说明，皆出自《引义·顾命》篇，收入《船山全书》(二)，第406—410页。

色言性,既未达于天下已然之迹",仅看到人有饮食男女之欲、贪食好色之心,却不知据其性所固有之才,即天下之物以求相处之道。船山认为人能"辨色、审声、知味",本原于心与耳目口之合用,乃人所固有之官能,察物究心可循人性之理则,以为处事应物之道,故老子"以虚无言性,抑未体夫辨色、审声、知味之原也"。以船山之见,告子与老子之说,由于将内外割裂为二,故于己、物两面皆未得真,而欲探究相关之议题,则应在己、物彼此相互关联的视野中加以考察,由此方能得其实际。

船山继此展开分析指出:

> 由目辨色,色以五显;由耳审声,声以五殊;由口知味,味以五别。不然,则色、声、味固与人漠不相亲,何为其与吾相遇于一朝而皆不昧也!故五色、五声、五味者,性之显也。
>
> 天下固有五色,而辨之者人人不殊;天下固有五声,而审之者古今不忒;天下固有五味,而知之者久暂不违。不然,则色、声、味惟人所命,何为乎胥天下而有其同然者?故五色、五声、五味,道之撰也。
>
> 夫其为性之所显,则与仁、义、礼、智互相为体用;其为道之所撰,则与礼、乐、刑、政互相为功效。

船山指出人之目、耳、口,本有视、听、尝味之官能,与心相合则有辨色、审声、知味之德用。天下之物本有色、声、味之情状,与人相遇于一朝,则色以五显,声以五殊,味以五别。在船山看来,人之感官与天下之物相接,有五色、五声、五味殊别之条理,为人所确然能知能辨,此亦为"人性之能"所显现。船山又进而指出,由此五色、五声、五味,辨之者人人不殊、审之者古今不忒、知之者久暂不违,不仅可证万物存在真实不虚,且物之情状与人相感亦有确然之条理,为人人所共知共见,此同然可徵之条理,正为人能探寻事物之理的前提与基础。综合以上两段分析可见,船山从能知与所知两面立论,最终将五色、五声、五味之条理作为人类感官认知之结果,并从"性之显"与"道之撰"之主客两面加以界定。由此,亦可见出船山对"性"、"道"概念之内涵,正是在内外一贯与主客交融的视域下加以把握,而极力避免主客二分之立场。在船山看来，不仅人有确然能知之感官，物有确然可知之情状，并且己、物相感亦有确然可征之条理。究其设论之意，船山试图指明人之感官认知，乃内外、主客交互作用之过程，并基于人之感官与物情相互所具之适应性方能达成。因此，感官认知既不是对物之情状的消极反映，亦非由人之感官所能任意扭曲，其确定性乃由人类共同之经验加以保证。船山又进而指出"五色、五声、五味"作为感观认知之条理，可与心官所具仁、义、理、智之理相互为体用，二者虽有浅深之别，但皆为性之所显；而人察于物情以辨五色、五声、五味之条理，由此方能利用万物，以成厚生、正德之道，此正可与礼、乐、刑、政互相为功效。

船山建基于以上之观点而对释、老之说予以批评，并分析指出：

> 劣者不知所择，而兴怨焉，则噎而怨农人之耕，失火而怨樵者之薪也。人之所供，移怨于人；物之所具，移怨于物；天之所产，移怨于天。故老氏以为盲目、聋耳、爽口之毒，而浮屠亦谓之曰"尘"。

> 夫欲无色，则无如无目；欲无声，则无如无耳；欲无味，则无如无口；固将致怨疾夫父母所生之身，而移怨于父母。故老氏以有身为大患，而浮屠之愚，直以孩提之爱亲，为贪痴之大惑。

> 始以愚惰之情不给于经理，而委罪于进前之利用以分其疚恶；继以忿戾之气危致其攻击，而徼幸于一旦之轻安以谓之天宁；厚怨于物而怨于己，故曰："小人求诸人。"洵哉，其为小人之无忌惮者矣！知然，则《顾命》之言曰"夫人自乱于威仪"，斯君子求己之道也。

船山认为物情本为物性所外显之情状，对人而言本无固有之善恶，人即物以兴利用之道，关键在人之善取。若用物不当而反遭其害，则为人经理不善所致，而不可兴怨于物。船山认为老子以五色、五声、五味为盲目、聋耳、爽口之毒，佛教称眼、耳、舌与色、声、味为根尘，皆将身之过患归于外物之诱引，并进以咎责于感物动欲之身，由此老子以有身为人生之大患，佛教亦以情识之爱为贪痴之大惑。以船山之见，释老之说皆如"噎而怨农人之耕，失火而怨樵者之薪"，终必致绝物灭情以求暂获一时之轻安，实为"厚怨于物而怨于己"。而船山认为儒家不同于释、老厚怨于物，乃专责于己，其主张正在以礼处事应物，从而外既能得物之利用，内又足以安身定情以得心之所止。在船山看来,《顾命》之言曰"夫人自乱于威仪",正以说明君子求己之方。船山亦由推衍此句之意涵,对于儒家礼学思想精微之内蕴,做出深透之分析与阐发。

二 "威仪"与"文质"

接下来,船山则在"己"、"物"贯通的视野中,运用"威仪"与"文质"两个概念,从内、外两方面对礼之内涵加以界定,同时亦对礼之制作与运用过程中,所涉及诸多复杂之问题展开分析。船山曰:

> 威仪者,礼之昭也。其发见也,于五官四支;其摄持也惟心;其相为用也,则色、声、味之品节也。色、声、味相授以求称吾情者,文质也。视、听、食相受而得当于物者,威仪也。文质者,著见之迹,而以定威仪之则。威仪者,心身之所察,而以适文质之中。文质在物,而威仪在己,己与物相得而礼成焉,成之者己也。

船山指出威仪,乃礼之昭著,发见于五官四肢之行宜,内为具理之心所摄持,并对物情之色、声、味施以品节以得所利用。由以上船山对于礼之运用所作之描述,可知船山对于礼之理解,同时涉及身、心、物三者,亦内涵性情、理欲、身心、心物之关系等多重问题。由于,船山以己物贯通、主客交融的视角界定礼之内涵,故从外内、授受两方面,以"文质"、"威仪"两个概念,对于礼之运用与制作分别加以说明。船山指出物有色、声、味之情状,此为礼之"质",物情得所品节授之于人,以称人情之正理,则称之为"文质";人之目、耳、口有视、听、尝味之官能,人与物之色、声、味相接,受之得当于用物之道,则称之为"威仪"。以上为船山言礼之运用。至于礼之制作,船山认为必先据物情(色、声、味)著见之迹,以对物性之理有所了解,方能施予品节以定威仪之则,此即称之为"文质"。同时,人尚需合用身之感官与心之思能,对物我相感之情理,再加以体察,方能制定五官四肢之仪文度数,以适于文质之中,此即称之为"威仪"。在船山看来"文质在物而威仪在己",虽必待己、物相得而礼方成焉,但礼之制作与行持皆本于身心之德用,故船山曰"成之者己也"。由此可知,船山论"己",实兼身、心而言。以船山之见，由心官之思御身之感官，方能体察人情事物之条理，进而品节物情以制身之威仪。继此，人以敬慎之心，循礼摄持身之言行，方能处物合宜，以得人情之安。

船山又引《论语》所载孔子"克己复礼"之说，以证成其对《尚书·顾命》之诠解。船山曰：

> 故曰："克己复礼为仁，为仁由己，而由人乎哉！"君子求诸己而已，故曰"自乱"也。己有礼，故可求而复，非吾之但有甘食、悦色之情也。天下皆礼之所显，而求之者由己，非食必使我甘、色必使我悦也。故乱者自乱（自注：乱，不治也），乱之者自乱之（自注：乱，治也。）而色、声、味其何与焉！狂荡、佻达先生于心而征于色，淫声美色因与之合。非己求之，物不我致，而又何怨焉？

船山认为孔子所谓"克己复礼为仁，为仁由己"之教诲，正是以礼为君子求诸己之道，《尚书·顾命》以威仪为君子"自治"之方亦与之同其意旨。船山又针对告子食色为性之说指出，人虽有甘食、悦色之情以求于天下之食、色，但非天下之食、色皆必使我甘、必使我悦，必待二者得所当合而又中于节度，方符于人性之理。此合于性、达于情、当于物者，即船山意中之礼。船山曰"乱者自乱（自注：乱，不治也），乱之者自乱之（自注：乱，治也）。而色、声、味其何与焉"，正是借"乱"字之意有治、乱相反之二训，指出人之"治物为用"或"为物所乱"，其责皆在己而非物所能与；正如礼固为性之所有而显于天下，故求而复者，权亦在己而非在物。在船山看来，人之为物所乱，正是由于"狂荡、佻达先生于心而征于色"，淫声美色方与之合，若"非己求之，则物不我致"，故不可脱责于己而归怨于物。

三 "身心"与"物情"

此下，船山再由"身心"与"物情"二者关系着眼，从内外不同之侧重，对礼之制作与运用之原理展开论述。一方面船山指出威仪生于物我授受之际，即为至道所凝，非离物而别有至道存焉。天下之物皆可效用于人，而非有固恶，故不可贵己贱物，尊己以卑天下。另一方面则同时强调人之处物应事之道，乃本于人性之则，故人必运用身心之才，于物我相感之情理深致体察，由此以制礼之威仪而推行天下，方能于物己、人我之间皆得其宜。

船山首先从己与天下之物授受之关系，讨论礼之制作原理，进而又从人类大群之共命着眼，以论礼之功效。船山曰：

> 色、声、味自成其天产、地产，而以为德于人者也。己有其良贵，而天下非其可贱；己有其至善，而天下非其皆恶。于己求之，于天下得之，色、声、味皆亹亹之用也。求己以己，则授物有权；求天下以己，则受物有主。授受之际而威仪生焉，治乱分焉。故曰："威仪所以定命。"命定而性乃见其功，性见其功而物皆载德。优优大哉！"威仪三千"，一色、声、味之效其质以成我之文者也。至道以有所丽而凝矣。

船山反对将人之不善的原因，归之于外物。他指出物之色、声、味为天、地所产，求之于己而得之天下，皆可利用厚生而有功于人，故不可贵己贱物，据善于己而视天下皆恶。在船山看来，人之至善与可贵，正在能够于己物相接之际，以其身心之才，察物体情以制威仪，从而得以受物有主而授物有权。船山所谓"求天下以己，则受物有主"，即言人必致察物我相感之理，方能品节其情，以当于物我相感之宜；"求己以己，则授物有权"，则言人必体察身心之情理，方能制作威仪，以得处物利用之道。船山认为"授受之际而威仪生焉，治乱分焉"，其所谓之"至道"，即指人之处物应事之道而言，圣人君子得之于治学践履之功，并以礼度节文之制作，将其具体化为种种社会伦理生活之形式（即所谓"威仪三千"），物之色、声、味由此方得以"效其质以成我之文"。即使难以速使其知之众庶，亦可由躬行威仪节文，得以践履人道之常，收其用物之效。在船山看来，圣贤只有修德凝道、尽性知命方能制定威仪，并将其布施教化于天下而为人人所躬行，人人亦由此得以各尽其性命。综上可知，船山所谓"命定"、"道凝"皆有待于礼成，由此方能使"性见其功而物皆载德"。

继此，船山又从耳、目、口之官能与色、声、味之物情相感而有其则，以界定性、道之内涵，并以此强调儒家性、道之论，皆必兼身心、己物、内外而言，不可贵性而贱身，离物而言道。而船山所谓之礼，亦合诸身心与物，本乎人性之生理，显于人道之节文，实兼载性、道之意。船山曰：

> 是故丽于色而视之威仪著焉，丽于声而耳之威仪著焉，丽于味而口之威仪著焉。威仪有则，惟物之则；威仪有章，惟物之章。则应乎性之则，章成乎道之章，入五色而用其明，入五声而用其聪，入五味而观其所养，乃可以周旋进退，与万物交，而尽性以立人道之常。色、声、味之授我也以道，吾之受之也以性。吾授色、声、味也以性，色、声、味之受我也各以其道。乐用其万殊，相亲于一本，昭然天理之不昧，其何咎焉！

船山指出人之目视、耳闻、口尝之感官知觉，必丽于物之色、声、味，方能使己、物相感之则显诸威仪之实，故"威仪有则，惟物之则；威仪有章，惟物之章"。但在船山看来，所谓"物之则"乃指人之处物之则，所谓"物之章"乃为人用物之条绪，皆非离人而专就物言，故复又补充曰"则应乎性之则，章成乎道之章"。前言意在指出礼之威仪，不可离于物之利用，亦不可违于物性之理。后言则强调物之利用，必循乎人性之则，而成乎人道之用，其中必有身心致察之工夫。船山继此指出人当运用其耳、目、口之官能，入于五色、五声、五味之中，交于万物并与之周旋进退，深入体察物情之宜而观其利用之道，如此方能"尽性以立人道之常"。接下来，船山则从己物间授受之两面，以论性、道之关系。船山指出万物各有其理而授人之用，必使物情之则合于人性之生理，方能受之以为资生之具；同时人致察身心，本其性之生理，制作威仪，授物以为处之之道，万物受之得以品节其情而各成分殊之用。万物虽各有分殊之用，然其则"相亲于一本"，皆根于人性之生理。由此，人资物养以利生，终成人道之用，而于己、物皆无其咎。

船山承接上段，又从反面以言老子所见物欲之蔽，咎责实在于人而不可归怨于物。船山曰：

> 故五色不能令盲也，盲者盲之，而色失其色矣。五声不能令聋也，聋者聋之，而声失其声矣。五味不能令口爽也，爽者爽之，而味失其

第五章 王船山之身心关系论与其复礼之学

味矣。冶容、淫声、醲甘之味,非物之固然也。目不明,耳不聪,求口实而不贞者,自乱其威仪,取色、声、味之所未有而揉乱之也。

船山指出老子所谓"五色"、"五声"、"五味",非能为害于人,人之目、耳、口感物而失其当然之则,以致目盲、耳聋、口爽之害。在船山看来,所谓"冶容、淫声、醲甘之味"而能为害人心者,本非物情之固然;究其根源,实因人之"目不明,耳不聪,求口实而不贞者,自乱其威仪",以使耳、目、口悖其本心,违其生理,而于物为不当之运用,从而取物情之所未有而揉乱之。

接下来两段,船山又从心、身与物情之关系以论礼之威仪,进而由身心工夫以论制礼之方。船山曰:

> 若其为五色、五声、五味之固然者,天下诚然而有之,吾心诚然而喻之;天下诚然而授之,吾心诚然而受之;吾身诚然而授之,天下诚然而受之。礼所生焉,仁所显焉,非是而人道废。虽废人道,而终不能舍此以孤存于天下,徒failure丧其威仪,等人道于马牛而已矣。故君子非不求之天下也,求天下以己,则天下者其天下矣。

船山上文曾言物情之色、声、味与感官之耳、目、口相接,于人心确然可辨而有五色、五声、五味之条理,人人不殊,此亦为"性之显"与"道之撰"。船山此处正接续前言,指出五色、五声、五味之固然,"天下诚然而有之,吾心诚然而喻之",此言人心运用感官之能,可辨物情之理而有见闻之知;"天下诚然而授之,吾心诚然而受之",则言人在力行实践中,于心与物相接之际,切己致思体察以使物情之用合于人性之生理,由此以得处物之道而有性理之知;"吾身诚然而授之,天下诚然而受之",则言人能据其所知,制为身之威仪,以行诸天下,天下之人亦能于其自心见有同然之理而诚然愿受。船山继此而曰"礼所生焉,仁所显焉,非是而人道废",正以礼为人性之仁所显现,并视礼为人道存废之关键[①]。在

[①] 船山在《礼记章句序》中曾指出人禽之辨、夷夏之分、君子小人之别的关键即在礼之有无,见《船山全书》(四),第9—10页。

船山看来，即使礼废不修，人亦不能舍物之利用而孤存于天下，不过徒以自丧威仪，抹杀人禽分际，等人道于牛马而已。由此，船山总结而曰"君子非不求之天下也，求天下以己，则天下者其天下矣"。船山指出君子非不求天下之物以利群生，但当即天下之人情物理，尽心以求利用厚生、大群相处之道，再制以礼之威仪以推行教化于天下，如此方能使此人道之天下真正成为一文明之世界。

船山又曰：

> 君子之求己，求诸心也。求诸心者，以其心求其威仪，威仪皆足以见心矣。君子之自求于威仪，求诸色、声、味也。求诸色、声、味者，审知其品节而慎用之，则色、声、味皆威仪之章矣。目历玄黄，耳历钟鼓，口历肥甘，而道无不行，性无不率。何也？惟以其不盲、不聋、不爽者受天下之色、声、味而正也。

本段则言君子如何运用身心之才知物尽性，求诸威仪之则，以制作礼乐。船山指出君子自求威仪，需以其心官之思御目、耳、口之官能，即物情以"审知其品节而慎用之"，于是物情所显皆成威仪之章。威仪之用亦能达众人同然之情，而显圣人心德之实。船山认为唯有"不盲、不聋、不爽"者，方能"受天下之色、声、味而正也"。在船山看来，假使人能循礼而为，即使"目历玄黄，耳历钟鼓，口历肥甘"，亦皆是率性行道之事，而不会为物情所诱而溺于私欲。

四 "威仪"与"释老"

船山于上文正面阐述观点之后，又接续本篇开始时对于释、老之批评，作进一步之申论。船山曰：

> 藉如彼说，则是天生不令之物以诱人而乱之，将衣冠阀阅无君子，则陋巷深山无小人。充其义类，必且弃君亲，捐妻子，薙须发，火骶骼，延食息于日中树下，而耳目口体得以灵也。庶物不明，则人伦不察，老、释异派而同归，以趋于乱，无他，莫求诸己而已矣。

船山指出，如果认为天地生物，固有不善之质，足以惑人而乱性，则依此逻辑而推演，不免得出世家大族无君子、深山陋巷无小人的结论。由此，船山基于儒家之立场，批评释、老之学置身于人伦之外，绝物以求虚明之境，皆"莫求诸己而已"。可见，船山出于维护儒家价值信念与现世伦理生活之取向，故对佛教、道家之教言与论说，皆不欲深求其旨，故一概加以排斥。

船山又根据《淮南子·说林训》所言"惠见饴，曰：可以养老。盗跖见饴，曰：可以黏牡。见物同而用之异"，分析指出：

> 柳下见饴，曰可以养老；盗跖见饴，曰可以黏牡。弗求诸执酱、馈酢、授筵、设几之威仪，以善饴之用，则是天下之为饴者，皆可以盗跖之罪罪之也。失饴之理，妄计以为盗媒，盲、聋、狂、爽，莫有甚焉者矣。

船山认为饴之为物，本无善恶，但因所用不同，方有善恶之别。柳下惠用饴以养老，盗跖却用饴以为行窃之具，在船山看来，柳下惠因孝亲之礼使饴得其善用，而盗跖却因个人失性丧德，而失饴利生奉养之理，妄计以为邪用。虽则如此，以船山之见，却不能因为偶有盗跖用饴以作行窃之具，即不顾饴之常然之用，以为天下之为饴者，皆当治以盗跖之罪。

船山复又拟设庙堂、山林相去悬绝之境，以言物用之治乱皆决之于己而非在天下。船山曰：

> 故求诸己，则天下之至乱，皆可宰制以成大治；设官悬、广嫔御，四饭大牢，而非几不贡。求诸天下，则于天下之无不治者，而皆可以乱。将瓮牖、绳枢、疏食、独宿之中，而庭草、溪花，亦眩其目，鸟语、蛙吹，亦惑其耳，一薇、半李，亦失口腹之正。如露卧驱蚊，扑之于额而已嚼其膂，屏营终夕而曾莫安枕，则惟帷幛不施而徒为焦苦也。故曰："君子坦荡荡，小人长戚戚。"老、释之于天下，日拘怨而未有宁，故喻世法于火宅之内，哀有生在羿彀之中，心劳日拙，岂有瘳与！

船山认为人若能依前文所述,求诸己以制威仪而行于天下,即使处至乱之世,亦能宰制以渐成大治;相反而言,人若不能用心于己而专责于外,天下本足以成治之物,亦因不得善用而皆能转为祸乱之具。正如,君王即使处于庙堂后宫之中,若依循礼乐定制而不逾越其限,即使享物繁殖丰盛,亦能不为所乱;而寒士即使身居闾阎陋巷,若不能以威仪之道饬身治物,耳目随处之所见闻,口腹微物之所品尝,皆足以乱心而失其正理。在船山看来,不求处物之道以制威仪之用,但防外物之扰以戒物欲之兴,则如露卧驱蚊、破屋御寇,不免日以其心与天下相构,此消彼起而终将永无宁日。

在本文之末,船山又引据经典以证成其说,船山曰:

> 黼黻文章,大禹之明也。琴瑟钟鼓,《关雎》之化也。食精、脍细,孔子之节也。优优大哉!威仪三千,以行于天下而复礼于己,待其人而后行也。成王凭玉几,扬末命,惟此之云,其居要也夫!

船山指出无论《尚书·益稷》舜命禹明定黼黻文章以为衣服之制,抑或《诗经·关雎》文王以琴瑟钟鼓之乐化行南国,抑或《论语·乡党》孔子以"食不厌精,脍不厌细"为饮食之节度,皆为礼度节文运用于政治、社会以至个人生活之中而有不同之展现。船山认为威仪三千虽为圣王所制以行于天下,但礼随时易,代有因革,故需后继之君子,皆能复礼于心,既当深明先王制礼之精义,又当考察古今因革之迹,慎观世风民情之变,方能顺时通变,因变达常,明定一代之礼乐。在船山看来,成王临终之际,凭玉几,仅以"自治威仪"为遗命告诫之辞,实乃为政兴治居要之言。船山篇中以此句为核心,反复申论,正意在深掘探发其义,以待后之君子。

船山由检讨明亡之教训,进而反省以往中国历史与政治,企图通过重释礼乐教化之传统,展现儒家治道之精义,并以培养治教人才为导向,提出革新儒学的主张。船山认为政治治理与教化,必须基于社会人情的现实需求与丰富样态,不能脱离现世人群之生活,仅依个人内心所奉行之政治理念或价值理想强制推行。

船山于《引义·顾命》篇合"威仪"与"文质"以界定礼乐之内

涵。其所谓之"威仪",意在指出政治之作为,具有导引社会生活发展,形塑社会风气之作用,需由为政者率先制作躬行,并以布施教化之方式,逐渐对社会产生扩散之影响。其所谓之"文质",则在彰显礼乐教化之功能,乃以一套具文化内涵与精神性的仪文形式,将"生"、"养"需求之满足,内在于政治、社会生活之中,以伦理情感之导引与节调,达致社会整体之和谐;并在维系人群生存需求的基础上,以文明创造的方式,不断丰富与充实物质、精神生活,使社会中存在之个体始终保持一种自然发抒、畅顺安和的生命状态。

船山也同时指出,礼乐文明之延续与发展,必须有赖于儒学以一种融合义理与经史的学术探究,在不断反省过去与探寻未来的深刻历史思维导引下,不断回应时代挑战,克服现实之难题。在此过程中,从学君子亦当以知行并重的修学工夫,不断培育养成承担治教责任所需之道德品质与知识能力。船山革新儒学的努力,虽未能当身产生即时性之影响,但他对于中国历史、政治、文化诸多面向所作深刻之思考,对于现实与未来仍将具有持续之启示性。

第二节 "礼内"与"成德"

《尚书引义》(以下简称《引义》)之《仲虺之诰》篇是明清之际学者王船山礼学思想的一篇精深之作。船山从身心与事之关系问题着眼,经由深入诠释《尚书·仲虺之诰》与《周易·文言》中的两段文字,由孟子"义内"之说,推及"礼内"之义,并对复礼成德的为学主张做出了深入阐发。在这篇不足两千字的文章中,船山以宇宙秩序、社会秩序、心灵秩序等多层次的观察视野,从圣人之成德、君子之为学、众人之应事等多角度,对于儒家理想中礼制的形上基础、存在形态、制作原理等问题进行了深刻探讨。本节,即通过细致解读文本的方式,对于《引义·仲虺之诰》篇的思想内蕴加以考察与分析。

一 以"身"为枢纽的"心"与"事"

船山开篇曰:

《易》之言曰："敬以直内，义以方外。"《诰》之言曰："以义制事，以礼制心。"故曰："先圣、后圣，其揆一也。"①

船山一开始即列出本篇之论所围绕的两段经典文句，并指出《尚书·仲虺之诰》与《周易·文言》所言乃同一旨意，正显"先圣、后圣，其揆一也"。若通观全篇可知，船山之设论正针对朱子的相关诠释而展开。朱子解"以义制事，以礼制心"为"内外交相养法"。船山推阐此句之意，重点在由孟子"义内"之说，推及"礼内"之义，强调"义"与"礼"，虽前者以致知为功，后者以力行为事，但皆根植于人性，需用心体察以为工夫，不可以"义"、"礼"别内外。朱子论"敬以直内，义以方外"，亦以"敬、义"指示"存养"与"省察"内外两种工夫，并说明其内外交养之理，而船山之论，重点则在以"直、方"二字合说，用以标识心德所具之两种特质。在船山看来，"建中"成德之心，其体直、方，其用亦直、方，非以"直"为体、以"方"为用。船山合此二说，意在指出君子修德之功在"复礼"于心，圣贤之德用则在以礼治天下。而无论圣贤"建中"于内存"在心之礼"，或使"中建于天下"而制作"有形之礼"，皆具有"直"、"方"两种彼此相维之特质。由此，众人日用循礼，方能随事得宜，有所依凭。

船山首先从事与人的关系问题起论，以身之耳、目、口、体及其官能为枢纽，分别对儒家所论之事与心加以界定。船山曰：

今夫事与人之相接也，不接于吾之耳、目、口、体者，不可谓事也。何也？不接于吾之耳、目、口、体，天下非无事也，而非吾之所得制，非吾之所得制，则六合内外，固有不论不议者矣，则固非吾事矣。不发而之于视、听、言、动者，不可谓心也。何也？不发而之于视、听、言、动，吾亦非无心也，而无所施其制。无所制，则人生以上，固有不思不虑者矣，是尚未得为心也。

---

① 本节引文未做特别说明，皆出自《引义·仲虺之诰》，收入《船山全书》（二），第289—292页。

船山言"事与人之相接",其中处物待人方成诸"事",同时涉及"人与人"及"人与物"之关系,而其所谓之"人",则兼"身"、"心"而言,故其设辞特别使用"事"字而非"物"字,使用"人"字而非"心"字①,实有特别之斟酌。船山指出,事与人之相接,若不接之于耳目口体之身,天下虽有其事,因其非吾所能制,故当为儒者置于不论不议之列,而非吾以义所制之事;此外,人心感物情动,进而致思起行以应事,若不发之于视、听、言、动,虽其或有虚灵不昧、不思不虑之心,因其尚未与事相接而见于有,故人无所施其制,故不得以此为制心用功之所。

船山指出君子所制之事与所制之心,皆必以其耳、目、口、体之身,与其身视、听、言、动之功能,作为中介与枢纽。一方面意在强调人之所知,重在究其处物待人之事理,故必躬行于身而体之于心方能实得,非囿于见闻、徇于外物所能知,并由此将君子认知与实践之对象界定在日用伦理与治理教化的范围之内。另一方面,船山则强调人之处物待人,虽得理于心,但必因其用而显于情、见诸身、应乎事,故当据其所处之时位,择定仪文度数以为身之威仪,由此方能于物我相接、人群相处之际,以各得其宜,不可但求于心无愧,便可任意而行。

二 "知行"与"建中"

接下来,船山则由论事与心之关系,以言君子致知、力行之功。船山曰:

> 是故于事重用其所以来,于心重用其所以往;于事重用其心之往,于心重用其事之来。往来之界,真妄之几,生死之枢,舜、跖之分。古之君子,辨此而已矣。

船山曰"于心重用其事之来",乃言君子于事来之时,当以心究其

---

① 岳麓版《船山全书》所收《尚书引义》之整理者,将底本"人"字改为"心"字,并在校记中指出"'心'字:各印本俱作'人'。细审上下文,以'心'为是"。依笔者所作之理解与诠释,底本无误,或不当改。

"所以来",得诸义理,以为致知之功;船山曰"于事重用其心之往",则言君子于应事之际,当以心察其"所以往",制情以礼,以为力行之功。船山认为"心"、"事"往来相接之际,有真妄几微之别,攸关道德性命之存亡,行之善恶亦由此而分,故当审慎致察,细加甄辨。

以下,船山则从反面论"心"、"事"往来相接之际,人若不能致知、力行以为功,所不免陷入之弊端。船山曰:

> 心之往则必往矣,事之来则必来矣。因其往而放之者,纵也;因其来而交之者,欲也。于其往而固遏之,于其来而固拒之,内与外构,力争其流者,"克伐怨欲不行"者也。于其往而游于虚,于其来而制以机,往而曲以避物之来,来而巧以试心之往,以反为动、以弱为用之术也。古之君子则皆灼然见其非道,而不此之务矣,是故酌自然之衡,持固有之真,以范围往来于不过。其往也极其用而不忒,其来也顺以受而不逆,夫是之谓"建中"也。呜呼!非察于几、达于诚而知心与事之浃洽以利用者,孰能与于此哉!

船山曰"心之往则必往矣,事之来则必来矣",正是站在儒家立场指出,人生在世无可逃遁于伦物之外,必用心以往而应其所来之事。但若随外物相感而放心无归,陷溺于私,以为恣情纵欲之行,则为儒者所不许。但船山同时指出,为防范于此而有两种态度与方法,亦不可取。其一为"克伐怨欲不行"者,仅于内外相感之际,遏情制欲,绝物于外,以使其心不为所动。在船山看来,此种方法专于感物情动之时,方施以克制之功,不立心于本而力争末流,必使内外相斗不息,徒劳而无功。告子所操不动心之法,即近于此。其二则本老子之说,以为权谋之术。常游心于虚以避物之锋芒,观物之变、巧制以机,"以反为动,以弱为用",乘机而取利收功。在船山看来,以上二种方法,"古之君子则皆灼然见其非道,而不此之务"。

船山认为儒者所当致力者则在"建中"成德之工夫,所谓"酌自然之衡,持固有之真,以范围往来于不过。其往也极其用而不忒,其来也顺以受而不逆"。但船山又指出,此非"察于几、达于诚而知心与事之浃洽以利用"者所不能与,故欲用功成就其德,实为不易。若细究其"酌自然之衡,持固有之真"之说,船山乃以"权衡"为人性显见于心而具之才德,能于感物之际，自然发用，斟酌权量，择义以行礼。此种"心德之才能"，虽初生本具，但随人之为学日益，其德日成，运用更为自如，即如孟子所谓"深造而自得"之意。所谓"持固有之真"，则指人必通过致知、力行之功，修德凝道于心，择善固执而不忘，如此方能因事顺时，择义行礼，"以范围往来于不过"。在船山看来，所谓"固有之真"，虽本于人心所具之性理，但由于船山所言之"性理"，乃指人处事应物之道而言，结合其"天日命，性日成"之说可知，此"性理"为人所知，进而存持心以致扩充其量，皆需待后天为学、力行之功，而非初生即知、无功自致。至于所谓"其往也极其用而不忒，其来也顺以受而不逆"，若究其论旨，可增益数言以全其说而曰：以其心往以处物应事，极其致知之功，得诸事理、人情之宜而无差缪；于事物之来，以礼顺受而为力行之功，则于人心、物情两不相违。

三 贯通内外的"直"、"方"之德

接下来，船山则由《周易·文言》"敬以直内，义以方外"中，拈出"直"、"方"二字，由宏观深察宇宙秩序、社会秩序、心灵秩序之形态特质，进以探论天、人之合德，并对君子修德之功与成德之用，展开详细分析。船山曰：

> 天地之德，日新富有，流动充盈，随在而昭其义于有形有色、无方无体之中者，至足也。其流动也，洋洋日发而无不及。使不及焉，则此且亏朒而不绍乎彼。洋洋日发者，本无不直也。其充盈也，森然各立而不可过。使可过焉，则此且溢犯乎彼，而彼不足以容。森然各立者，本自有方也。道之在吾身以内与其在天地之间者，既如此矣。流动者与物酬酢，以顺情理，而莫有适居。充盈者随事有宜，以应时变，而莫能协一。必待行之而后可以适焉，必待凝之而后可以协焉。

船山以"日新富有，流动充盈"涵括天地造化之德用，并认为其遍在而至足于万物群品与无形气化之中。在船山看来，天地之德显于造化，故可由造化生成之用以观其德。其中"日新"与"流动"，指大德之敦化，由物类生成日新而不绝，可知其德"洋洋日发而无不及"，若有所不及，则"此且亏朒而不绍乎彼"，物类生存的连续性必将终绝，故由其

"洋洋日发",可知其德"本无不直";"富有"与"充盈",指小德之川流,由物类繁生并存而相依,可见其德"森然各立而不可过",若使可过,则"此且溢犯乎彼而彼不足以容",物类相依共存的整体性与和谐性必遭破坏,故由其"森然各立",可知其德"本自有方"。在船山看来,"日新"、"富有"乃造化所成之德效,"流动"、"充盈"乃造化运作之德用,"直"、"方"则由造化之德效、德用推及造化所本原之德性,故船山下文在将天地造化与人心运作相类比时,亦以"直"、"方"兼指人固有之德性、德性之运作、成德之效用三层意涵。

由此可见,船山意象中之宇宙,其整体中实涵容着多样与繁殊,正是多样与繁殊之相依共存,方成此一和谐之整体,且于生成变化的过程中绵延存续而不绝。而在船山看来,人文秩序根源于宇宙秩序,故人类社会历史之秩序与宇宙秩序间亦具有结构形态之类近。同样,在以圣人成德之心所呈显的心灵秩序中,透过人类最具深度与丰富的理解力所达致与呈现之世界图景,亦当涵括自然与人文世界古今变化之整体,兼有"共时之结构性"与"演化之历史性"双重维度,并相互交织而为立体之面貌。船山曾以孔子所谓"一以贯之",指示圣人为学求知有一贯之意。在船山看来,所谓"一贯",正体现为一种兼具"社会结构分析"与"历史演化观察"之立体视野。所谓"社会结构分析",指对于任何局部要素皆能置于社会整体结构及与其它要素之相互关系中,以把握其相对独特之功能、地位与意义;所谓"历史演化观察",指对于任何历史现象皆能在动态发展的过程当中探究其变化之理。学者当效法圣人,由前两种视角于时空交织所成之立体维度与整体视野中,去理解人与社会、历史之间的复杂互动关系[1]。

类比造化之"流动"与"充盈",船山进而由人之社会实践活动,探论君子修德凝道之功。船山指出如同造化之"流动",人心"与物酬酢"以顺其情理,但其情因所接之物不同而莫有适居,理亦随事而无定;如同造化之"充盈",人心处事应务,因应时变以求其宜,但其处事之义亦随其所应之事不同而莫能协一。在船山看来,人心动以交物,因行以发知,虽逐事而有善处之义,但必集义充盈、凝道成德,方能随事制义,缘情制

---

[1] 有关船山之社会观察与历史演化思维,参见戴景贤先生撰《王船山学术思想总纲与其道器论之发展》,香港中文大学出版社2013年版。

礼，以应时变，此即船山所强调内外、知行一贯之旨。故船山曰"必待行之而后可以适焉，必待凝之而后可以协焉"，正言人于物我相感之际，必躬亲实践以究应对之理，方能处之得宜以安其情；由于理随事异、时变而万殊，人必随事集义，待历事日多、凝道久熟而渐化于心，方能协万理于一贯，以至圣之德而成治礼之功。

继此，船山又基于其对普遍人性之理解，由内外虚实往来之作用，以论"身心与物"、"德与礼、义"之关系。船山曰：

> 夫民受天地之中以生者也。耳、目、口、体，形著于实，受来以虚；视、听、言、动，几发于虚，往丽于实。其互相入者，有居中以宰之者也。以凝之者行之，斯以事无不宜，而心无有僭；卓然而有其直，卓然而为其方，居乎此以治乎彼，故曰制也。夫然，受中以生则无不直而无不方，内之则既然。乃中建于天下，有定理焉，直之方之所自著也，外之亦既然矣。

论中船山所谓之"实"，乃即"形质"以为"实"，兼指耳、目、口、体之身，与其身所应接之事物。此段所谓之"虚"，乃即"气"以言人之内外相感之几。在船山看来，以形色之身为中介，心与外物相接而有情感与知觉，或作用于外物以成实践之功，此皆可视为形与气、实与虚互相入而有之作用。至于此段所言"居中"之"中"，乃君子经由为学力行之功而凝道日成之"心德"，及其在处事应物中所见制义、成礼之大用。以船山之见，人于应事接物之际，当以其成德之心因时以为判断、抉择，从而成礼于身，以御其情，而见诸实行，如此方能处事得宜而于情无过。

船山曰"民受天地之中以生"，乃言人之形色与本心皆得"天地之中"以生，故可运用其身心之能，修德以为功，由此卓然于万物群品，与天地并列三才之一。其曰"受中以生则无不直而无不方"，其中所谓"直"与"方"，乃指人性显见于心所具知、行两种能力，及相应之德用。"方"指人行道于身，由行以发其知，可得诸本心之义，其义各有方；"直"则言人集义凝道于心，据德依仁以为行，本其直内之理而成诸礼，以礼制情，于物我、身心皆得其宜。"卓然而有其直，卓然而为其方，居乎此以治乎彼"，君子即由此以为致知、力行之功。至于"中建于天下，有定理焉，直之方之所自著"，其中所谓"中建于天下"，则特指圣贤制作礼乐刑政以推行于天下，因时制宜而有其定理。"直之方之"所自著，则言圣贤"直"、"方"之德亦著于其所作制度典礼之中。在船山看来，礼乐刑政作为制度整体之建构，其功能之正常运作，亦需待其所构成之各个部分相对独立之功能正常发挥，并彼此关联与维系方能达成。即使一礼之行，如在祭祀典礼中，依照亲疏、尊卑、行辈之分别，每一参与者各有其当尽之义，只有每人皆能各尽其义，各安其情，方能共成此礼之用。此外，任何具体制度典礼之创作与运用，皆必依当时所处之历史境况，因革损益以成一代之局，而治理与教化之礼乐精神传统则亦因此而方能相续不绝。由此可见礼乐刑政之中亦具"直"、"方"之义。

四 "义内"与"礼内"

接下来，船山则由孟子"义内"之说，推及"礼内"之意，以言礼乃根源于人性之旨。船山曰：

> 故告子之言曰"义外"，而言礼之驳者亦曰"礼自外作"。夫内之既卓然有可凝之直方矣，则义、礼之俱非外也亦明矣。我无以辨外义礼者之非也，则以外非无礼义，而不制于我，则非我之义与礼也。蠡蚁之君臣，虎狼之父子，相鼠之皮体，燕雁之配耦，何有于我哉？

船山认为礼根植于人性之理，合于人情之自然，明于致知力行之工夫，制于为学成德之道心，最终展现为一种政治、伦理生活之文明形式，故其根源于内而非由外铄。朱子为证成宇宙中善之普遍，由人推及物类，于"虎狼之父子、蜂蚁之君臣、豺獭之报本、雎鸠之有别"，亦见有仁、义、礼、智同然之理①；船山则认为文明之出现与发展，社会中政治、伦

---

① 朱子曰："禽兽亦是此性，只被他形体所拘，生得蔽隔之甚，无可通处。至于虎狼之仁、豺獭之祭、蜂蚁之义、却只通这些子"，又曰："物亦有是理，又如宝珠落在至污浊处，然其所禀亦间有些明处，就上面便自不昧。如虎狼之父子、蜂蚁之君臣、豺獭之报本、雎鸠之有别"（《朱子语类》卷4）。此论亦合于朱子有关天命之性与气质之性之分别。在朱子看来，人与禽兽同具此性，但因禽兽为其气禀形体所拘蔽，故不能明通其理，而禽兽之中亦因其气禀偶有明处，见有仁、义之行而如一隙之光。

理生活形式之创建与维系，乃人性区别于禽兽所独具之善之展现。并且，船山认为也只有透过礼乐文明之创建与发展，人性之善才得以充分展现，船山亦以此作为夷夏之辨、文明与野蛮之分野的关键所在。由此，船山认为朱子所谓"蜂蚁之君臣，虎狼之父子，相鼠之皮体，燕雁之配耦"，皆为动物生存本能之表现，既无内在价值与道德意识之自觉，更无法同人类一样，通过政治、伦理生活等文明形式之创造，使根植于人性之价值在社会生活中可以实现并持续维系。在船山看来，若以朱子所言将物类之本能与人类之礼义相比附，大有混淆人禽界线的危险。

船山又曰：

> 义外之非，夫人而言之，孟子之辨已析也。礼外之云，《乐记》之枝词也，而贤者徇焉，乃以云："事在外，义由内制；心在内，礼由外作。"（自注：朱子云）则是于其来而授物以所未有，于其往而增益以心所本无，日以其心与天下搆，而日以天下与心搆，舍自然之则，忘固有之真，斯何异于老氏所云"反者道之动"哉！

船山认为"礼外"之说，本自《乐记》，所谓感物而动，好恶形焉，若好恶无节于内，将有"灭天理而穷人欲"之忧，故必循先王所制之礼乐，方能使其好恶得所节度而免于祸患①。船山认为朱子所谓"事在外，义由内制；心在内，礼由外作"，即循《乐记》之说，而误蹈"礼外"之见。船山指出，若以礼由外作以制心，则礼既非人心所固有，则必非人情之所愿从。于是圣人制礼，反成增益于心所本无，强加于物所未有，将使天下与心日成相斗之局，由此则近乎老子"反者道之动"之说，至于人性所具固有之真、处事所循自然之则，皆不能得见。

---

① 《礼记·乐记》曰："人生而静，天之性也；感于物而动，性之欲也。物至知知，然后好恶形焉。好恶无节于内，知诱于外，不能反躬，天理灭矣。夫物之感人无穷，而人之好恶无节，则是物至而人化物也。人化物也者，灭天理而穷人欲者也。于是有悖逆诈伪之心，有淫泆作乱之事。是故强者胁弱，众者暴寡，知者诈愚，勇者苦怯，疾病不养，老幼孤独不得其所，此大乱之道也。是故先王之制礼乐，人为之节，衰麻哭泣，所以节丧纪也；钟鼓干戚，所以和安乐也；昏姻冠笄，所以别男女也；射乡食飨，所以正交接也。礼节民心，乐和民声，政以行之，刑以防之。礼乐刑政，四达而不悖，则王道备矣。"

船山又曰：

　　且夫义之必内，如冬知汤而夏知水也。礼之必外，其且判涣于天地之间，自为一类，如风之不可以目见，空之不可以手握乎？将礼之用，孰从而举之？礼之名亦不足以著于人矣。义之内也，以智而喻；礼之内也，以仁而显。丧之哀，祭之敬，食之不繺兄臂，色之不搂处子，亦惟以求慊乎心也。必求如此而后慊于心，则心固有之，故曰"复礼"。则亦如秦炙吾炙之胥旨吾舌矣。若礼之立于吾前以待用者，既似授之规矩，而非木之能自为方圆，授之羁靮，而非马之能任骖服，可云外也；则义亦显立吾前，贤在而授以尊，长在而授以敬，充外礼之说，亦未有不可以义为外者也。

船山指出"义之内也，以智而喻；礼之内也，以仁而显"，"义"与"礼"分别根源于人性固有之"智"与"仁"，故"义内"与"礼内"之说，可相互依存，互为论证。船山认为正如孟子以"冬知汤而夏知水"喻"义之必内"，由"丧之哀，祭之敬，食之不繺兄臂，色之不搂处子"，人之处丧、祭、食、色之际，必求如此而后方能满足自安于心，亦可证"礼"乃心所固有而非自外铄。以船山之见，礼乃显诸仁之体，慊于心之用，并非以外在之规范强加于人，与木待规矩以成方圆，马受羁靮方任骖服，不可相类。在船山看来，孔子所谓"复礼"之说，正言"礼内"之意，由孟子"义内"之说可知礼必非外，若"充外礼之说，亦未有不可以义为外者也"。

最后，船山总结全文曰：

　　古之君子，智足以喻此，万物之充盈以来，以形之虚者应之，俾得所归，而宜以协；仁足以显此，吾性之流动以［往］，［以］色之实者奠之，俾安所止，而典以敦。事与心胥制于所建之中，反身而诚不远矣。盖天理之流行，身以内、身以外，初无畛域。天下所有，即吾心之得；吾心所藏，即天下之诚。合智仁，通内外，岂有殊哉？彼智不足以及此者，其昏也，因其往而往之，因其来而来之；其凿也，于往而禁其往，于来而忘其来。仁不足以守此者，其妄也，任其往而之于放，任其来而泛为交；其矫也，苦持其往而不得所丽，过杜其交而不绥以宜。亦恶知往来之几，形形色色之诚，自有其中焉而建之也哉执之无权，存之无本，而内不放出以制心，外不放入以制事，斯释氏"鼠入牛角"之谓，与于不仁之甚者，可弗辨乎！

船山于其文章最后两段，则由人所本具仁、智之德以立说，从正反两方面，对于身、心与天下内外一贯之旨再加以论证。船山指出古之君子，其智足以喻此，故能以其心因应万物之来，得相协之义以处之，从而可使万物各尽所用；其仁足以显此，故能以身之威仪奠立处事应物之则，敦典礼以兴民用，从而可使其身心得所安止。在船山看来，身之内外初无畛域，天下之所有，喻于智而显于义，即吾心之得；吾心之所藏，发诸仁而显诸礼，即天下之诚。以船山之见，君子合仁智之德用，通内外于一贯，所谓"天理之流行"正显于礼、义之大用。但船山同时指出，若智不足以及此，仁不足以守此，智昏而妄行者，则其心将随外物往来而浮动，纵其意欲而与之交；凿智矫情者，则将绝物于身外，丧心而废行。在船山看来，陷于此二者之弊者，皆因不知"往来之几，形形色色之诚，自有其中焉而建之"，仁当放出以为行而可以礼制心，物当放入以为知而可以义制事，存之固有其本，用之权在于人，其关键则在为复礼之学以成其德用。

第六章　王船山天人视野中的政治秩序与治道原则

第一节 "理一分殊"与天人秩序

一　引论

"理一分殊",本为程朱理学最为重要的哲学命题之一。最早见于程颐与杨时有关《西铭》的讨论,杨时怀疑张载《西铭》所描述的万物一体之境界,类近于墨子兼爱之说。程子在回答中指出"《西铭》明理一而分殊,墨氏二本而无分",又言"分殊之蔽,私胜而失仁;无分之罪,兼爱而无义",故儒家主张"分立而推理一,以止私胜之流",并以此为求仁之方。程子在此所言"理一分殊",主要关涉伦理与道德原则的问题。程子一方面以"万物一体"之仁为道德的最高境界,但同时亦承认随亲疏远近之不同,爱亦有所差等,其所承担的道德义务与责任亦有所分殊,故人在道德实践时,行仁必当始于爱亲,再由近及远,次第推及于天下。后来,朱子又以"理一分殊"之说,讨论太极之理与万物之性的关系,于是这一最初在伦理学意义上被提出的命题,又被提升至本体论的问题层次。

《尚书·泰誓上》是武王伐纣大会孟津时的誓词,一开始便讲到"惟天地万物父母,惟人万物之灵。亶聪明,作元后,元后作民父母"。大意是言天地生物以为万物之父母,而人首出庶物独得其灵,其中又有得其最秀最灵者,能为大君于天下,生养抚育百姓以作民之父母。此后便言商纣不明作民父母之义,行虐民之政而失君民之道,故当承天之命以为讨伐。[①] 而船山对《尚书·泰誓上》之诠论,则借程朱"理一分殊"之命

[①] 对于《尚书·泰誓》之释义,笔者主要参考蔡沈《书经集传》的解说。

第六章　王船山天人视野中的政治秩序与治道原则　　155

题,由对万物本原之探究,论及天地、万物与人之关系,宇宙秩序、伦理秩序、政治秩序各自成立之原则,以及人之立身行事所当效法与依循之准则。

船山开篇曰:

> 道之大原惟天,万物之大原惟天地,天下之大原惟君,人之大原惟父母。由一而向万,本大而末小。本大而一者,理之一也;末小而万者,分之殊也。理惟其一,道之所以统于同;分惟其殊,人之所以必珍其独。故父母者,人道之大也。以大统小而同者疏,故天地父母万物,而人不得以天为父,以地为母。道无为,天地有为。物生于有,不生于无;故道不任父母万物,而天地父母万物。子法父母,故人法天地而道不可法。有行于无,无不行于有;故人弘道而天地不资道以弘。①

在此篇幅不长的一段论述中,船山实已将其全篇大部分论点,以极度浓缩的方式予以呈现,因其涉及问题较多,故需细致加以分疏。本文开篇第一句"道之大原惟天,万物之大原惟天地,天下之大原惟君,人之大原惟父母",船山列举了虽彼此关联但亦可分别加以考察的四种秩序,笔者将用理则秩序、宇宙秩序、政治秩序、人伦秩序来指称其名。在船山看来,此四种秩序虽可追溯至一共同之根源,但彼此亦相对独立而各有其本原,其所奠立之基础与所成立之原则,亦有所不同。若据其后文所论,预先做一简要说明,则可知其所谓"道之大原惟天",乃言天地之间,因造化所成而有分化不同之秩序与原理,但其根源皆为一阴一阳所渐化而成;所谓"万物之大原惟天地",则言万物皆为天地造化之所生;所谓"天下之大原惟君",则言作为政治秩序之天下,以君臣、君民关系(即"尊尊之义")为基本架构,其制度创建与运作皆根源于君主之修德与作为;所谓"人之大原惟父母",则言人皆为父母之所生,父母与子女之关系(即"亲亲之仁"),乃是人伦秩序之根本。继此,船山借"理一分殊"之说,

---

① 本节引文未做特别说明,皆出自《引义·泰誓上》,收入《船山全书》(二),第323—327页。

分析指出："本大而一者，理之一也……理惟其一，道之所以统于同"，即言天地之间，一切万物之生成，以及一切分化之秩序，皆本原于阴阳之造化，此即所谓"理之一"。船山正以其对《系辞》"一阴一阳之谓道"所作独特之诠释，界定此"理一"之内涵，即言阴阳之体性，及其相互作用所具有之一种调和分剂之功能。在船山看来，万物群品之生成，以及物类中之个体得以依其所独具之生理而存续，皆依赖于"内在阴阳体性中之调和分剂功能"此一基本生化原理持续产生作用，船山言"道之所以统于同"，亦指此言。船山又曰"末小而万者，分之殊也……分惟其殊，人之所以必珍其独"，则言由于阴阳之生化作用，分化产生不同之秩序原则，及生成繁殊有别之品类、以至依类而存在之不同个体。在船山看来，分化所产生之物类与个体，必当依循分殊之理则而存在，上文所述及之"阴阳基本生化原理"亦必因物类及个体之分殊，而依循不同之作用原则而有具体之展现。对于人而言，人人皆有其所生之父母为吾所必珍，故人道必以父母与子女间之亲亲原则而为大本。由上文所述可见，船山对于"一阴一阳之道"与造化所成分殊之道（如"人道"）实有所分别。船山《引义·泰誓上》篇之行文次序，本由讨论造化所成分殊之道，进而上溯于本原之问题，但笔者为分析之方便，则采取由源及流的论述次序，故先从本篇后半有关道与天地关系之问题起论，再转回分析本篇前半相关之问题。笔者认为欲了解船山对道与天地关系问题之解答，需先对其论辩对象（即朱子之主张）做一简要了解，故论之如次。

二 朱子及门人的"理一分殊"说

朱子曾以"理一分殊"之说，讨论作为宇宙本体之太极与万物之性的关系[①]。由《太极图说解》可知，朱子认为万物之生，皆由无形而有理之太极与二殊五行之精气所妙合而成，万物皆同禀赋太极之理，无有差别，此即所谓"理一"，但由于二、五所凝聚之气质不同，理堕于气质之中，因而呈现品类万殊之分别，此即所谓"分殊"之义。朱子之意，重在强调万物各具之性理与作为宇宙本体之太极，皆同而无别，故在《太

---

① 本段有关朱子"理一分殊"之论说，主要参考陈来先生的研究，参见《朱子哲学研究》，华东师范大学出版社，2000年。

极图说解》中指出:"自万物而观之,则万物各一其性,而万物一太极也。盖合而言之,万物统体一太极也;分而言之,一物各具一太极也。"①

朱子认为周敦颐之《通书》,皆发《太极图》之蕴,与《太极图说》实相表里。因此,朱子亦将其在《太极图说解》中所发明之意,解说周敦颐之《通书》,其释《理性命章》"二气五行,化生万物,五殊二实,二本则一。是万为一,一实万分。万一各正,小大有定"则曰:

> 此言命也。二气五行,天之所以赋受万物而生之者也。自其末以缘本,则五行之异,本二气之实,二气之实,又本一理之极。是合万物而言之,为一太极而已也。自其本而之末,则一理之实,而万物分之以为体。故万物之中,各有一太极,而小大之物,莫不各有一定之分也。

朱子以本末诠论太极与万物之关系,并指出自末而推之本,则万物皆本于"一理之极",故"合万物而言之,为一太极而已";若自本而向末,则万物分别禀受太极之理以为体,可言"万物之中,各有一太极"。而弟子曾对朱子所言"万物分之以为体"、"小大之物,莫不各有一定之分"中"分"字设辞之意产生疑惑,并请教朱子是否太极亦有分裂。朱子在回答时,则特别指出"分"字之意,"不是割成片去,只如月映万川相似",又言"如月在天,只一而已;及散在江湖,则随处而见,不可谓月已分也"。朱子明言万物"各有禀受,又各自全具一太极",非太极有所分裂,而朱子所举"月映万川"之喻,亦成为其"理一分殊"之说最为形象之诠释。

朱子晚年的弟子陈淳在其所著《北溪字义》中,曾对朱子此说加以阐发:

> 总而言之,只是浑沦一个理,亦只是一个太极;分而言之,则天地万物各具此理,亦只有一太极,又都浑沦无欠缺处。自其分而言,便成许多道理。若就万物上总论,则万物统体浑沦又只是一个太极。

---

① 见朱熹撰《太极图说解》,收入《周敦颐集》卷1,中华书局1990年版,第6页。

人得此理具于吾心,则心为太极,所以邵子曰"道为太极",又曰
"心为太极"。谓道为太极者,言道即太极,无二理也;谓心为太极
者,只是万理总会于吾心,此心浑沦是一个理耳。只这道理流行,出
而应接事物,千条万绪,各得其理之当然,则是又各一太极。就万事
总言,其实依旧只是一理,是浑沦一太极也。譬如一大块水银恁地
圆,散而为万万小块,个个皆圆;合万万小块复为一大块,依旧又恁
地圆。陈几叟月落万川处处皆圆之譬,亦正如此。① 此太极所以立乎
天地万物之表,而行乎天地万物之中,在万古无极之前,而贯于万古
无极之后,自万古而上,极万古而下,大抵又只是浑沦一个理,总为
一太极耳。此理流行,处处皆圆,无一处欠缺。纔有一处欠缺,便偏
了,不得谓之太极,太极本体本自圆也。

陈淳所论万物统体一太极,物物各具一太极,皆本自朱子之说。但其
于月映万川之喻外,又增益一"大块汞珠,散为万万小块,个个皆圆"
之喻,以发挥朱子之说。但朱子答弟子问时,曾明确指出不可认为太极分
裂以成万物之理,朱子有知或亦不许其说。而船山于《引义·泰誓上》
中对"月映万川"及"大汞、小汞"之说,皆做出批评,船山所针对
"大汞、小汞"之喻,即出自陈淳上段引文。此外,陈淳所言"太极所以
立乎天地万物之表,而行乎天地万物之中",乃本朱子理、气不离不杂之
说;而其所谓太极"在万古无极之前,而贯于万古无极之后",则涉及朱
子理先气后之论。朱子曾言"未有天地之先,毕竟是先有此理",又言
"且如万一山河大地都陷了,毕竟理却只在这里",皆以太极、理为天地
万物之本原,此说亦为船山所批评。另外,陈淳论中还引及邵雍"道为
太极"、"心为太极"②,此本邵雍书中之孤言,并无可供参照理解之上下
文语脉,朱子不得不解为"心之理是太极,心之动静是阴阳",以免流于

---

① 陈几叟,本名陈渊(?—1145年)字知默,初名渐,字几叟。曾从学二程,又师事杨
时,学者称默堂先生。在其所撰《墨堂集》之《存诚斋铭》中曾言"又如月影,散落万川,定
相不分,处处皆圆"。"月映万川"之典当出于禅宗语录,如唐永嘉大师《证道歌》中即有"一
性圆通一切性,一法遍含一切法。一月普现一切水。一切水月一月摄"之语,可见此说并非始于
陈渊。
② 见邵雍撰《皇极经世书》卷14《观物外篇下》。

"心即理"之说。而陈淳亦从心之未发、已发着眼,将此解为未发时心中浑沦之理,以别于随所应之事各显之条理。陆王皆主"心即理"之说,阳明更将"人'自然之明觉'上溯于造化",并主张"'良知之体'不仅为'绝对存有',且同时亦即是宇宙造化之终极实体"[1]。船山于《引义·泰誓上》中检讨前人有关太极之诠义,似亦隐含批评阳明之说及相应之工夫主张。

以上所述,皆为船山《引义·泰誓上》中所针对前人之论说,而其文中所涉及前人论说之材料亦大体引录于上。

三 太极与阴阳（道与天地）

在《引义·泰誓上》中,船山开篇曰"道之大原惟天",即涉及天地与道之关系。而此言最早当出自董仲舒《天人三策》"道之大原出于天,天不变道亦不变",董氏所论之道,主要指"治道",意在强调一时之治理刑政虽或有偏弊,但治道则永恒不易,其恒常性亦由其所从出之永恒不易之天以为保障。朱子于《中庸章句》首章之末,言子思开篇旨意曰"首明道之本原出于天而不可易,其实体备于己而不可离",以明天人皆为一理所贯通,天以理命于人,人即禀赋此理以为性,率行此理以为道,圣人亦据此理以为人道之准则而兴教化。朱子以"理"释"道",已将"道"字之概念意涵提升至本体论层次,而不仅限于人道或治道。而船山之道论则与朱子之说有较大不同,但船山于本篇中对相关问题仅直陈其观点,而其详细之论述则见于《尚书引义》之前所撰作之《周易外传》。船山于《外传》中论道,大致包含两个层面,一言道与阴阳之关系,此阴阳尚未凝聚为形质,道于阴阳生化中展现为一种调和分剂之功能与作用;一言道与器之关系,此时道已具于形质之中,大体相当于船山所界定之"性"[2],或指循性而有之理则。

船山在《外传》中,论及道与天地之关系,特别针对老子"有物混

---

[1] 此说引自戴景贤先生《王阳明哲学之根本性质及其教法流衍中所存在之歧异性》,收入《明清学术思想史论集》(上编),香港中文大学出版社2012年版。

[2] 有关船山《外传》中论道之两层意涵,本自戴景贤先生《王船山之道器论》之说,见《王船山学术思想总纲与其道器论之发展》,香港中文大学出版社,2013年版。

成，先天地生"之说，指出：

> 道者，天地精粹之用，与天地并行而未有先后者也。使先天地以生，则有有道而无天地之日矣，彼何寓哉？而谁得"字之曰道"？天地之成男女者，日行于人之中而以良能起变化，非碧霄黄垆取给而来贶之，奚况于道之与天地，且先立而旋造之乎？

船山反对老子道生天地之说，实亦同时针对朱子理先气后之主张。船山认为《周易》"乾坤并建，以为大始，以为永成"，"无有天而无地"亦"无有道而无天地"，论万物之生成，当断自天地以为始。船山认为道"与天地并行"而为"天地精粹之用"，乃由天地之用以言道。在船山看来，天、地虽体道相合为用以生成万物，但动静因时，各有其德，亦各成其纪，故而反对老子混成之说①。船山论及"太极"之义，则曰"太极者乾、坤之合撰，健则极健，顺则极顺，无不极而无专极者也"，即言天、地之生化，虽各尽乾健、坤顺之德以为用，亦相合有功而无所偏用，并以此诠解周敦颐《太极图说》"无极而太极"之意。以上所论大体属前述船山言道第一层之论义。文中船山曰："天地之成男女者，日行于人之中而以良能起变化，非碧霄黄垆取给而来贶之"，言人之有生虽不离于天地，但天地之用行之于人，亦必因人之良能以成变化，所谓良能即指人性之德用而言，此即已涉及上文所述船山言道之第二层论义。在《引义·泰誓上》中，船山之言道，实亦含有此两种不同层次之用法。文中所谓"一阴一阳之道"，即指第一层之论义，而其所谓"道也者路也，路一成而万里千歧"，"道也者路也，人率路以行，路不足以有行"，即指第二层之论义。

接下来，笔者将先从《引义·泰誓上》后半部分起论，以考察船山针对先儒因受释、老之学影响，有关"道先天地以生万物"、"道于天地

---

① 船山于《外传》中所论为："夫道之所以生天地者，则即天地之体道者是已。故天体道以为行则健而乾，地体道以为势则顺而坤，无有先之者矣。体道之全，而行与势各有其德，无始混而后分矣。语其分，则有太极而必有动静之殊矣。语其合，则形器之余，终无有偏焉者，而亦可谓之'混成'矣。夫老氏则恶足以语此哉！"见《周易外传》卷1，收入《船山全书》（一），第823页。

之外别有所存"等论说,所展开之分析。船山曰:

> 天地之生物,求拟其似,惟父母而已。子未生而父母不赢,子生而父母不损。然则先儒之以汞倾地而皆圆为拟者,误矣。析大汞之圆为小汞之圆,而大汞损也。子非损父母者也。子生于父母,而实有其子。物生于天地,而实有其物。然则先儒之以月落万川为拟者,误矣。川月非真,离月之影,而川固无月也。以川月为子,以月为母,则子者父母之幻影也。子固非幻有者也。是"天地不仁,刍狗万物"之议也。以小汞为子,大汞为父母,则天地父母无自立之体,而分合一因于偶然,将思成无父母,对越无上帝,是"海沤起灭"之说也。何居乎为君子儒而蒙释、老之说邪?

船山指出天地生物,惟以父母生子譬喻方为恰切。陈淳以大汞倾地散为小汞为喻,"析大汞之圆为小汞之圆",则"大汞"不免因而受损。船山认为子生而非损其父母,人物之生亦非于天地有所障碍。若以大汞为父母,以小汞为子,则天地、父母皆无自立之体,人物之生全因偶然之分合,如此父母亦无可尊,而以此想象之天,将使祖先、上帝皆成虚幻,慎终追远亦为不实之事。论及月映万川之喻,船山则指出物生于天地,子生于父母,万物与子皆真实存在而无妄,但若以川月为子,以天上之月为父母,则因川月非真,离月之影而川固无月,如此将使子女变为父母之幻影,其自立存在之体亦将虚幻而不实。在船山看来,"大汞、小汞"之喻,意近老子"天地不仁以万物为刍狗"之说;"川月"之喻,则近于佛教以海中水泡之起灭拟人物空幻无常之论:皆受释、老之学所影响。

由上述可知,船山以父母生子喻天地之生万物,正是将"生"之大德,视为伦理、价值之根源,并以此体认天地之德。船山虽与程、朱强调天地生生之德、以生物为天地之心的论说有相近之处,但船山所论之特别处,在于其所谓之生乃建立在气论的宇宙本体论基础之上。故船山曰:"言心言性,言天言理,俱必在气上说,若无气处则俱无也。"[①] 船

[①] 王夫之:《读四书大全说》,收入《船山全书》(六),第1109页。

山认为人与万物之存在,以及人与万物之本原,皆必合气而言方真实而不虚。由此,船山论性必合于形色,反对贵性而贱气,论万物之本原亦必推之由天地阴阳所具健顺之性而起之造化,反对将天地之生归于可离气而言之理。在船山看来,"大汞"、"小汞"以及"月映万川"之喻所体现的宇宙本体论理解,正是将万物生化之根源,归于可离气而言之宇宙本体,并将生化之过程视为因偶然之分合所起之无为作用。船山基于儒家立场,指出此种宇宙本体论理解与儒家的伦理、价值观念实有内在之冲突,不仅不能为儒家的伦理、价值主张奠立基础,反而会对其产生威胁与破坏。

接下来,船山即对此展开详细论述。船山曰:

> 是其为言也,将使为君父者土苴其臣子,为臣子者叛弃其君亲而莫之恤。何也?生于无为之道,则惟无生有,而有者必非我之自生。非我之自生,强而合之,不亲矣,而背弃之恶不恤矣。道无为而生民物,则惟无也而后可以为父母,而有者不足以为父母。不足以为父母,强欲有功,诚赘疣矣,而土苴之恶不恤矣。及其下流,则将视臣弑君、子弑父者,亦与戮囚隶、杀刍豢均也。何也?道固无择,生均则杀均也。则将视逐杀无过之子、炮烙无辜之民,亦与薙草、伐木均也。何也?道本无功,恩不任恩,怨不任怨也。

以上,船山主要以逻辑推理的方式,论述无实无为之宇宙本体论,对于儒家社会伦理观念所可能带来之冲击,将使"为君父者土苴其臣子,为臣子者叛弃其君亲"。船山指出,若认为宇宙本体无实无为,则必认为万物与人皆生于无为之道,既然"有"生于"无","无"方为万物与我所从出之本源,而"有"者必非我所自生。天地、父母既非万物与我所自生,则强合不能相亲,背弃亦可不恤,儒家所言天地生物之德、父母生我之恩,皆可视为无物。同样,如果认为道无为以生民物,对于当以父母之道养民教民之君主而言,既然道尚无为,则有为不足以为治,于是一切益民有功之事皆不必为。在船山看来,老子所谓"天地不仁,以万物为刍狗;圣人不仁,以百姓为刍狗"之言,正本于"道固无择,生均则杀均"、"道本无功,恩不任恩,怨不任怨"等说。

由此，君父则可任意胡为，"逐杀无过之子、炮烙无辜之民"如伐草木，既然君不任恩而反害民生，民亦将视"臣弑君"与"杀刍豢"等同而无别。

继此，船山又指出无实无为之宇宙本体论，还会对儒家人生观与个体价值观产生破坏之作用。船山曰：

> 呜呼！吾知其有大欲存焉。天地所健行无疆以成之者，彼直欲败之也；父母所恩斯勤斯以鬻之者，彼直欲死之也。欲败之，故成不以为德；欲死之，故生不以为恩。夫欲其速败而疾死，则亦何难哉！纻衣宝玉以自焚而万缘毕矣。若此者，恻隐之心荡，而羞恶之心亦亡也。羞恶之心亡，故枵然自大，以为父母不足以子我，天地不足以人我，我之有生自无始以来而有之矣。无始者，无为无心而足以为我之父母也。无始者，无为无心而我生矣，无为无心而人生矣，无为无心而物生矣。故曰："天地与我同根，万物与我共命。"众生之生于道，一真之法界也。区生而失其大，乃有分段之生死。万未归一，如大秉之小而未合，川水之围月影而非即月也。于是立一无实之法，欲以合月影于天，聚已散之秉于一，而枵然自侈曰"万法归一"，一更无归而西江吸尽矣。甚矣其愚也！夫道也者，路也。路一成而万里千歧，合并具现于一日，极天下之敏疾，未有能效法之者。不揣其必不能效法，而弃其所可率行，安忍自放，贪大无厌，舍所能而规所不能；已终于不能，而徒欲速败而速死，以戕物而自戕，均于纻之迷以速亡，犹且枵然自大，曰"吾业已与道为一矣"，是犹云迷月影，而曰水月之上合于天也。

船山认为儒家强调天地生成万物之德、父母生养抚育之恩，一方面以"孝"所倡导的报本反始之德奠立社会伦理之基础；一方面又效法天地生物之心，以崇德广业为目标，而提倡一种积极的人生态度。而在船山看来，若于父母未生、天地未有之前，另寻一宇宙真实之本体，作为万物与我所从出之源，则将带来对于万物存在真实性的否定，同时亦将导致对人生存在及一切作为之意义的虚幻感；以"无为无心"解说宇宙生成之道，亦必奉此以为存心处世之准则；以人生为虚妄，势必将超越有限之生命存在而复归无限之宇宙本体，作为在世追求之目标。而以船山之见，禅宗修行之理念，即在生命存在的当下，期待通过彻悟之法，以达致心体与宇宙无限本体之相合，正是基于此种宇宙本体论之理解。由于船山始终坚持儒家立场，并以社会伦理生活及其维系与延续，作为根源于人性之存在方式与价值目标。由此，船山对于超越社会现世存在需求之宗教精神，或期待通过精神修行之方式，以获得超越理性理解之智慧能力之可能性，皆不予采信与支持。因此，船山对于释、老之说，皆抱持严厉批评之态度。至此，笔者再转回船山本篇之前半，续论上文未尽之问题。

四　"道"、"天地"、"父母"与"元后"

笔者上文中曾对船山论道之二重命意，即"一阴一阳之道"，与造化所成"分殊之道"加以分辨。前者指宇宙生化之基本原理，即通过阴阳之间分剂调和的相互作用，产生分化之条理，此分化之条理于造化中能够维持延续、生生不已，即构成所谓"分殊之道"。在船山看来，"分殊之道"的维持与延续，虽仍取自于宇宙不息之造化，但此宇宙不息之造化，却必依循"分殊之道"（如物类各自不同之生理）而产生作用。由此，或可将"分殊之道"视为宇宙基本生化之理，具体而丰富之展现。笔者上文分析开篇首句时，曾将船山所言概括为四种秩序，即理则秩序、宇宙秩序、政治秩序与人伦秩序，依船山之说，此四种秩序之大原分别为"道"、"天地"、"元后"与"父母"。前两者含括宇宙之整体，后两者则指人间世界，虽其不过仅为宇宙中之一部分，但因人位列三才之一，其地位亦极其特殊。

笔者认为船山之宇宙秩序与理则秩序间，实为表里之关系，前者因品物流行于天地之间而有丰富与复杂之展现，又彼此相协相依以成此共同之世界；后者则由万物依类所具分化已然之条理，彼此交融相通构成一整体和谐之秩序。由于，船山思想中之宇宙不断处于生成与变动之中，乃一动态与开放之宇宙，因此所谓理则秩序，虽由宇宙分化已然之条理所构成（即"分殊之道"），但论其生成与维系，亦奠基于阴阳内在之基本生化原理（即所谓"一阴一阳之道"）[①]。船山一方面指出"天地、元后、父母，其道均也，理之一也"，以"一阴一阳之道"诠释"理之一"，强调天地秩序、政治秩序、人伦秩序，皆以"生"为共同之目标；另一方面，又强调由于秩序之分化，其中又有"亲疏之杀，效法率行之别，大小之异，本末之差"等"分之殊"，需加以分别。其中，首当加以分辨者，在"效法"与"率行"之别。

（一）"效法"与"率行"

船山认为万物虽依品类之不同，各循其性而有率行之道，但唯人能首出万物，除率行其生存、繁衍之本能，更能效法天地、父母之德，以其道德自觉与价值信念，率行人伦、治教之道，而创造与维系伦理与政治之生活，从而展现一种文明之秩序。以船山之见，所谓"率行"为人与万物所共有，而"效法"则唯人为能；前者发端于自然之本性，后者却需主体之自觉意识与积极作为。在船山看来，人之特殊正在于其初生自然之性中，除饮食、男女之欲以为生存之本能，更有爱亲、敬长之伦理情感，能自然发端而明见于心，前者所代表之生养需求，亦必内在于由后者所奠基之道德伦理生活，方能使人有别禽兽之生，并以文明之方式而存在。此外，人性之特殊，还体现在其身心所禀赋之知、行能力，人由此方能以其所持道德与价值之信念，运用其所禀赋认知与实践之能力，不断通过为学与力行之努力，养成其德性，并维系于实现文明之持续创造与发展，此即所谓"人能弘道"之深意。

[①] 在船山看来，宇宙循此基本生化原理，亦有可能不断产生新的分化条理，而且由于人之出现，人间世界中由治器而成道，分化条理之产生，随文明之演进更呈显增长之态势，因此船山关于道器关系有其独特之论。船山曰："道者器之道，器者不可谓之道之器也。无其道则无其器，人类能言之。虽然，苟有其器矣，岂患无道哉？君子之所不知，而圣人知之。圣人之所不能，而匹夫匹妇能之。人或昧于其道者，其器不成，不成非无器也。无其器则无其道，人鲜能言之，而固其诚然者也。洪荒无揖让之道，唐、虞无吊伐之道，汉、唐无今日之道，则今日无他年之道者多矣。未有弓矢而无射道，未有车马而无御道，未有牢醴璧币、钟磬管弦而无礼乐之道。则未有子而无父道，未有弟而无兄道，道之可有而且无者多矣。故无其器则无其道，诚然之言也，而人特未之察耳。故古之圣人，能治器而不能治道。治器者则谓之道，道得则谓之德，器成则谓之行，器用之广则谓之变通，器效之著则谓之事业。"虽然船山提出治器成道之说，意在突显人类能以其创造性之能力与作为，不断丰富世界，并促进文明之演进。但同时又将循仁义之性而有之"尊尊、亲亲之伦理秩序"与"相应之道德原则"视为人之常道，并以此奠立文明之基石。

也正基于此对人性复杂之理解，船山由人之有生，进而推论万物生化之本原，则从自然与人文两种不同之立场着眼，而有分别之论说。若暂离人之立场以看宇宙之生化与人类之繁衍，则"天地率由于一阴一阳之道以生万物，父母率行于一阴一阳之道以生子"，天地生物、男女生子皆循自然生化之理或品类繁衍之本能，乃一无为自然之过程。但若基于人之价值立场与道德眼光，则必将万物之生，推本于天地健顺有为之德，亦必将子女之生，归本于父母生养抚育之恩，并以此为人所当效法之对象。由此船山指出：

  道无为，天地有为。物生于有，不生于无；故道不任父母万物，而天地父母万物。子法父母，故人法天地而道不可法。有行于无，无不行于有；故人弘道而天地不资道以弘。①
  道不任父母万物而天地任之，故《周易》并建乾坤，以统六十有二之变，不推于自然之理，而本于有为之健顺。

以上两段引文，正解释了船山论万物之本原为何要推至于天地乾坤健顺之性，其中实包含多重之考量。其一，相对释、老之学，船山论万物本原，意在肯定世界与万物存在之实有，故论宇宙生成必断自天地以为始，强调"物生于有，不生于无"，反对先于天地而有生天地之道，或离于天地而别有道之所存。其二，船山认为天地以其乾坤健顺之德化生万物，万物依类所循之生理各有不同；同样，由于造化运行产生分化之秩序，各自亦有相对独立之成立根据与依循原则。在船山看来，分殊之道为造化生成之理则，非能生出天地，反为天地造化所成，故船山强调"天地不资道以弘"，"道不任父母万物而天地任之"。其三，如上文所述，船山论天人之分合关系，一方面基于儒家之价值立场，以生之目的来理解与解释宇宙之生成，于天地化生万物之过程，见有一种健顺、生生不息之德，并以此为人所当效法之对象。因此强调"天地有为"，论万物之生成亦必本于天地有为之健顺，而"不推于自然之理"。另一方面船山又强调"天地无心"，宇宙虽以生为目的，但却并非偏向万物某类之生亦不独亲于人，故

---

① 有关"人法父母"与"人法天地"之意涵，下文将有所论述。

万物各循其性以生，人则必效法天地之德，循人道之则，以善人类之生，此正所谓"人能弘道，非道弘人"。

（二）"父母"与"元后"

上文已述及，虽然船山指出"天地、元后、父母，其道均也"，皆以生为原则与目的，但又当依亲疏远近、大小本末之不同而有所分辨，故强调"理惟其一，道之所以统于同；分惟其殊，人之所以必珍其独"。此下，笔者将主要考察船山论人道所当依循之准则。船山曰：

> 以小承大而德无不充，故太极之成男成女者（自注：第四圜图）。父母之施生也，而与太极絜其大。以大统小而道渐以分，故太极之二殊五实囿于太极之中而不可忼也。反其所自生而亲始之谓仁，秩其所以生而类别之谓义。仁之至，义之尽，以极天下之道，尽于此矣。

船山认为"以小承大而德无不充"，父母承天地之德施生于我，其恩德与太极同其大；"以大统小而道渐以分"，故人之所循当依人道之则，不可忼于太极以为效法。在船山看来，"反其所自生而亲始之谓仁，秩其所以生而类别之谓义"，随道之渐降渐分，亦成源流亲疏之别，人之所亲之仁与其所当尽之义，皆必依人道之序，不可"凌躐以迫求其本"。由此，船山指出"以大统小而同者疏，故天地父母万物，而人不得以天为父，以地为母"，"故父母者，人道之大也"。在船山看来，万物与人虽同出于天地，但父母又较天地为亲，故人道以父母为大，"孝子事父母为天地"，而不可以天地为父母。由此船山主张人生立世，不仅当以孝行报答父母生养之恩，更要感念父母抚育子女所具仁爱之德，由亲亲而仁民、爱物，次第以推及于天下，此即船山于"人法天地"（指效法天地乾坤健顺之德）之外，又必言及"子法父母"之原因。

船山论人道秩序，分别言"人之大原为父母"与"天下之大原为君"，重点在对由父母与子女所代表之人伦秩序，与由元后与臣民关系所代表之政治秩序，加以分辨。君臣与父子本同列于五伦之中，船山强调二者之别，实有其特殊之着眼。

船山曰：

> 天地无心，元后有心。无心无择，有心有择；故天地父母万物，而元后不任为万物父母，而惟"作民父母"。天地无作，而父母之道固在，元后不作，而父母之道旷矣。元后非施生，而父施母生；故父母配天地之施生，而元后必待作而后均于父母。与物同者疏，独民有者亲，则天地疏而元后亲。有施者亲，无施者疏，则天地亲而元后疏。

由以上之论可见，船山并未将天地秩序与政治秩序视为自然连续一贯之整体，从而将前者直接作为后者的正当性来源。船山经过比对《泰誓》篇中"元后作民父母"与"天地万物父母"两句设辞之细微差别，指出天地生成万物，故可以天地为万物之父母，而君主虽以治教之道行于天下，却不能如天地施生于万物，因此《泰誓》不以君主可"任为万物父母"，仅言其"作民父母"。船山又抓住"元后作民父母"一句中之"作"字，予以特别强调。船山认为天地生成万物，乃出于造化之自然，天地无心而成化，亦无所择而施生，故"天地无作，而父母之道固在"。但船山同时指出"天地无心，元后有心。无心无择，有心有择"，"父母配天地之施生，而元后必待作而后均于父母"，君主只有通过积极的政治作为以尽其生养、教化百姓之责，方能任为民之父母，若其自旷其职，无所作为，则"父母之道旷矣"，亦不足以当君主之任。船山又以亲疏关系论天地、君主与百姓之关系。船山指出若以"与物同者疏，独民有者亲"为原则，则天地所生成之万物品类中，唯人能建立政治之秩序，天地虽为百姓与庶物所同出之源，但君主作为天下之大源，则为百姓所独有，故"天地疏而元后亲"；但若转以施生之有无以为亲疏之判准，则百姓生养有待于天地所产之物，君主无施生于民之恩惠，则反觉"天地亲而元后疏"。由此，船山进而指出：

> 元后能以其不施生者作而赞天地父母之施生，而后可以继天地以均于父母，故人无易天地、易父母，而有可易之君。
> 元后效法天地以父母民，故忠臣称天以谏君，而戴之以死生。

船山认为天地、父母皆于人有施生之德，故人当以有为之德业配天地，而以有心之孝敬报于亲。而君主于百姓本无施生之恩，故必效法天地之德，以治理教化之政治作为，助天地、父母之施生，方足以配天地而当民之父母。由此，人方以有为之忠心报于君。在船山看来，天地、父母施生于人，而人报本反始亦有不可逃避之责任与义务，此种关系乃绝对而无条件；至于政治秩序，则需待君主能尽为君之责、有赞生之功，方具成立之正当性，君主由此方有资格"以其亲配上帝"，忠臣亦必由此方致命于君，而戴之如天地。可见，臣民对君主之服从，不同于天地与父母，乃相对而有条件，"故人无易天地、易父母，而有可易之君"。船山虽将父子与君臣同视为人之常道，但对于君主之权威实有所约限与节制。

综上分析，船山分别以"德"与"道"作为人所当"效法"与"率行"之对象，并特别强调不可"于其效法者而率行之"或"于其率行者而效法之"，而将此二者颠倒揉乱。在船山看来，君主若自然无为，不能治教以赞生，即蹈"于其效法者而率行"之误。此外，万物各有分殊之道，如"路一成而万里千歧，合并具现于一日，极天下之敏疾，未有能效法之者"。由于，人不同于其他动物之类，其道除维系个体之生存与物种之延续，又基于人性内在之道德情感与群体生活之现实需要而有人伦、治教之道。因此人之所致力者，在为学笃行以尽人道之所当为，人所率行必当以人道为准则，其所致知亦必以人道之理为归宿，若妄期于天下之理皆致其功，而疲役于茫无归宿之地，即蹈"于其效法者而率行"之误。

第二节 《洪范》与治道

《尚书·洪范》之作，相传为周武王克商后访问箕子并请教治国之道，箕子则以"洪范九畴"告知于武王，并自称九畴最先因大禹治水有功，天出书于洛，负于龟背以呈献于禹，禹则据洛书之象数，分别叙次九畴以为治道之要。后代儒家对《洪范》极为重视，并常借由对《洪范》之诠释以阐发有关治道之主张。如朱子即曾言《洪范》"此是个大纲目，天下之事，其大者大概备于此矣"。在本节中笔者将详细考察，船山对《洪范》思想旨趣之理解，以及他如何结合洛书之象数以诠释"洪范九畴"之内涵。接下来两节,笔者将以《引义》中的两篇文章为核心,进一步考察船山对《洪范》中"五行"、"皇极"两畴所作的独特阐发,及其中所蕴含之极为深刻之治道思想。

一 《畴》与《易》

在《引义》之《洪范一》篇中,船山曾以"象生数"与"数生象"之不同,对《周易》与《洪范》之思想旨趣进行比较与分析,并对二者在天人关系问题上,关注与着眼点之差异,进行深入阐发。

有关"象"与"数"之关系,船山曰:

> 天下无数外之象,无象外之数。既有象,则得以一之、二之而数之矣。既有数,则得以奇之、偶之而像之矣。是故象数相倚,象生数,数亦生象。象生数,有象而数之以为数;数生象,有数而遂成乎其为象。象生数者,天使之有是体,而人得纪之也。(自注:如目固有两以成象,而人得数之以二;指固有五以成象,而人得数之以五。)数生象者,人备乎其数,而体乃以成也。(自注:如天子诸侯降杀以两,而尊卑之象成;族序以九,而亲疏等杀之象成。)①

船山论象与数,实包含对事象与理数、气与理之关系的探讨。船山指出若论造化所成之天下,则"象数相倚","天下无数外之象,无象外之数",可谓理气合一,理数与现象亦相即而不离。若论天地间生化之过程,则象与数又彼此相生,而有"象生数"与"数生象"之分别。船山指出所谓"象生数",即言造化自然而生物,万物因而得以有其体,人即造化已成之象而纪之以数,可察物情以明其性,此可谓象在数先、由象以知数。但船山同时指出,若论及文明之出现与发展,特别涉及制度之创建与因革,必先有理数经纬于心②,方能施行于外以成治象,则所谓"数生

---

① 本节引文未做特别说明者,皆出自船山《引义》之《洪范一》篇,收入《船山全书》(二),第338—340页。
② "经纬"一词,原自船山《引义·益稷》篇中所言心思之用,其文曰"夫心者,得天闓运不息之灵,以为流行之体……惟夫至静之中,意不妄,欲不梦,而于理则经之、纬之,曲折以迎其方生之绪",见《船山全书》(二),第274页。

象"之说，亦可成立。而"数生象"，即言人备理数而行诸事，由理明以行而成乎事体与治象，可谓数在象先，因数以成象。

若分析船山之论，前者所言之"象"，主要指"自然之象"，乃即造化所成已然之物，观察其象而纪之以数，此即为见闻所得之知。如人生而有形色之身，"目固有两以成象，而人得数之以二；指固有五以成象，而人得数之以五"。后者所言之"象"，则为"人文之象"，虽不离于自然，却由于蕴含人之创造而不同于自然，在船山意中主要指，由礼秩刑政所建构之社会伦理关系与政治秩序。船山所谓"由数而生象"，乃言人由见闻所得之知，体之于心，会通其理，因时以求应接人、物之道，见诸其行而可成乎事体与治象。在船山看来，人由天地所成已然之象而察知其数，其所明者仅为物性之知，而在认知过程中，人不过以其耳目见闻之才，对物所显现之情状加以客观之了解。但礼秩刑政所呈现之"人文之象"，实基于圣人君子对人性之体察，以求人类大群应物处事之通理，并因时制宜而对社会秩序与政治架构进行理数之筹划，从而创生出天地自然所未有之象。由船山所举之两例"天子诸侯降杀以两，而尊卑之象成"，"族序以九，而亲疏等杀之象成"可见，前者关乎政治秩序之建构，后者则涉及社会伦理秩序之统整。在船山看来，政治、伦理秩序，虽必因循人性自然之条理与人类社会存在之需求，但其建构与维持，皆有待于主政者之自觉努力与积极作为。

船山又从象、数相生之序，即"象生数"与"数生象"之不同，解说《易》与《畴》思想主旨之分别。船山曰：

> 《易》先象而后数，《畴》先数而后象。《易》，变也，变无心而成化，天也；天垂象以示人，而人得以数测之也。《畴》，事也，事有为而作，则人也；人备数以合天，而天之象以合也，故《畴》者先数而后象也。夫既先数而后象，则固先用而后体，先人事而后天道，《易》可筮而《畴》不可占。

船山指出《周易》主旨意在探究处于自然生成与变易中的天地造化，人只能根据造化所成之象及其变化之轨迹，有限地测知造化之理数以为民用。而《洪范》"九畴"之关注，则为人类于政治与伦理生活中所当有之作为，并整体性呈现政治与伦理秩序中所内涵之理数，强调必待人之主体创造与运作，方能成乎政体与治象，此乃兴民用以合天道。在船山看来，由于阴阳变易，无心而成化，有难于预知之不可测性，故"《易》可筮"，但政治秩序之创建与维系，则全在人之主体作为与规划，故"《畴》不可占"。

正基于此，船山批评蔡沈有关《洪范》之著作不明"象数相因、天人异用之理"。他说：

> 九峯之言曰："后之作者，或即象而为数，或反数而拟象，牵合附会，自然之数益晦蚀焉。"夫九峯抑知自然相因之理乎？象生数，则即象固可为数矣；数生象，则反数固可以拟象矣。象之垂也，孤立，则可数之以一；并行，固可数之以二。象何不可以为数？数之列也，有一，则特立无偶之象成；有二，则峙而不相下之象成。数何不可以拟象？《洞极》之于《雒书》，《潜虚》之于《河图》，毋亦象数之未有当，而岂不能废一以专用之为咎乎？九峯不知象数相因、天人异用之理，其于《畴》也，未之曙者多矣。

蔡沈语出其所著《洪范皇极内篇》之序言，序中有"体天地之撰者，《易》之象；纪天地之撰者，《范》之数"，将象、数分属《易》、《畴》。船山认为蔡氏专以《畴》为论数之书，不免离象而言数，又针对蔡沈对关朗《洞极》、司马光《潜虚》之批评，指出二人之失乃在言"象数之有未当"，非如蔡沈所谓当于象、数"废一以专用"。此外，船山言蔡沈不知"天人异用之理"，或针对其序中"纪天地之撰者，《范》之数"之语，将《洪范》之数归于天地之撰，而不明《洪范》本即人事之数以合于天道。

船山又从天人关系的角度，分疏《易》与《畴》内涵与主旨之不同。船山曰：

> 是故《易》，吉凶悔吝之几也；《畴》，善恶得失之为也。《易》以知天，《畴》以尽人，而天人之事备矣。河出图，雒出书，天垂法以前圣人之用。天无殊象，而图、书有异数，则或以纪天道之固然，

或以效人事之当修，或以彰体之可用，或以示用之合体。《易》与鬼谋，而《畴》代天工，圣人之所不能违矣。

船山指出"河出图，雒出书，天垂法以前圣人之用"，虽"天无殊象"，但《河图》与《洛书》所呈现之数及所昭示之理实有分别。因《周易》本于《河图》，《洪范》本于《洛书》，《易》与《畴》之主旨与内含亦有所不同。在船山看来，《易》本"吉凶悔吝之几"，"以纪天道之固然"，故由《易》可以知天道；《畴》则彰"善恶得失之为"，"以效人事之当修"，故明《畴》可以尽人事。《易》与《畴》于天道、人事各有偏重，二者相互为用，可全备天人之理事。

船山进而指出，《易》与《畴》不仅于天道、人事各有偏重，而且在处理天人关系问题上，亦有所不同。船山曰：

> 乾者，天之健也。坤者，地之顺也。君子以天之乾自强不息，以地之坤厚德载物。乾坤之德固然，君子以之，则德业合于天地，小人不以，则自丧其德业，而天固不失其行，地固不丧其势，此《易》之以天道治人事也。"初一曰五行"，行于人而修五行之政，"次二曰五事"，人所事而尽五事之才，不才之子汩五行而行以愆；遂皇不钻木则火不炎上，后稷不播种则土不稼穑，不肖之子荒五事而事以废；目不辨善恶谓之瞽，耳不知从违谓之聩矣。此《畴》之以人事法天道也。惟其然，故《易》可通人谋以利于用，《畴》不可听鬼谋而自弃其体也。

船山指出《易》之乾健、坤顺，乃天地固有之德，造化之流行正根源于此。《易》之主旨在"以天道治人事"，即劝勉君子自强不息以效天行之健德，厚德载物以法地势之顺德，由此成其德业而合于天地；并告诫小人若无知妄为，自丧德业，虽"天固不失其行，地固不丧其势"，但其自身必陷于危殆。至于《畴》之主旨则在"以人事法天道"，正如九畴最初"五行"与"五事"两畴所示，人必尽"事、听、言、貌、思"五事之才，方能修五行之政以利于民用。在船山看来，"五行"虽本天之化而行于人，但必待人之用方能以行，故无燧人氏钻木取火则"火不炎上"，无后稷播种百谷则"土不稼穑",若"荒五事而事以废",终必致"汩五行而行以怨"。因此,船山指出《易》劝勉君子效法天地之德以尽于人事,故"可通人谋以利于用",《畴》则意在规划人事以合于天道,故"不可听鬼谋而自弃其体也"。

二 《洪范》与《洛书》中的治道思想

（一）"阴骘"与"五行"

《尚书·洪范》开篇,武王向箕子请教之辞曰"惟天阴骘下民,相协厥居,我不知其彝伦攸叙",其中"阴骘"之意,船山认为对于理解《洪范》全篇思想架构甚为重要。前人有关"阴骘"之诠释,主要有《尚书·伪孔传》曰："骘,定也。天不言而默定下民,是助合其居,使有常生之资。"《正义》曰："此上天不言而默定下民,佑助谐合其安居,使有常生之资。"蔡沈《书经集传》曰："骘,定;协,合;彝,常;伦,理也,所谓秉彝人伦也。武王之问盖曰：天于冥冥之中,默有以安定其民,辅相保合其居止,而我不知其彝伦之所以叙者如何也?"上引诸说,都将"骘"训为"定",大体皆言天不言而默定下民,助其相合以居。而船山对于"阴骘"之诠义,则与前人大不相同。

船山曰：

> 骘,牡马也。阴牝,阳牡。阴骘云者,言阴阳之用也。在阴阳之体曰阴阳,以阴阳之用施生者曰阴骘。天所以大生者,一阴一阳之道。氤氲而化生者,阴之骘之之用。五行一阴阳,阴阳一五行。"阴骘下民",即五行之居上,以统八畴者也。八畴以体五行之用,而五行实秉二气之用,以用于八畴。武王闻道已夙,故知二气之用,必有以协于五行之位而不乱者,特于其始终次第、对待合得、以人赞天、上下一揆之理,俾人得顺其叙以成事者,或有疑焉,旧已闻箕子之深于其学,故自谓不知而问焉。①

---

① 以下引文未做特别说明,皆出自《尚书稗疏》卷4上,收入《船山全书》（二）,第130—140页。

船山根据《说文》"骘，牡马也"的训释，认为"阴牝，阳牡"相对成义，所谓"阴骘"即言"阴阳之用也"，"在阴阳之体曰阴阳，以阴阳之用施生者曰阴骘"。船山巧据《说文》之训，而对《洪范》此句别出新解，主要意在本其宇宙生成之论，将《洪范》所言之"五行"与"阴阳"建立关联，并将"阴阳、五行统摄八畴"诠释为《洪范》全篇之整体架构。

在船山看来"阴阳"与"阴骘"不同之设辞，所标识的正是"阴阳之体"与"阴阳之用"的分别。引文中船山有关"一阴一阳之道"与"阴之骘之之用"、"阴阳生化"与"所以生化"所作之分辨，亦本诸此。但以船山之见，所以生化者即在生化之中，故人必即阴阳之用以见道，不可于"阴阳"之外别求道之所存，此正与朱子"理气二元"、"理在气先"之说不同。船山曰"五行一阴阳，阴阳一五行"，认为《洪范》所谓五行之用，即指阴阳之用而言。但细究其旨，"五行"与"阴阳"实有所分别，阴阳化生万物，其用广大无边，"五行"则专指阴阳之用于人而为人之所资者言。在船山看来，天以阴阳五行之用施生于下民，人则乘顺阴阳五行之生化，体之以为八畴之用。所谓"阴骘下民"，即指"五行之居上，以统八畴者也"，"八畴以体五行之用，而五行实秉二气之用，以用于八畴"。船山认为武王虽宿知阴阳二气必协五行之位以为用，但于"始终次第、对待合得、以人赞天、上下一揆之理，俾人得顺其叙以成事者，或有疑焉"，因闻箕子深于其学，故访求之。

（二）《洛书》与《洪范》对应关系中隐含的治道思想

《周易·系辞》有"河出图，洛出书，圣人则之"之说，汉儒刘歆、王充即以"河图"、"洛书"分配伏羲、大禹，认为伏羲则图以画八卦、神禹法书以陈《洪范》，从而将《洪范》与《洛书》相关联。宋人解河图、洛书，有四十五、五十五数点子之论，并制图以为说。后朱子从蔡元定"图为易肖"、"书为范宗"之说，依五十五数作河图，四十五数作洛书，并著于其《易学启蒙》一书之中[①]，而船山所据《洛书》之图，即本于此。

---

① 以上之论，参据蒋秋华《宋人洪范学》一书，台湾大学出版委员会，1986年，第77—86页。

船山虽赞同《洪范》九畴因于《洛书》之旧说，但对前人有关《洛书》之数与《洪范》九畴之对应关系与及相配之法，则有不同之意见。船山曰：

> 九畴之叙，因于洛书，先儒相沿，无有谓其不然者。夫唯畴不因《书》，则亦可畴不合数，乃畴既因《书》而作，则畴之叙必与《书》之数相叶。而灭裂本数多寡之实，相生之序，相得之合，以至执《河图》之中为雒书之中，曰以其一居数始而为初一，乃至以其九居数终而为次九，岂非格物穷理之有未至乎？

> 且使以履一为初一，乃至戴九为次九，则但列一二三四五六七八九之目而畴在矣。洛未出书之先，岂大禹不知有此数，而何以必待天锡耶？二之为"五事"，八之为"庶征"，四之为"五纪"，要皆无征而不足信。未有智如神禹，苟且师心，不则于天锡之象，如世所列条约，随意以为初为次之理。箕子亦何所传，武王亦何用访此也哉？

船山指出既然先儒皆主张《洪范》之作，乃本于《洛书》之图，则洪范九畴之叙必与《洛书》所示之数，彼此对应，相协一致。前人大多以九畴自"初一"以至"次九"之序数，与《洛书》黑白点之数，直接加以对应。如中间白色五点即代表"次五皇极"一畴，下方白色一点，即代表"初一五行"一畴。如此《洛书》之数只是标明《洪范》所列九畴之次序，而其数所居之位及彼此之间似乎并不具有意义之关联。船山认为以大禹之圣智，既本《洛书》而有九畴之叙，则《洛书》图中所列之数、其相应于图中所处之位，以及位次之间的相互关系，必彰显昭示某种治道之理则而富有深刻之意涵。如果九畴之叙，不过如世俗之条约，随意而列一二三四五六七八九之目，则大禹自无待《洛书》启发而早知其数，其不究治道天则而师心自用，亦无需箕子之传与武王之访。

由此，船山对《洪范》九畴与《洛书》之数的对应关系作出独特的诠释，并列图标示（见下）。船山认为《洪范》"九畴"中，"初一五行"一畴对应《洛书》中间白色五点，自此"次二五事"以至"次九五福六极"诸畴，分别对应《洛书》"四、三、八、一、六、七、二、九"诸数，并在《洛书》图中，循逆时针方向次第排列，以显"法天左旋"之意。在船山看来,《洛书》之数,并非简单标明《洪范》九畴之序次,而是对其所指一畴内涵的治道思想具有重要的提示作用,并且《洛书》中相邻之数与相对之数,也显示出相应《洪范》各畴间的彼此关系。对此,船山皆有详细之分析与解说,笔者依次论之如下:

一、"初一曰五行",对应《洛书》中间排列为十字型的白色五点,其象所示分别为"中土、东木、南火、西金、北水"。船山认为《洛书》之图出于龟背,而龟背"隆中而杀外",故以高者为初,其序亦以中宫为始。船山指出"五行,阴阳之殊而未合为人者也",乃阴阳造化之所成,分殊并立,人禀此五者以成仁义礼智信之性,因其居于成性之先,为天人授受之始,故居初一。

二、"次二曰敬用五事",对应《洛书》左前方黑色四点,其象所示分别为"视一、听二、言三、貌四"。船山合《论语》"视思明,听思聪……貌思恭,言思忠"与《洪范》"貌曰恭,言曰从,视曰明,听曰聪"之说,意引作"视思明,听思聪,言思从,貌思恭"以为依据,指出思行乎视、听、言、貌之中,四者之用亦皆有思,此即"《书》数四而《范》用五"之故。船山又指出,《洛书》九畴之序乃"法天左旋",故"五事"居次二之位,则"由中宫五行顺左而向前左"。船山认为"五行为道,五事为器,道阳而器阴",故"五明而中,四偏而暗",分别由黑、白之色与中、偏之位以显阴阳之别。

三、"次三曰农用八政",对应《洛书》正左方白色三点,其象所示分别为"司空一、司徒二、司寇三",即《礼记·王制》篇所谓之"三官"。船山认为三官各有分治,故各有所统之事,分别为"司空治地利,统食、货;司徒治教民,统祀、宾;司寇治刑,统师"。于是《洪范》所条列之八政,依船山之分析,可分作"三官"(司空、司徒、司寇)与"五事"(食、货、祀、宾、师)两类,从而构成"以三而治五"之关系,此即《洪范》用八而《洛书》用三之原因。此外,"八政"之位,由《洛书》"左前顺下",次于正左之位,依正、偏以别阴、阳之原则,故以白色圆点为示。

四、"次四曰协用五纪",对应《洛书》左后方黑色八点,其象所示分别为"一岁、二日、三月、四星辰、五春、六夏、七秋、八冬"。《洪范》所载"五纪"分别为"一曰岁,二曰月,三曰日,四曰星辰,五曰历数"。船山认为其中"历数"乃指"四时"而言,"历以十二中为数,分十二中为四时,以迎四气",故可依"春、夏、秋、冬"分之为四。故《洪范》用五而《洛书》用八。船山指出"五纪"之位,于《洛书》"顺正左,向左后,次左后",相较前一位所示之八政,由于"八政人事,五纪神用,人阳而神阴",表现于《洛书》之象,则为"三明而正,八暗而偏"。船山以"人事为阳"、"神用为阴"分言"八政"与"五纪",一方面指出八政之事当循五纪之时序而展开,另一面亦强调五纪之察必因人事以为用。由此,正可见出在天人关系问题上,船山对人之主体性所作之强调。

五、"次五曰建用皇极",对应《洛书》正下白色一点。船山曰"皇,大也,君也。大哉君极,以修五事,治八政,察五纪者也;以宣三德,合稽疑,召庶征,行福极者也"。船山认为"皇极"即指"君极"而言,并以之作为连接"五行"与其他"七畴"之枢纽。在船山看来,由皇极所象征之王政,上承五行之用以利于人事,下则统摄七畴以为具体之设施,因此君王之修德与作为实为治道之关键。此外,"皇极"取数一,居龟后,以示"居幽向明,主一治众"之义。而《洛书》"皇极"之象,如"艮上之一阳处乎后者",夏道用艮,以畴用易,又示"圣人所以洗心退藏于密"之意。由此,船山又将皇极之要,归于圣人之心德。而在下文"皇极与好恶"一节,笔者对此将有详细之阐述。

六、"次六曰乂用三德",对应《洛书》右后方黑色六点。对于《洪范》文"三德:一曰正直,二曰刚克,三曰柔克。平康,正直;强弗友,刚克;燮友,柔克。沈潜,刚克;高明,柔克",船山之诠释与前人有较大不同。《尚书正义》之《伪孔传》与孔颖达疏,以正直、刚克、柔克为人君治民之三德,即"能正人之曲直"、"刚能立事"、"和柔能治"三种政治能力;以平康、强弗友、燮友为三种世道,即平安之世、强御不顺之世、和顺之世,当分别以正直、刚能、柔能三德,加以治理;至于"沈潜刚克,高明柔克",则认为此两句乃言君臣相处之道,即臣德虽沉潜柔弱,当执刚以正君,君道虽高明刚强,当执柔以纳臣。蔡沈《书经集传》与《尚书正义》不同,以正直、刚、柔为三德;以刚克、柔克为"抑扬进退之用"。至于"强弗友"、"燮友"、"沈潜"、"高明"四者,则因"习俗之偏、气禀之过",或过或不及,皆有失于中道。故除正直之德无邪无曲，自然得乎中道，可无为而治，其他四者则需以刚柔抑扬进退之用，分别以刚克刚、以柔克柔、以刚克柔、以柔克刚，矫拂以使归于中道。朱子又对刚柔之用四，区分为治己、治人之两类，曰"强弗友，以刚克之；燮友，柔克之，此治人也。资质沈潜，以刚克之；资质高明，以柔克之，此治己也"。船山认为畴为"三德"，《洛书》之象为六，实因所谓"三德"，兼括"质德三"与"文德三"，故合而为六。船山指出所谓"质德三"，包括平康、高明与沉潜，乃"得之于天"；所谓"文德三"，则包括正直、柔克、刚克，乃"得之于教"。若依船山《引义·太甲二》"天曰命、性曰成"之说，可见此所谓"得之于天"即指"初生之性"；所谓"得之于教"者，即指"后天所成之性"。此外，由船山下文以"强弗友"、"燮友"为"气之偏者不可以为德……故德六而无八"，可知船山并不以"高明"、"沉潜"为"气禀之偏"，而将二者与"平康"同列于"体性"之德。在船山看来，人初生所禀赋之才性，依个体差异实有所分别，但皆可作为后天受教修德之立基，不当将其视为"气禀之偏"而仅从消极方面加以理解。由船山以"平康"为质德，以"正直"为修德，可知以船山之见，无论才性之偏全，皆需后天受教为学方能成其文德，不可认为圣人因天生气质醇和清明，即能生知安行而不待后天之修为。而船山以"高明"、"沉潜"之质德，分别对应"柔克"、"刚克"之文德，其意在强调透过后天教化，可使先天之才德，扩充其量，由偏曲以达于纯全。至于"强弗友"、"燮友"，船山还指出"其克之者，则与高明、沉潜同功"，其中亦有待发之意。由于，船山以"强弗友"、"燮友"为气之偏，故当先为施教者裁成而矫其气禀之偏，如此方能因才尽性，而与上所述高明、沉潜者，同为自养扩充之功。

船山指出"三德"与"皇极"之两畴，前者为德，后者为道，由于道显于外而为阳，德藏于内而为阴，故"皇极"取象"一明而正"为白色一点而居正位，"三德"取象"六暗而偏"为黑色六点而居偏位。船山又指出"三德之教"必致修于"五事"以为实用，君子为功必待"五事之修"方能以成三德之实，故"四六合而为十"，以示"三德"、"五事"二畴相合以为功。

七、"次七曰明用稽疑"，对应《洛书》为正右方白色七点，其象所示分别为"一雨，二霁，三蒙，四驿，五克，六贞，七悔"。其中卜数用五，以示阴阳二气兆于五行；占数用二，以示五行之朕于阴阳二气。因合"左人事，右天道"之意，故八政居左，而稽疑居右。船山认为"稽疑"之设，意在考正八政之所疑，故三、七合而成十，以示"八政"、"稽疑"二畴相合以为用。

八、"次八曰念用庶征"，对应《洛书》右前方黑色二点，其象分别以示"休征"与"咎征"两类。船山指出征有"雨，旸，燠，寒，风"诸类，其中休征乃因善行以感庶征之时，咎征则因恶行以召庶征之恒，皆不出此二类。船山又指出，七畴"稽疑"以卜筮之象告，八畴"庶征"则以气候之形告，在天成象为阳，在地成形为阴，故七畴之象为白点而居正位，八畴之象则为黑点而居偏位。此外，由"五纪"之顺逆以生"庶征"之休咎，庶征休咎之省察，亦需依循五纪之时序，故二八合而成十，以示"五纪"与"庶征"二畴之相关。

九、"次九曰向用五福，威用六极"，对应《洛书》正前方白色九点。其中四点分别显示五福中之"寿、富、康宁、考终命"，另外五点分别显示六极中之"凶短折、疾、忧、贫、弱"。船山认为"攸好德"乃"寿、富、康宁、考终命"四福之本，"恶"乃"凶短折、疾、忧、贫、弱"五极之本。虽五福、六极合为十一，但"攸好德"与"恶"为本，劝勉与惩罚之用九，故《洛书》第九畴之数为九。船山曰"攸好德者，莫之向而好。恶者，非有威之使恶，而固恶也"，意在强调为政者以劝勉、惩戒之政治措施导引社会行为，必根据社会生活历久形成之价值标准而为原则与依据。有关八、九相邻二畴之关系，船山指出庶征见于气候之变迁，其事为隐，隐则为阴，故以黑点为示；而五福六极则出于政事赏罚之举措，其事为显，显则为阳，故九居上而明，以显君道，故以白点为示。有关九、五相对二畴之关系，船山指出"皇极，体也；福极，用也"。在船山看来，皇极之用，在以政事赏罚之举措，赐福与降罪，而福极之本，则意在通过赏罚之举措以彰显善恶之标准。百姓好恶之天则敛于皇极以为君德之本，政事赏罚之举措显于福极以为皇极之用。故一九合而为十，以示"福极"与"皇极"二畴之相关。此外，船山还指出自"五行"、"五事"二畴，循天道左旋之序，至"福极"居于《洛书》正前之位，正环绕一周。在船山看来，"五常之用至刑赏而无余，五刑之施至刑赏而已泰"，正如《中庸》引孔子之言曰："声色之于以化民，末也"，"福极"居九

第六章 王船山天人视野中的政治秩序与治道原则　　181

畴之最后，正显刑赏而为王道末务之意。同时船山还指出，"福极"一畴位列《洛书》之正前，前者为午位，乃人之承天之位，"人君南面而行刑赏"，至此"人事备，天道浃也"。

　　船山对《洪范》九畴与《洛书》之数对应关系的解说，乃其个人独特之发明，经由详细阐述其观点，船山又将其对治道问题的很多思考与观点注入其中。由上文之分析，正可见出船山以发明经义之方式阐发其个人思想主张的著述特色。由此一例，亦可让我们对船山"六经责我开生面"之学术志向，获得一具体之体会与理解。在接下来两节中，笔者将分别围绕《引义》之《洪范二》、《洪范四》两篇文章，详细考察船山对于"洪范九畴"中"五行"与"皇极"两畴所做出的诠释与阐发。

　　附图：

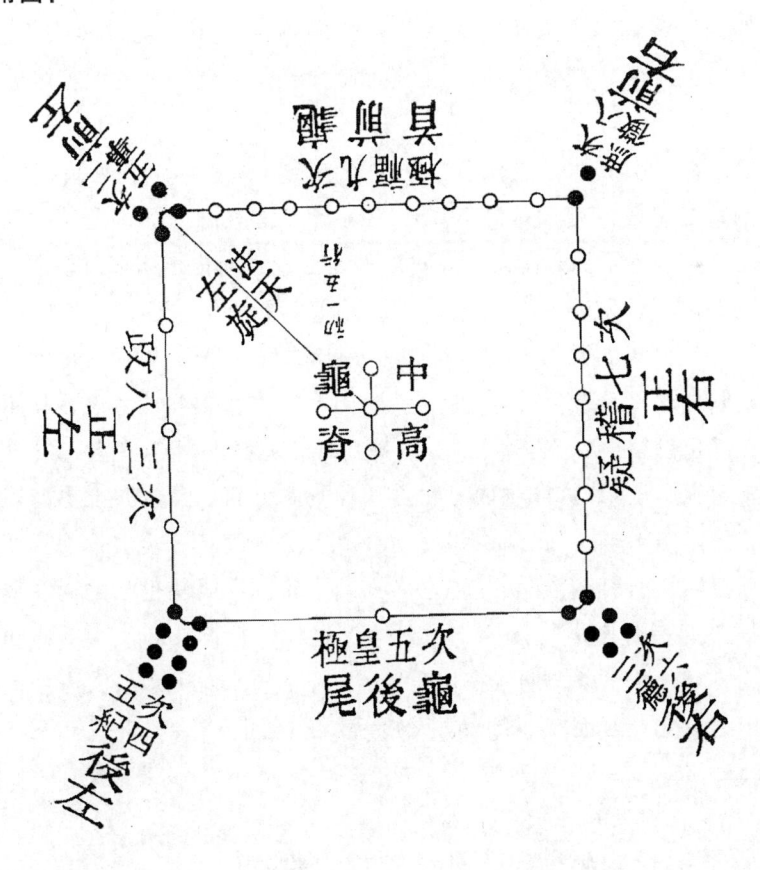

第三节　五行与王政

　　传世文献中"五行"一词，最早即见于《尚书》之《甘誓》、《洪范》两篇。战国中后期，阴阳五行家将"五行"与"四时"相配，并与"阴阳"观念相结合，构造为一种以"五行相胜"、"五德转移"观念为核心的宇宙世界图式与历史解释模型。这一思想后来又为汉儒所接受与张大，他们以"五行"、"五事"、"庶征"相配，从而将帝王言行与不同的灾异现象相对应，并以阴阳消长、五行移转的观念加以解释，亦相应给出可以消除灾异的"变复"之法。① 天谴事应论，作为一种政治学说也对后来的中国政治产生持续的影响。此外，五行相生相克的思想，作为一种解释事物相互关系与转化的理论模型，也被运用于中医、音乐等技艺之学，或被附会应用到星命、相术、占卜、风水等术数之学当中。

　　船山在《引义》之《洪范二》中，结合《尚书》中《大禹谟》、《洪范》两篇之记载，对于《尚书》中"五行"之观念内涵，及其所蕴含的为治之道，进行了深入阐发，并对后人之五行观，提出诸多批评。

　　船山首先对于运用"五行"观念解释宇宙生化过程，或将五行作为构成万物五种基本元素的传统论说，提出质疑。船山认为"五行"不能范围阴阳之化，及造化所生之物，"阴阳、寒暑、燥湿、生杀，其用不可纪极；动植融结，殊形异质，不可殚悉"，远"不尽于五者"。② "金、木、水、火、土"，亦非构成万物之五种基本元素，"金亦土也，炼之而始成；火隐于木也，钻之而始著；水凝为冰，则坚等于金；木腐为壤，则固均于土"，彼此间存在相互转化之关系，其自身属性也随之而变异，故不可"于五者别其异"。此外，"五行"之物，在自然环境中，亦随地理形势而各有分布，并非遍及一切时地，"极北坚冰而无水，大海渟流而无木，山之无金者万而有金者一，火则无人之区固无有也"，故"不可统天

---

　　① 有关中国思想史中阴阳与五行观念的发展变化，参见李存山先生：《"五行"与"五常"的配法》，《燕京学报》新二十八期，北京大学出版社 2010 年 5 月。
　　② 本节引文未做特别说明者，皆出自《引义》之《洪范二》篇，收入《船山全书》（二），第 348—350 页。

第六章　王船山天人视野中的政治秩序与治道原则　　183

壤之间而同之"。

　　船山又指出虽然万物与人皆为天之造化所生，有生之后亦需待天之造化以育其成，但其它物类之生与育，未必资五行之全以为用，如"鱼不资乎土，蚓不资乎木，蠹鱼不资乎水，凡为鸟兽虫鱼者皆不资乎火与金"。在船山看来，五行之化不皆行于万物，万物亦不悉待之以生以育，而物之才性，亦不兼备此五者之神以为用。由此，船山指出"五行不可以区天之化，不可以统物之同"，天惟以此五者行于人，万物中亦惟人必备此五者以为用，故"五行"乃"人治之大者也"。

　　有关"五行"之内涵及其功用，船山有其独特之界定。船山曰：

> 五行始于《洪范》，乃言天之所以协民居而为民用之所需者，人君当修治之，以厚民生而利其用，与变化鬼神之道，全无干涉。①

> 五行者何？行之为言也，用也。天之化，行乎人以？"阴骘下民"，人资其用于天，而王者以行其政者也。

> 五行之目，始见于《洪范》。《洪范》者，大法也，人事也，非天道也，故谓之畴。行，用也，谓民生所必用之资，水、火、木、金、土缺一而民用不行也。故《尚书》或又加以谷，而为六府。②

> 五行者，非天化之止终此，亦非天之秩分五者而不相为通，特以民生所资，厚生利用，需此五者，故炎上、润下、曲直、从革、稼穑及五味，皆就人所资用者言之。五行，天产之材以养民，而善用之者君道也。③

　　以上引文所从出之著作，涉及船山早年之《周易稗疏》、中年之《尚书引义》以至其晚年之《周易内传》与《张子正蒙注》，可见其有关"五行"之释义，虽内涵不断丰富，但基本理解则未有改变。船山认为"五行"之"行"，当以"用"字加以训释，天以阴阳化生万物，其用广

---

① 见王夫之：《周易稗疏》卷4，收入《船山全书》（一），第785页。
② 见王夫之：《周易内传》卷5下，收入《船山全书》（一），第546—547页。
③ 见王夫之：《张子正蒙注·乐器篇》，收入《船山全书》（十二），第329页。

大无边①,"五行"则专指阴阳之用于人而为人之所资者言。在船山看来,人之利用、厚生须备此五者而不可或缺,王者亦必修治此五者以行其政。

船山强调"五行"非言天道而言人事,其所以为人治之大者,正在于王政致修正德、利用、厚生之事,皆不可离于"五行"以为用。船山曰:

> 其为人治之大者何?以厚生也,以利用也,以正德也。夫人一日而生于天地之间,则未有能离五者以为养者也,具五者而后其生也可厚;亦未有能舍五者而能有为者也,具五者而后其用也可利。此较然为人之所必用,而抑为人之所独用矣。

船山结合《尚书·大禹谟》所载"六府三事"之言,以诠释《洪范》五行之说,并指出"正德、利用、厚生"之三事,实为"五行"于王政中,具体之应用与落实。在船山看来,"五行"为民生所必用之资,百姓必备此五者以厚其生,非能离此五者以为养;人必具此五者以为百事之利用,非能舍此五者而别有作为。由此可见,"五行"不仅为人所必用,缺一而不可,且为人之所独用,而非禽兽所能与。

船山又即"五行"以资厚生、利用之事,从百姓与君子之不同角度,分别对正德之内含加以界定。船山曰:

> 由其资以厚人之生,则取其精以养形,凝乎形而以成性者在是矣。成乎质者,才之所由生也;辅乎气者,情之所由发也;充气而生神者,性之所由定也。而有生之初,受于天者,其刚柔融结之神,受于父母者亦取精用物之化也。得其粹则正,不足于一而枯,有余于一而溢,则不正。故王者节宣之,以赞天化而成人之性,是德之由以正者,此五者也。

---

① 船山认为《洪范》"天阴骘下民,相协厥居"中,"阴骘"即指"阴阳之用"而言。前人大多将"骘"训为"定",为"天不言而默定下民,助其相合以居"之意。船山则根据《说文》"骘,牡马也"的训释,认为"阴牝,阳牡"相对成义,所谓"阴骘"即言"阴阳之用也","在阴阳之体曰阴阳,以阴阳之用施生者曰阴骘"。(见王夫之:《尚书稗疏》卷4上,收入《船山全书》二,第130页)

第六章　王船山天人视野中的政治秩序与治道原则　　185

　　船山人性论的特色之一，即论性不离于形色之身。而船山所谓"天曰命，性曰成"之说，亦兼言形气之养与德性之成，同时涉及饮食资生与为学力行之事。① 本段引文主要涉及百姓治生之事，下段引文则与君子修德行道之事密切相关。在本段引文中，船山指出人之有生需取"五行"之精英以养其形，故饮食资生之具必充足无缺而摄受得宜，方能凝形成性以厚其生。在船山看来，"五行"以为摄生之资，必待成乎质，方能使耳、目、口、体之才日生以为知行之用；必待辅乎气，方能感物情动而有心知之明；由此气充神生，方能处事得宜以使性情有定。船山认为，人之初生，承于天者，乃乾坤健顺之气以为刚柔融结之神，仁义之心由此以得存；受于父母者，始为胎孕，后为长养，取精用物之化，一皆出于天地所产二殊五实之精英。在船山看来，人之受命成性非仅在初生之顷，有生之后，其身、心亦日日皆资二气五实之用以成其性。由此，人于二气五实之中，得其纯粹充足则能养正成性于善，若受之过与不及皆不得其正，不免因习与性成而成性于不善②。船山认为人之身心密切相关，对于百姓众庶而言，尤必待形色之养而得宜，方能使其性情有定而得安。故此需待王者之政教施为，节宣五行之用，以赞天化而导民于善，百姓之德亦必由此方能以得其正。

　　船山又曰：

　　　　由其资以利人之用，则因其材以敦乎质，饰其美以昭乎文，推广其利以宣德，制用其机以建威，是礼、乐、刑、政之资也。而观其所以昭著，察其所以流行，感其所以茂盛，审其所以静凝，则考道者之效法存焉。而慎用之以宜则正，淫用之以逞、吝用之以私者则不正。故王者谨司之以宰制化理而立人之义，是德之所由正者，此五者也。

　　船山指出由于"五行"必待人之利用得宜，方能以资社会、政治生活之所需，故必因其材性功能以效用其质，饰美达情以昭乎其文，推广其

---

① 可参见《引义》之《洪范三》、《太甲二》两篇中船山相关之论述。
② 参见《引义》之《太甲二》篇中船山相关之论述。

利以为民用而昭王者之德，节宣制用以适于时而建王政之威。由此可见，王者以"礼、乐、刑、政"平治天下，亦必资于"五行"之用，方能有其功效。在船山看来，"五行"虽效用于人，但王者慎用得宜则正，用之过度以逞威，或吝啬以用而私己皆不得其正，故王者当谨司五行之用以审制化理，并设施礼乐刑政以立人道之义。船山又进而以论君子之学，指出学者必即"五行"所成之物，观其昭著之情以明其性，察其流行之用以见其效，于物我相接之情以感其所以茂盛，察应接利用之道以审知事理之凝，其中皆有"考道效法"之功而为君子所当尽心致力。以船山之见，君子之学当以致用王道而为其宗旨，而王道之行亦必待君子之学以成圣德之用，此即船山所谓"德之所由正也"。

由深入考察以上两段引文之意旨可见，船山即五行之用以言正德、利用、厚生之事，既针对阳明后学专务治心之功而绝物不治的为学倾向，突显与强调同经世实践相关之知识所具有之重要性；亦针对程朱后学泛观物理而茫无归趣之流弊，从而将格物之学设定在与厚生、利用相关的范围取向之中。同时还需注意的是，《尚书》言三事本依正德、利用、厚生之序，船山却以厚生、利用之次第行文，并即厚生、利用以界定正德之内涵，实以厚生、利用之事，指示君子德用之范围，亦以承担治教之事所需之政治能力，充实儒家对于德性内涵之理解。此外，船山于以上两段引文中对于百姓之德与君子之德实有内涵层次之分疏，百姓仅于饮食日用之事得所节制即已为正，君子则需治学力行以成王政之才，方能布施政教，以使百姓之德皆得其正。这又与船山对修己与治人之分别，及对社会教化与君子从学二者成德目标所作不同之设定，密切相关。

由此，船山极赞"五行"之用，曰：

> 故大禹之《谟》云"六府惟修（自注：谷即土之稼穑），三事惟和"，而统括之曰"九功"。功者，人所有事于天之化，非徒任诸天也。今夫五者之行于天下也：天子富有而弘用之，而匹夫亦与有焉；圣人宰制而善成之，而愚不肖亦有事焉；四海之广，周徧而咸给焉，而一室之中亦不容缺也。胥天下而储之曰"府"，人所致其修为曰"功"，待之以应万物万事于不匮曰"行"，王者所以成庶绩、养兆民曰"畴"。是则五行之为范也，率人以奉天之化，敷天之化，以"阴

骘下民"而"协其居",其用诚洪矣哉!所以推为《九畴》之"初一",而务民义者之必先也。

船山指出《尚书·大禹谟》所载"德惟善政,政在养民。水、火、金、木、土、谷,惟修;正德、利用、厚生,惟和,九功惟叙",统括"六府"、"三事"以为"九功",其中"功"字,即已标明所谓六府、三事,皆有事于天之化而待人之作为,非徒任天之自然而致功。船山认为"五行",言五者之行于天下,即谓五者用于天下之意。船山还指出五行之为天下所用,天子虽能富有而用之弘广,然匹夫亦必有之以资其生;圣人虽能宰制以善成其用,亦需待愚不肖之参与以成其功;四海之广,凡有人之所,皆当周遍而咸给;百姓日用,小至一室之中,亦必咸备而无缺。天下皆储之以为用,故称之曰"府";人皆于此致力修为,故称之曰"功";待之为用以应万物万事而不绝,故称之曰"行";王者由此以成事业,养万民,故称之曰"畴",此上设辞有别,实皆依"五行"不同之功用而有之别称。在船山看来,"五行"为范于天下,在兴政立教而率人承顺辅相于天之化,以使百姓相协以居,其用洪深广大,故《洪范》推其为"九畴"之首,君子有事于民用必以之为先务。

船山对《尚书》"五行"说之经世意涵所进行之诠释与阐发,同时也为其检讨后代之五行观,确立了批判的依据与标准。船山认为"五行不可以区天之化,不可以统物之同",本非构成万物的基本元素,并指出"在天、在物、在人,三累而固有不齐之道器,执一则罔所通矣",从而对万物与事理的复杂性与具体性加以强调,反对将"五行"单一、固定的解释模式,附会到其他事物当中。船山此说,实有助于突破以"五行"观念为核心的传统理论模式与解释框架,进而导引人们在探索宇宙生化及事物关系时,可以从实际现象出发,采取更为客观之立场。针对汉儒以阴阳五行附会灾异之说,船山则指出"汉儒言治理之得失,一取验于七政五行之灾祥顺逆,合者偶合也,不合者,挟私意以相附会,而邪妄违天,无所不至"[1],既不能真正解释自然、社会现象之本质,更无法找到引发现实政治问题的背后成因,从而采取有效的举措来加以解决与对治。至于

---

[1] 见王夫之:《读通鉴论》卷7,收入《船山全书》(十),第280—281页。

"医卜星命之流，因缘附会以生克休王之鄙说"，船山则视之为邪说，而加以严厉指斥。

第四节 "皇极"与"好恶"

有关《洪范》"皇极"一词，汉儒大致有两种释义：其一，将"皇"释为"王"或"君"，并认为"极"字有"法则"之义，见于伏生《洪范五行传》及郑玄对伏传之注释；其二，则以"大中"释"皇极"，见于《汉书·孔光传》，此说为《伪孔传》采纳，得以通行于世[1]。宋儒有关"皇极"之释义，大多承袭以上二说，或交错采纳。但对于"皇极"之内涵，也曾引发争论，如朱子即反对时人以"大中"诠释"皇极"，认为"皇者，君之称也"，"极"则有"至极"、"标准"之意，强调君主当"正心修身"以为天下建立标准[2]。船山对于"皇极"之释义，虽沿用前人"君极"之说，但他对于"皇极"之内涵，却有独特而深入之阐发，并于《引义》之《洪范四》中以专篇加以论述。笔者以下将对船山此篇展开细致之分析，以发掘其中所蕴含的政治思想。

船山在《引义·洪范四》开篇，即将《洪范》与《洛书》相对应，由论"皇极"于《洛书》图中所居之位与数，引申"皇极"之意。船山曰：

> 尝以《雒书》之位与数，参观乎《洪范》，知元后相协下民之道，至约而统详，至微而统著也。约以统详，微以统著，故曰极也，至于此而后得其会归之枢也。夫以位，则居幽者微而明者著，履一于北，幽以治明也。夫以数，则约四十有四于一，而以一临四十有四之详，所履者一，约以治详也。[3]

---

[1] 参考蒋秋华《宋人洪范学》，台湾大学出版委员会1986年版。

[2] 有关宋儒对"皇极"意涵之争论及其背后的政治原因，可参见余英时《朱熹的历史世界》，三联书店2004年版。

[3] 本节引文未做特别说明者，皆出自《引义》之《洪范四》篇，收入《船山全书》（二），第356—359页。

第六章　王船山天人视野中的政治秩序与治道原则　　189

　　船山反对前人将"皇极"对应《洛书》正中五色白点之旧说，认为图中之五，本指"五行"一畴，乃"天之阴骘（自注：骘，阳之用也）所以起元后之功用"。而"皇极"一畴，则位居《洛书》下方以一白色圆点加以标识，取数一、居北方，以示"幽以治明"、"约以治详"、"微以统著"之意。"皇极"即为君主治众教民之道所会归之枢。

　　船山又从反面为说，以论《洪范》"八政"、"五事"二畴，虽关君主为政、修身之事，却非"皇极"之所指。船山曰：

　　　　今夫元后之理兆民，其协民居者八政是已，攸叙彝伦者五事是已。当其详以敷政，不可略也。八政以备举其法，而协者罔弗协。然而君弗能尸也，三官百尹与尽其猷为，乃协也。抑其修之于身，必克慙夫五事，以谨司其原，叙者罔弗叙，然而为功也密，不能必天下之遵也。元后自严其视履者也。故八政必有所自举，有所自废；五事必有所自贞，有所自淫。天子之得失，兆民之善恶，圣人之所勂慙而不遑，愚不肖之可兴起而不倦，藏之于幽，守之于约，一而已矣。所建者，于此中也，于此和也；所锡者，靡弗迪也，靡弗惠也。居于幽以静之域，而操其约以严之几，位乎北，会于一。《雒书》之示人显矣，禹、箕之择善精矣，岂有能易此者哉？极则无可耦矣，居幽而握要，极乃立矣。皇则极乎大矣，治著而领详，极乃皇矣。

　　船山指出君主以"八政"治理天下，辅助百姓以使其相合安居，又以"五事"慎修其身率行天下，而使人伦常道得以条序履践，但二者却非皇极之意，亦未能显治道之本原。船山认为"八政"所列虽设官分职，备举治法，但其运作施行，则需三官百尹协调合作，共同谋虑施为方能有成，故此八政之事非君主所能独任。而在船山"八政"非"皇极"之论的背后，亦可见出其对君主专权之批判及分权之主张。至于"五事"，虽为君主修身践伦所必谨慎率行之事，但即使君子饬身为功甚密，亦不能保天下之人皆能效法共遵。在此，船山亦强调君主仅饬身修己并不能自得成治之效，修己与治人实有分别而不可不辨。基于以上分析，船山指出八政之举、废，五事之贞、淫，皆有所自而尚未达于治道之根本。而在船山看来，天子得失之本，庶民善恶之原，圣人之所操持而不遑暇处，愚不肖亦可与于其中而兴起不倦,皆藏幽守约于一而已。君主由此自修能建君德中和之体用,据此锡民亦可使百姓循道而无不从,居幽以守于静之际,操约以严于动之几,正显于《洛书》之图位北会一之数,亦由禹、箕相传择善精一之学,见于《洪范》所示之"皇极"。船山认为既名之曰极,则必会归于一而无两途之并立,言其体可居幽握要以立其准,论其用则又能治著领详以尽其大。

论及"皇极"所会之一,船山又从儒家与异学之辨的角度,分疏其主张之不同。船山曰:

> 虽然,言极者尤不可不审也。异端之言,曰"抱一",曰"见独",曰"止水之渊",曰"玄牝之门",皆言幽也,皆言约也。而藏于幽者不可以著,执其一者不可以详。芒然于己而罔所建,将以愚民而罔所锡,彼亦以此为极而祇以乱天下,故曰尤不可不审也。

船山列举所谓异端之言中,"抱一"、"玄牝之门"出自《老子》,"见独"、"止水之渊"则出自《庄子》。在船山看来,老庄无论从天地本原或由心之大本所言之"极",皆以"无"为宗,虽不可谓其不"幽"与"约",但较之儒家之说,其"藏于幽"者,却不能显发、明著于外以为治道之用,其"执一守约"者,亦不能持纲握要以领于庶政百事之详;既茫然于己性之实,不能为学力行以成德建中于内,亦不能"通天下之志",制礼锡民之极以使百姓得所依循。以船山之见,若据老庄之说以为治,则不过行愚民之政而已,"以此为极而祇以乱天下",故于儒、道二家所言,必当审慎以辨。

此下,船山则从正面论述其对"皇极"内涵之理解。船山曰:

> 夫圣人之所履一于幽,以向明而治天下者,其所会归,好恶而已矣。好恶者,性之情也。元后之独也,庶民之共也,异端之所欲泯忘而任其判涣者也。圣人之好恶安于道,贤人之好恶依于德,才人之好恶因乎功,智人之好恶生乎名,愚不肖之好恶移于习。八政之举,惟好斯举;八政之废,惟恶斯废;五事之效其贞,惟好斯勉;五事之戒其淫,惟恶斯惩。好之兴,而恻隐、恭敬生于兆民之心,以成仁让;

恶之兴，而羞恶、是非著于兆民之心，以远邪辟。

船山认为所谓"皇极"，乃由圣人之德用，以见儒家治道之核心依据与治理教化之根本原则。以船山之见，《洛书》所示圣人居幽向明以治天下而所履之一，《洪范》所会归之"皇极"一畴，即指"好恶而已"。但由船山曰"好恶者，性之情也"，可知其对"好恶"实有严格之界定。此处所言特指人性自然当有之"好恶"，乃根植于人性而见诸人心之道德情感与价值判断，而非泛论一切之情感，此由文中将"好恶"与"四端"同列，亦可见出。船山又指出此"好恶"，为"元后之独也，庶民之共也，异端之所欲泯忘而任其判涣者也"，论中实涉及君主修己与治人之事。船山认为君主应当通过为学躬行、体察民情等方式，以见人心同然之好恶，如此方能使"元后"独有之"好恶"，达诸"庶民之所共"，建基于此以兴政立教，方能得百姓之依从。而在船山看来，其所谓之"异学"认为个人应当超脱情感之束缚，追求精神自由之境界，并提出无为而治之主张，如此将使天下之情陷于好恶纷纭、涣散无归之地。接下来，船山又对人所普遍共有之"好恶"情感，在治理教化中所具之意义，从多角度进行论证。船山首先指出，"好恶"之情，虽为人所普遍具有，但社会中不同人据以判断"好恶"之主要依据，实有对象、特质之不同及层次、程度之差别。在船山看来，愚不肖之好恶，成于社会之风习，故易于随风俗而迁变；智者善于辨名析理，故其好恶常因名义而生；有才之人期于尽其才以成事功，故其好恶常因成败而有；贤人好德而重修身，故其好恶常依德行高下以为判准；唯圣人之好恶方能循道以为所安。体察船山之说，所谓"圣人之好恶安于道"，其所安者，非别出众人之好恶、独有至高之道唯圣人方能依从。以船山之见，圣人之道乃"合天下之臣民，举万事之纲纪"，既能涵天下万事之大与全，又能通达贤愚众庶不齐之情以得人心同然之好恶。由此立政兴教，其目标实基于人心同然之好恶，建设与维护一种社会共同之伦理、政治生活，而并非以圣人之好恶易天下人之好恶。接下来，船山又指出无论修己自治或为政治人，以好恶所呈现之道德情感与价值判断，正为其背后最为重要的动力来源与原则基础。在船山看来，无论五事之劝勉与惩戒，八政之所举、废，乃至百姓四端之兴起以成仁让而远邪辟，皆与根植于人性之"好恶"密切相关。

由此，船山将"皇极"归结于圣王心德所操之好恶，并从体用之两面加以说明。船山曰：

> 其动也，发于潜而从违卒不可御；其审也，成乎志而祸福所不能移。是独体也，是诚之几也，故允矣为极所自建也。

船山指出"皇极"乃圣王修德所自建，必经择善固执、为学力行之功，方能得人心同然之好恶，由此以成其保民安天下之志，并持之以恒而不为祸福所移易。笔者认为船山以"独体"、"诚之几"言"皇极"之体用，又以人心同然之好恶界定其内容，其中实有多重意涵：其一，意在突显政治秩序之创建与运作中政治主体之地位。在船山看来，政治秩序虽承顺天道之自然，更展现为一种文明创造之形式，并由社会中之杰出政治家（即船山所谓之圣人与圣王），所创建与维系。其二，则意在指出政治制度创建之依据，并非建基于一种对于人性之本质化理解，或由理性推衍之抽象性原则。而应当通过对历史传统之考察，及对现实社会之观察，于历史、现实中所展现之人情丰富状态，运用"人己相推"之法以求得人情好恶之所同然，从而达致对人性更为普遍、深刻而又不失现实之理解，并从中进一步求取政治制度创建与运作所当依据之理则。由此，亦可见出船山以成志所存之独体，指涉圣人之心德，其背后实有一套以治世为目标的圣王成德之学与之相匹配。其三，船山以感通天下之好恶彰显圣人之德用，实有取于阳明之说[1]。但与阳明不同的是，船山主张整齐天下之好恶而平施之，最终要落实为以礼乐刑政为核心的制度创建与教化形式，从而使百姓透过日常礼乐之实践，自然可以节宣其好恶之情，以日成其德性[2]。而在船山看来，欲达诸人情同然之好恶以为礼乐之创建，不能仅靠个人良知之好恶以为依准，而需经由将义理与经史相结合的学术探究，对于人性与制度之关系获得更为深刻之理解，如此方能会通历史经验、因应现实状况、兴治立教以成一代之规模。由此，船山试图别择阳明、朱子之

---

[1] 阳明曰："良知只是个是非之心，是非只是个好恶，只好恶就尽了是非，只是非就尽了万事万变"（《传习录下》），船山之论或曾受到阳明此说之启发。

[2] 可参见船山《读四书大全说》之《大学》、《中庸》部分相关之论述。

说及其它学术思想资源以成就一种新儒学之形态,并以之为其学术思想工作所期望达致之最终目标。

船山又曰:

> 然而体则独矣,诚则但见乎几矣。而八方风气之殊,兆民情志之赜,忽一旦而好之,蔑不好也,一旦而恶之,蔑不恶也。自细腰高髻之纤鄙,讫崇齿尚德之休嘉,群万有不齐之好,群万有不齐之恶,不知其所以必好,不知其所以必恶,翕然沛然,奔趋恐后,以争归于一。则此一者:节宣阴阳,可以善五行之用;周流六方,可以成庶畴之功;类应天休,可以承五福六极之劝威。(自注:九与一应,戴之在上,故曰应天)皇哉!极哉!一好恶而天下之志通,天下之务成,不行而至,不疾而速矣。

在船山看来,君主存心之好恶,诚能通达人心同然之情志,则其独体之诚见用于几,可导引天下之好恶而使归于正。君主一人之好恶,其体虽独,但因其直接关系到政治举措之制定,进而可导引社会风俗之改变,故其影响甚巨。船山以文学性之修辞,对此加以论述。船山指出虽然四面八方因地域不同而风气殊别,亿兆之民亦因个人好恶而情志各异,但君主一旦之所好,天下无不同趋于好,君主一旦之所恶,天下亦无不同趋于恶。船山又举两端之例以说明君主好恶之影响,无论是偏好细腰、高髻等琐屑卑下之趣味,抑或崇尚敬老尊贤等美善之品德,百姓万有不齐之好恶,为君主之好恶所导引,虽或不尽知其所以然,但皆争先恐后而趋于一致,由此以成一时之风气。以船山之见,此万众所归皇极之好恶,实乃《洪范》九畴之枢纽,既可节宣阴阳之变,以善五行之用;又可周流于天地四方,以成庶畴之功;亦可依循天则,以为五福六极之惩劝。于《洛书》中,皇极以其所履之一,戴九于上,正显君主修德以应天为治之意。在船山看来,君主自修其德,通天下之志以立其体,成天下之务以见其用,由齐一好恶之功,制礼兴教,能使天下"道德一而风俗同",其上下相感之效有如"不行而至,不疾而速"之神。故船山以"皇哉!极哉!"之言,加以赞叹。

船山又自设问答,对于以"好恶"诠释"皇极"所可能引致之疑虑,补充加以说明，其中所涉及之问题及其自作之解答，皆蕴含有极深刻之思想。船山曰：

> 或曰：夫既统于一，而好恶者两端也，不相杂者也，何云一也？曰：两端者，究其委之辞也；一者，泝其源之辞也。非所好，则恶矣，是本无恶，而以其所不好者为恶也，其源一也。物固有非所好而不必恶者。然习而安以忘者，好之夙也，厌而不必远者，亦惟其勿好也，故曰一也。

船山自问：既言皇极统摄于一而无两途之并立，若以好恶诠解"皇极"之内涵，则好恶本为不相杂之两端，何以能会归于一？船山指出，言好恶之两端，乃就其流而云然，若上溯其源，则本可会归于一。船山认为人有所恶，本就其所不好而言，是本无所谓恶，乃就人所不好者以为恶，故可云其源为一。在船山看来，好善恶恶乃人所固有之道德情感，但其中好善之情更具根本性。同样，在人性问题上，船山亦反对有所谓截然对立之善恶。船山曾曰"天下别无有恶，只不善便是恶"[①]，在他看来，善乃人性之根本，而恶之表现不过为善之欠缺与匮乏。此外，船山对于人情有非所好而不必恶之对象，亦分别做出解释。船山指出人有好之已久，熟习而安于自然，不觉会淡忘其当初甚好之情。在船山看来，人由最初之为学向善到成善于己而安仁若素，兴教者以礼乐教化导民向善到百姓率由而日用不知，此正可见德成治善之效。至于所谓"厌而不必远者"，可归于勿好之一途。在船山看来，君子与百姓之好恶，亦有层次之不同，对于众庶之好，君子或有所厌，但亦不必远而弃绝，由此亦可见出其在道德问题上的宽容态度。

船山又曰：

> 或曰：五事之思，视、听、貌、言之君也，亦以约察乎详，以微治乎著，何居乎寄四事之中，（自注：五事之位在右肩四。）而不可统道以为极？曰：思亦受成于好恶者也。非其所好，不思得也；非其

---

① 见王夫之：《读四书大全说》卷8，《船山全书》（六），第966页。

所恶，不思去也。好恶者，初几也；思者，引伸其好恶以求遂者也。好恶生思。而不待思以生。是好恶为万化之源，故曰极也。且夫元后之思，庶民思之则祇以乱；圣人之思，愚不肖思之则无所从。惟好恶者可率天下以同遵者也。悦生恶死，喜逸怨劳，王者必与兆民同之，而好善恶恶，兆民固与王者有同情也。

船山又自问曰：《洪范》"五事"一畴，以思为君统摄视、听、貌、言，遍行乎四事之中，亦有约以统详、微以治著之意，何以不可统摄治道而为皇极之归？船山指出心官之思实亦受成于好恶之情而为其所先导，人若非先有好之之情，则不会思以致求于得，若非先有恶之之意，亦不会思以致求于去。在船山看来，好恶乃心之初几，思者则因好恶之情而进以求遂其意。在好恶与思之先后问题上，船山认为人心因好恶之引动方有思之作用，而好恶之情乃发诸自然而非待思虑以生，故好恶方为人事万化之根源而为皇极所归。船山又基于社会观察之视野，分析指出，因人在社会中所处分位之等差及个体才性之分别，其致思之对象与思虑之能力亦有所不同。君主兴治之思，庶民越位而思则不免起篡乱之心；圣人深远之虑，愚不肖思之则无所适从。相较于思之分化殊别，唯好恶之情方可率天下之人同遵共循。以船山之见，乐生厌死、好逸恶劳，乃王者与庶民所同具之心，故王者需体谅民情而善为生养之治；好善恶恶，亦为庶民与王者所共有之情，故王者教化天下可以道德情感激发众庶向善之心。船山强调在政治治理与道德教化等事务中，道德情感较之理性思维可发挥更大之作用与功效，并以体察人情同然之好恶作为政治德性能力之体现，正是基于其对人性与政治问题之深刻思考所提出之洞识。

最后，船山总结全篇曰：

> 皇哉好恶乎！人而无好，则居不就其所协，勿论彝伦之叙矣。人而无恶，则居且安于不协，勿论彝伦之斁矣。性资情以尽，情作才以兴，缄之也密，充之也大，圣功之钥，圣治之枢也。

船山赞叹好恶之情对于人类社会伦理与政治生活，实具关键之作用。在船山看来，人若无所好，则人群相处不能相协于善，伦理道德亦将无从讲求；人无所恶，则人群相处且安于不协之恶，伦理秩序亦将无法维系。船山指出人之处事待人应物，皆资乎人己、物我相感之情，由此方能尽性之理、尽才之用，不断发挥其才能、充实其德性以成广大之事业，从而持续创造与维系文明之价值与生活，此正为圣功之关键与圣治之要枢。

第七章　王船山天人视野中的民本思想与政治正当性问题

民本观念是儒家政治思想的核心要义。在儒家的政治理念中，教养百姓是主政者最为重要的政治责任，能否保护百姓的安危与福祉常被作为评判权力正当性的核心依据，而民心之向背则被视为判断统治能否存续的关键性指标。在本章中，笔者将主要考察船山面对新的历史状况，在天人分合关系的宏观视野下，对于儒家民本政治思想传统与政治正当性基础等问题，所提出之论述与主张[①]。

第一节　"人之天"、"贤智之天"与"民之天"

在本节中，笔者主要围绕《引义·皋陶谟》篇，考察船山如何经由分辨"天之天"、"人之天"、"物之天"、"贤智之天"与"民之天"，对于治理教化所依据的原则与标准，最终做出确认与说明。船山文中还对"贤智之天"与"愚不肖之天"做出分别，并指出"圣人重用夫愚不肖，不独为贤智之天"，乃前人言"民本"思想所未及，对于其中所蕴含的社会视野，笔者亦将作出详细阐发。

船山开篇曰：

《传》曰："国将兴，听于人；国将亡，听于神。"是故正九黎之

[①] 本章主要涉及船山《引义》之《皋陶谟》、《泰誓中》、《甘誓》等篇，前人研究中张学智先生曾对各篇做出分析，见《王夫之〈尚书〉诠释中的天人关系论》，《国际儒学研究》（第十八辑），九州出版社2011年版。

罪，以绝地天之通，慎所听也。后儒之驳者，援天以治人，而亵天之"明威"、以乱民之"聪明"，亦异乎帝王之大法矣。夫"惇典""庸礼"，"命德""讨罪"，率其自然，合于阴阳之轨，抚于五辰之治，则固天也。虽然，天已授之人矣，则阴阳不任为法，而五行不任为师也。①

船山开篇所引之言与事，分别见于《左传》与《国语》。《左传》庄公三十二年载："史嚚曰：虢其亡乎！吾闻之：国将兴，听于民；将亡，听于神。"《国语》载："少暤之衰也，九黎乱德，民神杂糅，不可方物。夫人作享，家为巫史，无有要质……颛顼受之，乃命南正重司天以属神，命火正黎司地以属民，使复旧常，无相侵渎，是谓绝地天通。"在船山看来，无论《国语》所记颛顼绝地天通以慎所听，亦或《左传》所载史嚚之言，皆由明辨天人关系而论及政治作为所当依循的根据与准则。船山批评后代有"援天以治人"者，以其所知之一隅而测度天则，又以其所测度之天，强人相从，由此而乱天人之分。船山主张后世为治者，应当明辨天人之际，使天之"明威"与民之"聪明"不相混乱，以此承继彰显古帝王之大法。船山指出《尚书·皋陶谟》中所载帝王施行典礼以厚五伦，命德讨罪以正赏罚，合乎阴阳之轨，循乎五行四时以治于天下，皆承顺于天则。但船山又特别强调指出，帝王兴政施治，虽当合于天道之自然，但天既已受权于人，则"阴阳不任为法，五行不任为师"，其为政之举措与作为则需本于主政者自身对于所面对政治事务的判断与抉择。

船山分析指出：

何以明其然也？天之化裁人，终古而不测其妙；人之裁成天，终古而不代其工。天降之衷，人修之道：在天有阴阳，在人有仁义；在天有五辰，在人有五官；形异质离，不可强而合焉。所谓肖子者，安能父步亦步，父趋亦趋哉？父与子异形离质，而所继者惟志。天与人异形离质，而所继者惟道也。天之聪明则无极矣，天之"明威"则

---

① 本节引文未做特别说明，皆出自《引义·皋陶谟》，收入《船山全书》（二），第270—272页。

无常矣。从其无极而步趋之,是夸父之逐日,徒劳而速敝也。从其无常而步趋之,是刻舷之求剑,惛不知其已移也。

船山认为,若从天人相合的角度来看,正如其在《引义·汤诰》、《引义·太甲二》中所论,天降之衷以为人之性,人即以此性为基础,运用其所禀赋之知、能,厚生、利用以成德行道。由于,天之运化不息,天命于人亦非仅限初生之际,人有生以后,亦无时无刻不在造化之中。但由于"天之化裁人,终古而不测其妙",如世运有盛衰兴替之嬗变,个人遭际亦有穷通寿夭之不同,存在难以完全测度与预知之偶然性。因此,人必于其所处之境况,致思慎行以为因应之道,既以贞定其性命,亦以渐成其贤德,此即船山所谓"人之裁成天,终古而不代其工",为君子所不可推卸之责任。继此,船山又从天人分际的角度而论,指出在天有阴阳、五行,在人则有仁义、五官,人与天"形异质离",有其相对之独立性,故"不可强而合焉"。正如孝子之于其父,所承继者仅为其志,而非事事皆步趋顺从;人所承继于天者,亦仅为奠基于共通人性之常道。船山又进而指出,天之运化有无极之聪明,人当于人性所可知、所需知者求致其明,若从其无极而步趋,则不免徒劳而速敝;天之运化又有不测之偶然,人需运用其性德之知、能,因时以致道,通变以达常,若从其无常而步趋,或随其所感而迁变无恒,或执守固常而拘持一端,皆不能得其所安。

有见于此,船山提出应对"天之天"、"人之天"与"物之天"三者做出区别,其曰:

今夫日没月晦,天之行度不愆,人则必以旦昼为明矣。跖寿、颜夭,天之彰瘅不妄,人则必以刑赏为威矣。犬马夜视,鹈鹕昼瞽,龙听以角,蚁语以须,聪明无方,感者异而受者殊矣。人死于水,鱼死于陆,巴菽洞下而肥鼠,金屑割肠而饱貘,西极之鸟乐于刮脂,鲁门之禽悲于奏雅,歆者异而利者殊矣。故人之所知,人之天也;物之所知,物之天也。若夫天之为天者,肆应无极,随时无常,人以为人之天,物以为物之天,统人物之合以敦化,各正性命而不可齐也。

船山所论明显有别于程朱之说。伊川言"性即理",朱子又言"天即理",主张人、物共同禀受天理,而成其各自之性,故天与人、人与万物皆为宇宙间一理所贯①。不仅天人一理,且人与万物亦同禀受此理而成性,只因气质不同而呈现纷繁、多样之殊类。在此前的章节中,笔者已经论及,船山对于天地造化、造化所成依类而具有之共命、物类中之个体依各自形质所具殊别之性,皆做出相对之区分②。船山认为物类之间所承之天命实分殊有别,造化之中唯人所受之天命独得其善,故人类之身体形质、感官功能、心智能力,皆较其它物类为优异。由此可见船山之说与朱子之别异。此段引文中,船山主张应对"天之天"、"人之天"、"物之天"加以区别,亦出自相同之着眼。

在船山看来,所谓"天之天",乃指天不息之运化,天有无极之聪明,不测之变化;但人之所可知与需知,既为人之感官与心智能力所限定,亦同人基于存在需求所具有之目的,与基于人之道德本性所持有之价值,密切相关。虽天变不测,但性有其常,当处变以贞常,因时而尽道,"天之天"与"人之天"亦由此以分。对此,船山举例加以说明,他指出天有无极之聪明,日落月晦之时,天仍行度不乱,但人则必以旦昼为明,晨起而为百行,夜居而入晏息。天虽彰善瘅恶而不妄,但盗跖长寿、颜回早夭亦有其不测,而人则必待刑律清明,方能赏罚以立威。由此可见,人之社会与政治生活,皆依人之性情与价值立场而有可据之常道。所谓"人之天"、"物之天"之分别,则意在强调万物品类不同,其所禀赋之天命亦分殊有别,因其自然以论其所当然,可见人类共通之性与普遍当循之理则,亦与其他物类别异。船山指出物类繁生,习性各异,不仅"感者异而受者殊",其感官功能与知觉世界之方式各有不同,且"歆者异而利者殊",其所适宜之环境与生存之方式亦随类而殊别。在船山看来,人性

---

① 朱子《四书章句集注》释《论语》"性与天道"章曰"性者,人所受之天理。天道者,天理自然之本体。其实一理也",以天人为一理。朱子在《读大纪》中曾曰"宇宙之间,一理而已。天得之而为天,地得之而为地,而凡生于天地之间者,又各得之以为性"(见《晦庵先生朱文公文集》卷70),亦主张宇宙间天地万物皆为一理所贯穿。

② 船山诠解《易系》"继善成性"论,对"道"、"善"、"性"所作之区分。参见戴景贤:《王船山学术思想总纲与其道器论之发展》,香港中文大学出版社 2013 年版。

于物类中为独善，不仅体现在人性所具有之道德价值，其形色之身与感官功能亦卓然优异于禽兽。甚而可说，人对于道德价值的体认与持守，进而通过道德行动能够将其在现实中落实与发皇，皆与形色之身与其官能之运用密切相关。船山同时指出人之所知所行，应以人性之能知、能行与人性之当知、当行为范围，即使是食、色之需，欲、情之满足，亦有本自人性之条理而可别异于禽兽。船山借此重申孟子所谓人禽之辨，强调人、禽除道德良知的几希之别，感官知觉与滋生之道亦大不相同①。船山最后指出，天之为天"肆应无极，随时无常"，"统人物之合以敦化，各正性命而不可齐"，乃言造化生物品类殊别，生成变化亦随时无常。人位居三才之一，首出万物，必当别于殊类，于无常不测之运化中，应因时顺变以自贞其性命。由此可见，船山与朱子所谓人与万物禀赋同然之天理的主张，实有不同。

继此，船山又提出，即使"均乎人之天"，却仍有"贤智之天"与"愚不肖之天"的分别，对于为政者而言，明辨于此，至关重要。船山曰：

> 由此言之，贤智有贤智之天，愚不肖有愚不肖之天，恶得以贤智之天，强愚不肖而天之也哉？均乎人之天者，通贤智愚不肖而一。圣人重用夫愚不肖，不独为贤智之天者，愚不肖限于不可使知，圣人固不自矜其贤智矣。是故春温夏暑，秋凉冬寒，昼作夜息，赏荣刑辱，父亲君尊，众著而共由者，均乎人之天也，贤智之不易尽，愚不肖之必欲喻者也。教以之兴，政以之立矣。

上文已论及，船山即人类共通之性以论"人之天"，乃就人性之自然、能然以论其所当然，通过考察人性天赋所具有之德性能力（能知、能行），以对人生当然之道（当知、当行）加以界定与说明。船山认为人

---

① 此后，船山更主张人禽之辨、夷夏之辨的关键在于礼。在船山看来，礼以社会、政治、伦理生活之形式展现文明之创造，根于人性、合于人情、当于物理，涵括生活世界之整体，故人类一切事为，无分巨细，皆有几希之辨，必中于礼而后止，稍有疏忽即有沦于禽兽之危险。

初生所禀赋之德性能力本无较大分殊，即使初生所具之才确有个体性之差别①，然而若论及成德之与否，却主要取决于个人后天之所学及用功之程度，而与初生才具之殊，并无必然性之关联。但船山同时指出，人之后天若不能致学用功，受个人先天条件及成长社会环境之影响，终将自限于愚、不肖之地。而整个社会亦呈现相对占居少数之贤智君子与广大众庶之品类分别。虽然船山认为相较率由之众庶，政治治理与社会教化之责任重在君子之身，因而具有明显的精英主义倾向。但船山亦特别指出，圣人立政兴教"不独为贤智之天"，反当"重用夫愚不肖"，"愚不肖限于不可使知，圣人固不自矜其贤智矣"。船山认为治教所依据之准则必"通贤智愚不肖而一"，绝不可"以贤智之天，强愚不肖而天之"，从而将君子成德之最高境界，作为整个社会所应普遍遵循之伦理规范、或当共同达到之知识水准。船山论中略举"春温夏暑，秋凉冬寒，昼作夜息，赏荣刑辱，父亲君尊"数例，借以进一步界定"人之天"之具体所指。其中，四季节候之转换、昼作夜息之交替，正与社会生产生活密切相关；"父亲君尊"则代表社会政治生活中的基本伦理关系；"赏荣刑辱"则关系到伦理教化的推行导引，及法制刑罚的规定与约束。在船山看来，君子立政兴教必以此类"众著而共由"之事奠立基础，其中所蕴含之道理正有浅深之不同，既为"愚不肖之必欲喻"，亦为"贤智所不易尽"。

接下来，船山又以天文历法为例加以说明。他说：

> 八卦四象之秩叙，太极两仪之浑合，分至气朔之推移，盈虚朒朓之消长，二气之穷变而通久，五辰之顺逆而衰王，智者测之，愚所不察，贤者谨之，不肖所弗忧。故作历以授时，占星以兴事，藏冰以调凄阴，内火以消亢阳，引伸其"聪明"，以丽民事，奉若其"明威"，以正民志。

船山指出无论究心《易》理以明天地秩序与宇宙生成，抑或通过天

---

① 船山论人之才，一方面同形色之身及其官能相关，在此论义下，初生才具之殊，主要指人之才质刚柔缓急、敏钝贤愚之差别；另一方面，船山认为人之才质差异还表现在，人天生对于某项技艺才能具有较强之兴趣倾向及较易于学习接受之特征。船山亦曾以此说义，诠论《论语》"生而知之"之所指。

象观测、计算推演等手段,以确定历法时日及节侯变迁之规律,皆涉及专门之学,为专家智者所测、君子贤者所谨守,却为愚不肖者所不察、弗忧。但正如船山之前所言"愚不肖限于不可使知,圣人固不自矜其贤智矣",在他看来,圣贤求知天道非为自矜其能,乃利于民事之用,以安民心而正民志。船山上举治历授时、占星兴事、藏冰禁火诸事,正与社会生产与百姓生活息息相关。

由此,船山得出结论指出:

> 故圣人所用之天,民之天也;不专于己之天,以统同也;不滥于物之天,以别嫌也;不僭于天之天,以安土也。

船山认为圣人乃依"民之天",以为立政设教之标准,必依人道之常然及社会普遍所能然,以为期待之目标,不可专己自用,强人所不能。由此可知,在船山看来,治理与教化所依据之人性、道德与价值标准及目标,既非依圣人之德性以为准则,亦非专注追求更高精神存在之意义,而是立基于人之社会性存在中所普遍认同之善,而尤偏重于日用伦常之一面。船山进而指出"人禽之辨",重在由礼乐制度所维系之社会生活及伦理价值,故当别嫌而不滥于"物之天";但亦同时强调人当"安土敦仁"以利于民用,不可妄测拟天、假借天威以僭于"天之天"。船山又举数例以比较"民之天"与"天之天"之不同,进以说明明辨天人分际对于施政立教所具有之意义。其一曰"吾弟则爱,秦人之弟则不爱,民之典也。若于天,则昆弟亦异形,秦、越亦同类矣",其意在说明爱有亲疏远近之别,故教民行仁,亦必"爱由亲始",再"推以及人",此乃本诸人情之自然。若自天而观,兄弟之间形质有殊亦可相别而无亲;秦、越之人虽俗异情疏,亦可视为同类而无别。其二曰"擎拳为敬,箕踞为傲,民之礼也。若于天,则寒栗非教以恭,暑析非导以嫚矣",则言礼之所制,亦承顺民情风俗以为之节文,非天假寒暑而有导民敬、肆之教。其三曰"五服昭采,民之所欲而以命也。若于天,则采云不偏覆尧都,黄雾不独冒跖里矣",则言舜令人施五采之别以为衣服之制,乃因民之所好而制命以施行天下,既并非天有所钟,独以五采之云常覆尧都,亦非舜径法天象而不及民情。其四曰"五刑伤肌,民之所畏而以讨也。若于天,则蹒跚者非以其盗，不男者非以其淫矣"，则曰先王制五类肉刑，乃因民之所畏以示惩戒，但人生不齐亦有因先天、后天各种原因所导致之残疾，并非天假此以施刑罚。其五曰"是故春夏温，秋冬肃，民以为发敛，非款冻靡草之发敛"，春生、夏长、秋敛、冬藏，乃依人之生理感受与农业生产之需以定四时之节序，而天地生物亦有如款冻之草，冬生而夏枯，则非人之所依。其六曰"冬至（昏壁）[在斗]，夏至（昏亢）[在井]，民以为（晨夕）[辰次]，非极（东）[南]极（西）[北]之（晨夕）[辰次]"，可见船山对于因地域不同所观天象之差别亦具备一定知识，故其指出《月令》所载之天象，乃依中国之观测，南极北极之所观亦将不同。

以上，船山或言君子知天以利民事，或言圣人依民情以立政教，皆强调君子为学立政当以"民之天"为依据。船山由此又针对前人某些天人之论予以批评，其曰：

兴教立政，自尽人之显道，终不规规以求肖焉。非然，且假于天以炫其"聪明"，而尸其"明威"，智测力持，取必不可知之象数，以穿凿易其方员，使貊、粤贸其裘葛也，奚可哉！……乃欲舍赫赫明明，昭垂于民者，而用其测度比拟之术智，不亦陋乎！陋以事天，天之所不佑矣。

是故吕不韦之《月令》，刘子政父子之《五行传》，其殆于九黎之"通地天"者与！不若于民，举天以弹压之；臆测乎天，诬民以模仿之；《月令》、《五行传》之天，非民之天也。非民之天，则固非皋陶代工，武王勿贰之天矣。《春秋》之记灾异，示人以畏天也。吕、刘之言象数，矫天以制人也。父喜而喜，父怒而怒，孝子之事也。父步亦步，父趋亦趋，赵括之以败国亡家也。况乎吕、刘之步趋，一邯郸之蹑屣，非《采齐》、《肆夏》之节度也乎？《春秋》谨天人之际，《洪范》叙协居之伦，皆"聪明"自民，"明威"自民之谓也。溁溁乎以穷其所极，斤斤乎以执之为常，天固未尝欲人之如此也。人且不知天之又何似也，而以己之意见，号之曰天，以期人之尊信，求天之佑也，难矣哉！

船山认为君子兴教立政，当依百姓之事以尽人之显道，非事事皆求以肖天,更不可以术数之学妄测天意。船山于篇末更将其所批评之对象,直接指向吕不韦所传之《月令》①,刘向、歆父子所撰之《洪范五行传》,将其类比于九黎擅通地天,以乱天人之分际。无论是《月令》依四时节令,师法阴阳寒暑之变,强分刑赏政教之事以隶于所属之时数,抑或《五行传》以阴阳五行之说,将灾异与人事相附会,在船山看来,皆乃以私意妄测天道而不顺于民事,假天之威迫使百姓相依从,其所谓之天,非"民之天",亦非圣人所言之天。船山指出《春秋》记灾异,乃教人畏天以修德,《洪范》所言意在协合人伦常道,以为政治之规划,皆本之民事,不同于吕不韦与刘向、歆父子之言象数,实乃矫天以治人。以船山之见,儿子随父亲之喜怒而步趋相从,乃孝子所当为,但若效此以法天为政,则将如赵括制军必致败国亡家。吕、刘之步趋于天,则如邯郸学步,将其所测之一端执以为常道,欲以此括尽上天无极之运化,实以己之私意号之曰天,妄期人之尊信,终不能得天之护佑。

第二节 "天显"与"民祗"

在上一节中,笔者考察了船山在《引义·皋陶谟》中,通过对"天"之多重层次与意涵加以区别与分析,并最终以"民之天"作为君子为学与立政之对象。在《引义·多士》篇中,船山则进一步从天人关系的角度,对于君子为学立政之依据,做出界定与阐发。船山开篇曰"言道者必以天为宗也,必以人为其归"②,即指出天人关系乃先秦以来各家道论的核心问题,探论天道亦无不归结落脚在为人间秩序与规范寻求依据、奠立准则。船山认为如何正确看待天、人以及二者之关系,不仅是判断政权是否具有正当性的重要依据,同时也是分辨正学与异端的重要基础。在船山看来,《尚书·多士》在向殷遗之众士陈说商纣"罔顾于天显民祗"之罪时,所提出之"天显民祗",正是对此一问题原则的精要概括。在《引义·多士》篇中,船山亦以诠说"天显民祗"为切入,在批判二氏之学

---

① 有关《礼记·月令》流传之本末,详见船山《礼记章句·月令》之题解。
② 本节引文未做特别说明,皆出自《引义·多士》,收入《船山全书》(二),第381—384页。

的同时，对于儒家天人关系论之政治、学术意涵展开正面的论述。

船山认为商纣作为无道君主的典型，其罪责正在"罔天而弗人之心"，诬枉天道，违逆人心，行虐民之政，终流于大恶。而在船山看来，二氏之学欲矫枉无道之大恶，反其所为，"索天于隐，恤人之欲而狎之"，却由于其以割裂天人关系的方式分判善恶、道与无道之差别，故仍是罔顾"天显民祗"，不免陷于"迷以诬天，骄以玩人"之误。

船山曰：

> 索天于隐，则必以天之藏为已微矣，其显者不足顾也。狎人之欲，则且见民之有欲，卑贱而无与于道矣，无所可祗敬者也。夫天载存于见闻之表，诚不可谓其微；人情依于食色之中，诚不可谓其不卑且贱，而无当于道也。佛、老之于此，单其心以测天，亢其志以临人，固将曰"不尔则与纣同归"，而不知惟然之果与纣同归也。……夫惟以其浅心浮气，仰藐天而俯睥睨乎民，乃以谓天之隐微而不知其显，谓民之不足与于道而弛其畏忌之心，其罔顾于天显、民祗也，与纣均。……呜呼！"惟天明威，惟民秉为"，是之罔顾而天讨不加焉，有是理哉？

船山认为儒家与二氏之学在天人问题的核心分歧，即在视天道为"显"或"隐"，及对百姓日用之道的敬或不敬。船山指出，天道化行，"俄而有矣，俄而无矣，孰隆施是，孰销陨是，相待邪，不相待邪"，其中日月星辰之运行，季节气候之变化，万物之生长消殒，以及天人分合之关系，皆有精微之理蕴藏其中，非仅依耳目见闻所能察知。在船山看来，二氏学者，"索天于隐"，认为显在之事物现象皆为糟粕而不足顾，于此之外别寻灵妙难测之道，实则乃以"浅心窥天"，故视天为隐而不能深察其道；离耳目、单其心以测天，而错用方法。由上论之"天"，再转观于"人"，芸芸百姓必依于食色之中以为生养，若为末世习俗所染，难免"殉财已耳，殉名已耳，与之则喜，夺之则悲，问道而不知，立心而无恒"。在船山看来，二氏学者以民之有欲为卑贱而不足与道，实则乃"以浮气视人"而不能深求人情之理，故不能敬修百姓日用之道而逃于人伦之外。归总而论，船山认为二氏学者在天人问题上，乃"以其浅心浮气，仰藐天而俯睥睨乎民","罔顾于天显、民祇也"。此下,船山又结合《尚书·多士》"惟天明威,惟民秉为",深入诠释"天显、民祇"之义,以阐明儒家在天人问题上的主张。

船山论"天显"之义,则曰:

> 若夫天则固显矣,不耀人以明而显之日月,不震人以威而显之霜霆,终古于斯而莫之有易,象可视,声可听,数可循,利可用。精而精显之,五事庶征不爽矣,五神四德不离矣;粗而粗显之,父生子继同其体,爱以彰矣,兄先弟后有其序,敬以著矣。物而物显之,水火有刑而有德,禽鱼有宜杀而有宜育;人而人显之,师以教而非师莫知,君以治而非君莫听。无有不显而显以其诚,所以然者不可以言语形象尽也,则微亦莫微于其显者矣。

船山批评二氏之学"匿天之显"、"索天于隐",认为天本固显,不可离显以求隐。船山首先例举一系列事实以说明"天显"之义,如日月霜霆等天象气候之现象,人之身心官能及其所应接之一切事物,无不含括其中。其于父子兄弟,则显之为爱敬人伦之情;其于君师,则显之为治理教化之道;其于水火禽鱼,则显之为利用远害之理。在船山看来,以上所举皆天之明威所显而"显以其诚","终古于斯而莫之有易",虽固有"象可视",有"声可听",能依耳目见闻来感觉察知,但尚有"所以然者不可以言语形象尽"之"诚理"蕴藏其中,必须运用心思之能,方能进而深察事物变化之数,以资民生利用之道。由此,船山指出天道隐微之理即存于所显物象之中,故"微亦莫微于其显",儒者"非舍隐不知",但"求之于显以知其隐,则隐者自显"。①

---

① 船山于《读四书大全说·中庸》指出"形而上者隐也,形而下者显也。才说个形而上,早已有一'形'字为可按之迹、可指求之主名,就者上面穷将去,虽深求而亦无不可。唯一概丢抹下者形,笼统向那没边际处去搜索,如释氏之七处征心,全不依物理推测将去,方是索隐","天之显道,人之恒性,以达鬼神后圣之知能,皆求之于显以知其隐,则隐者自显。亦非舍隐不知,而特不索耳",文中以"形而上"、"形而下"分别"隐"、"显",并指出二氏之学乃离于"形而下"之"显"以求于"隐",正为《中庸》所批评之"索隐",为学当即"形而下"以求"形而上"之理,"于显以知其隐,则隐者自显"。因与此处所论相关,故笔者引予说明。

船山论"民祇"之义,则曰:

> 人秉耳目,为视为听;人秉手足,为持为行;视听所著,胥有其理;持行所就,各成其事。是故敬其身者身以康,敬其事者身以宁,狂子不能仆役其父,傲弟不能奴房其兄;弃粟于涧,则匹妇矍然,诅人于市,则稚子失色。天民敬德,德惟民极;俊民敬事,事惟民用;凡民敬政,政奠民生;罢民敬刑,刑戒民死。甘食之事已纤,而燕宾养老,笾豆生乎恪恭;悦色之情已渫,而奉养承先,萍藻传其仁孝;崇高富贵天所秩,日用饮食神所氐也。言以之顺,事以之成,利以之兴,害以之远,皆不待施敬而民所必敬者也。

船山从人所禀赋之身体才质与人道之所当为,阐论民有可敬之理与必敬之事。船山指出人之耳目有视听之能,因其见闻皆有应知之理;人之手足有持行之用,随其所用各成人道当为之事,故人必敬身、敬事,方能得所康宁。在船山看来,建基于人相较万物所禀特殊优异之才质,人类具有创造文明之能力,从而在历史发展中,不断创造与维系政治制度、社会秩序、道德伦理、价值思想等种种文明形态。论中例举所谓"狂子不能仆役其父,傲弟不能奴房其兄;弃粟于涧,则匹妇矍然,诅人于市,则稚子失色",正是指出在文明发展之条件下,个人于社会生活中,所养成之道德价值情感,及其行为所受到之社会伦理规范。接下来,船山又从社会人群因不同个体先天禀赋之差异,及后天发展所成就德才高下之不同,分说百姓皆有所敬之事。论中所谓"天民"指成德之圣贤,其所敬在"德",而道德伦理则为百姓确立行事之准则;所谓"俊民"指具有专门技能的优秀人才,其所敬在"事",而其各自所专注之事业则用以满足百姓生活各项之需求;所谓"凡民"则概言社会中大多数之一般民众,其所敬在"政",而政治秩序不仅维系社会之长期稳定发展,其各项制度措施也为百姓之生养奠立重要之基础;所谓"罢民",则指百姓中不从教化、不事劳作之人,其亦有所敬在"刑",法律刑罚则警戒百姓不可作恶犯刑而自取死地。接下来,船山又特别以甘食悦色之事为例指出,饮食之事看似琐屑,但燕飨之礼以招待宾客,乡饮之礼以尊长敬老,饮食置于笾、豆礼器之中亦能令人生起恪敬之心；男女悦色之情似可轻慢，但娶妻生子可以奉养父母、绍承祖先，于成妇之礼中以苹藻之祭①，传达仁孝之意，皆蕴含教化之理。在船山看来，上所列举之事项，大至社会政治之秩序，小至百姓日用之饮食，无不关乎社会建构与维系之重要功能与百姓生养所必需，君子为学、讲论、力行、从政皆当以探寻其中所蕴藏之原理为旨趣，由此"言以之顺，事以之成，利以之兴，害以之远"，方能得学成治平之效。

船山总结全篇曰：

> 呜呼！王者以诛暴行，君子以殄邪说，声罪而执言者，其惟此天显民祗乎！则君子所奉以为道，以事天而与民同患者，亦惟此天显民祗而已矣。非天有微而姑用其显也，非民可狎而过用其慎也。粲然天地之间，固有身心之内。顾瞻在上，明威者法象也；顾瞻在下，秉为者法象也。明威之谓命，旦旦明威而命旦旦集矣。秉为之谓性，节所秉之情，尽所为之才，而性尽矣。生于斯而不可离，死于斯而不可贰；宰制天下而适其固然，垂训万世而无可损益。君子修之吉，小人悖之凶，善恶之归，祸福之门，岂有妄哉！岂有妄哉！

船山指出君子为学立政"事天而与民同患"，皆奉"天显民祗"而为至道所归，并以此作为判断政治美恶、学术正歧之依据。船山又以儒家性命之说，以言"天显"与"民祗"之相通。船山指出"粲然天地之间"有关民生之一切万物事象，"固有身心之内"人人个具之才性情感，皆为君子所当效法之仪象。君子为学立政，必于变动不居之历史时势之中，致知力行于民生日用之道，由此方能"旦旦明威而命旦旦集"，随时善用其才、节度其情以尽其性。在船山看来，"天显民祗"关乎人类社会之存续，贯穿个人生命之始终，乃"善恶之归，祸福之门"，故不可须臾间断与偏离。因此，为政立教者必依此方能宰制天下而垂训万世，个人亦因致修或悖离于此，而有君子、小

---

① 笔者所释依据《诗·召南·采蘋》"于以采蘋？南涧之滨；于以采藻？于彼行潦"汉郑玄笺："古者妇人先嫁三月，祖庙未毁，教于公宫，祖庙既毁，教于宗室。教以妇德、妇言、妇容、妇功。教成之祭，牲用鱼，芼用蘋藻，所以成妇顺也。"

人之分与吉凶后果之不同。

第三节 "天听自民"与"听民自天"

"天视自我民视，天听自我民听"出自《尚书·泰誓中》，强调天意以民心为转移，天之视听即从乎民之视听，故为政者当以民言民意抉择其所当为。后来孟子征引《泰誓中》此言，说明舜得天下之民心，故其为天子亦顺乎天意。由于这句话极其鲜明地指出民心向背乃政权转移与政策取舍之根本原则，作为儒家民本思想的核心表述，常为后人引用以劝谏为政者当以民言众意为适从。但船山在《引义·泰誓中》一篇中，却指出《尚书·泰誓中》中"天视自我民视，天听自我民听"一句的义理内涵并不完整，必须在"天视听自民视听"之外补入"民视听自天视听"方能适用于百世而无疵。而船山独特之立说，正是建基于其对政治现实中人性状态的深刻体察，及其在明清之际的切身体验。在本节中，笔者将围绕《引义·泰誓中》篇，对以上问题展开详细之论述。

船山于《引义·泰誓中》开篇曰：

> 尊无与尚，道弗能踰，人不得违者，惟天而已。曰："天视自我民视，天听自我民听。"举天而属之民，其重民也至矣。虽然，言民而系之天，其用民也尤慎矣。善读书者，绎其言而展转反侧以绎之，道乃尽，古人之辞乃以无疵。①

船山指出在传统观念中，以"天"最为尊尚无比，不仅人不能违逆相抗，道亦不可逾越超绝于天之上②，而《尚书·泰誓中》却言"天视自我民视，天听自我民听"，举天意属之于民心，可见儒家重民之至。但船山认为《泰誓》之说"言民而系之天"，于"举天而属之民"之

---

① 本节引文未做特别说明，皆出自《引义·泰誓中》，收入《船山全书》（二），第327—331页。

② 可参见第六章第一节中，笔者有关《泰誓上》之论述。

外,尚有"用民尤慎"之意,需加以强调。在船山看来,善读古人之书者,需能由其已尽之言,徵诸古今事变之得失,辗转反侧抽绎以求其未尽之意,方能尽道之全,古人之辞亦由此方能利用于当下而无有疵弊。

船山又曰:

> 言之无疵者,用之一时而业以崇,进之百世而道以建,大公于天下,而上下、前后、左右皆一矩絜之而得其平。征天于民,用民以天,夫然后大公以协于均平,而持衡者慎也。故可推广而言之曰:"天视听自民视听",以极乎道之所察;固可推本而言之曰:"民视听自天视听",以定乎理之所存。之二说者,其归一也,而用之者不一。展转以绎之,道存乎其间矣。

船山认为言治道而无疵者,用之一时可崇高其事业,进之百世而可建治平之道,天下之人皆可循之以为大公之法度,以之权衡上下、前后、左右而皆得其平。在船山看来,君子慎持其衡以为治,必于"征天于民"、"用民以天"之意,并举兼重,方能协于大公之均平。船山指出为政之道,既当如《尚书·泰誓中》,推广而言之曰"天视听自民视听",即民生日用之事应以尽道之所察;亦当如船山本篇核心之论义,推本而言之曰"民视听自天视听",并将此二说会归于一,方能定乎理之所存。船山认为"天听自民"与"听民自天",二说虽可归一,但其立说之对象与议题之指向则有所不同,由此辗转思绎,实有治道甚深之理存乎其间。

船山继此提出本篇之论点,曰:

> 由乎人之不知重民者,则即民以见天,而莫畏匪民矣。由乎人之不能审于民者,则援天以观民,而民之情伪不可不深知而慎用之矣。盖天显于民,而民必依天以立命,合天人于一理。天者,理而已矣。有目而能视,有耳而能听,孰使之能然?天之理也。有视听而有聪明,有聪明而有好恶,有好恶而有德怨,情所必逮,事所必兴矣,莫不有理存焉。故民之德怨,理所察也,谨

好恶以亶聪明者所必察也。

船山指出由于人不知重民，故主张即民以见天，告诫居天下者当以民为可畏；由于人不能审于民情，则必同时主张援天以观民，强调为政者当深知民之情伪慎择以为用。在船山看来，"天显于民"，故可即民以见天，"民必依天以立命"，故当援天以观民，必兼此二义，方能合天人于一理，以得其正。船山曰"天者，理而已矣"，此虽为程朱之旧说，但船山对此却做出复杂之分析。船山指出人有目而能视，有耳而能听，耳目视听之才，乃出于天理，此即船山兼形色以言性之说[①]。而人有视听则有见闻之聪明，由见闻而生好恶，由好恶而生德怨，感物情动、役才以兴事[②]，其中亦有理存焉。船山同时又指出，欲察人道之则，虽不离于民情之好恶，但民之德怨，亦有当理与悖理之分别，故诚有聪明之君子必当以其心思见闻之能，慎察民之好恶以为分辨。

船山主张天、民合观以见人道之则，继而又对割裂天、民，而偏主其一，在认知上将产生之偏弊，加以分析。船山曰：

舍民而言天，于是而惑于符瑞图谶以徼幸，假于时日卜筮以诬民。于是而抑有傲以从康者。矫之曰："天命不足畏也。"两者争辩，而要以拂民之情。

乃舍天而言民，于是而有筑室之道谋，于是而有违道之干誉，于是而抑有偏听以酿乱者。矫之曰："人言不足恤也。"两者争辩，而要以逆天之则。

船山指出若"舍民而言天"，或为符命瑞应、图书谶纬之说所蛊惑，以之为帝王受命之征验，徼幸而为篡夺之谋，或以卜筮之法，占察时辰吉凶以欺蒙百姓。于是有刚愎自用者，见此以为诬罔，矫抗对反其说而曰

---

① 可参见第三章第一、二节相关之论述。
② 船山在《读四书大全说·孟子》中，曾指出"惟情可以尽才，故耳之所听，目之所视，口之所言，体之所动，情苟正而皆可使复于礼。亦惟情能屈其才而不使兴，则耳目之官本无不聪、不明、耽淫声、嗜美色之咎，而情移于彼，则才以舍所应效而奔命焉"。王夫之：《读四书大全说》卷10，收入《船山全书》（六），第1067页。

"天命不足为惧"。二说两相争辩，实皆与百姓之情相违背。船山又指出若"乃舍天而言民"，则或如筑室而谋于路人，或违道以干百姓之誉。于是又有偏听为信、举事以酿乱者，矫抗对反其说而曰"众人之言无须顾及"。二说两相争辩，实皆违逆于天则。

接下来，船山则对其之所以于《尚书·泰誓中》"天听自民"之言外，强调尚有"用民必慎"一层意涵，加以说明。船山曰：

> 夫重民以天，而昭其视听为天之所察，曰"匹夫匹妇之德怨，天之赏罚也"，俾为人上者之知所畏也，古之人已觵觵乎其言之矣。若夫用民而必慎之者，何也？民之重，重以天也。匹夫匹妇之德怨为奉天以行好恶之准，而敢易言之乎？唐、虞之"于变时雍"，成周之"徧为尔德"，今不知其风化之何如也。意者民之视听审，好恶贞，聪明著，德怨清，为奉天者所可循以罔愆乎？然而古之圣人，亦未尝以无心而任物，无择而固执也。垂及后世，教衰风替，固难言之矣。

船山认为《尚书·泰誓中》之言，其实可以"重民以天"一句加以说明，其中兼有两重意涵。其一，则彰显民之视听以为天之所察，而将匹夫匹妇之德怨视为上天赏罚之依据，从而令主政者知所畏惧而以民生为重。船山认为"重民"之意，先儒已多有阐发，故其论说之重点，则在强调后半"以天"之意。由此，船山指出"民之重，重以天也"，故"用民而必慎"。船山认为旧说将匹夫匹妇之德怨，奉为天之好恶以行赏罚之依据，实未可轻言以用。船山指出，唐、虞、三代，因受圣王之教化，民风醇厚美善，但即使百姓之视听详审、好恶贞正、聪明昭著、德怨清明，而奉天以行政者，亦非但循百姓之好恶即可兴治而无咎。船山认为三代圣王治理天下，亦需以其圣德之心，审时度势、察微尽变、慎择众言以为判断与决策，未曾以无心而任物，无择而固执。唐、虞、三代固已如此，而身处教衰风替之后世为政者，对于百姓一时之好恶，便更当深辨慎择以为用。

对此，船山列举四项史事对比以作论证。船山曰：

> 司马温公入觐，而拥舆缘屋以争一见矣。李纲陷天子于孤城以就

俘,而謹呼者亦数万人矣。董卓掠子女,杀丁壮,而民乐其然脐矣。子产定田畸,教子弟,而民亦歌欲杀矣。故曰教已衰,风已替,而固难言之也。

船山指出北宋神宗死后,司马光入觐,百姓遮道聚观以争一见,喧呼愿司马光为相,革除新法之弊以解救其患,一时可谓民誉高涨。① 而北宋李纲于金兵迫近国都之际反对南迁而陷天子于孤城,虽曾有数万百姓拥护李纲留守之主张,但大多乃因贪恋家私田宅而不愿远迁,李纲力主留守,名义似正,却不能基于政治现实之考量,保存君主以为天下号令,再徐图以复兴之业,最终开封沦陷,徽、钦二宗为金军所掳。② 东汉末董卓为政残暴,掠人子女、杀害丁壮,其死后被人以火焚尸,百姓乐见称快。但春秋郑国子产改革田制,最初因触犯既得利益者,故民谣竟有欲杀子产之言。③ 船山列举以上四例,两相对比,意在指出后代教衰风替,百姓之赞毁往往出于私家利益之得失而反复无常,不能深谋远虑而公正无偏,故不可不加甄辨,皆奉之以为据。

船山又复举经典之言以为依据。船山曰:

> 舜之戒禹曰:"无稽之言勿听。"民之视听,非能有所稽者也。盘庚之诰曰:"而胥动以浮言。"民之视听,一动而浮游不已者也。

---

① 《宋史·司马光传》载:"帝崩赴阙临,卫士望见,皆以手加额曰:此司马相公也。所至,民遮道聚观,马至不得行,曰:公无归洛,留相天子,活百姓。"船山在《宋论》曾论及:"自熙宁以后,一邪一正,皆归于此,而王安石、司马光实以身受其冲。于是而下之争起矣。登屋援树,喧呼以争命相之权……夫新法之病民,迫欲司马之相以蠲除之者,犹情理之正也。然而朝廷之用舍,国政之兴革,岂此喧呶一往之气所可取必者哉?……且夫司马之不得行其志者,正以此也。故哲宗亲政之后,天子厚其疑忌,以为是率乱民而胁上以相己者,固已目无君上。则勒名党碑之首,尽反元祐之为,以恣章惇、蔡京之奸,皆此致之。"在船山看来,司马光一时民誉高涨,反转增哲宗疑忌,视其"率乱民而胁上以相己",终致元祐党祸之贬黜。

② 船山有见于崇祯不能早作南迁之策,最终自缢煤山而致明代覆亡之教训,故于论中对李纲时有严厉之批评。

③ 子产之事见于《左传·襄公三十年》,原文作:"子产使都鄙有章,上下有服,田有封洫,庐井有伍。大人之忠俭者,从而与之。泰侈者,因而毙之。……从政一年,舆人诵之,曰:'取我衣冠而褚之,取我田畴而伍之。孰杀子产,吾其与之!'及三年,又诵之,曰:'我有子弟,子产诲之。我有田畴,子产殖之。子产而死,谁其嗣之?'"

然则唐、虞三代之民固已难言之,而况后世乎?

船山指出《尚书·大禹谟》中舜曾告戒禹"对于不能稽考于古、无所信验于今之言,不可轻易听从",可见百姓之视听,常无所稽考而无从取信。《尚书·盘庚上》因迁都之事诰命民众"若以浮而不实之言相互恐动,将不免遭受祸患",可见百姓之视听,正易感而无恒,稍有所动即浮游不止。在船山看来,由《尚书》二篇之记载正可见出,即使圣人治教隆盛之世,对于百姓众言亦难以简单信从,更遑论于政弊教衰之后世?

接下来,船山又从人性论的理论视角,从心性形上之本原,以至现实人性之存在状态,展开深入剖析,以说明其观点。船山曰:

> 且夫视而能见,听而能闻,非人之能有之也,天也。"天有显道",显之于声色,而视听丽焉。天有神化,神以为化,人秉为灵,而聪明启焉。然而天之道广矣,天之神万化无私矣。故凡有色者皆以发人之视,凡有声者皆以入人之听,凡有目者皆载可视之灵,凡有耳者皆载可听之灵,民特其秀者而固与为缘也。圣人体其化裁,成其声色,以尽民之性;君子凝其神,审择其声色,以立民之则;而万有不齐之民未得与焉。于是不度之声,不正之色,物变杂生,以摇动其耳目而移易其初秉之灵;于是眈眈之视,憒憒之听,物气之熏蒸,渐渍其耳目而遗忘其固有之精。则虽民也,而化于物矣。

船山指出人有视、听之能,乃初生所禀赋于天,非但人之自有;而天之造化显于声、色,人可以其心思之能合于耳、目之视、听,即造化之声、色以察知天道。船山又指出天以阴、阳二气所具顺、健之性合同起化以生万物,人即禀赋乾坤健顺之性而有耳目心思之灵,由此可与造化所成之声、色相感以启其聪明,自见闻之知可进求诸处事应物之道。在船山看来,天之神化广大无私亦不独亲于人,一切造化所成皆有其理,却未必与人所处之时位自然相合相应,由此人必尽其耳目心思之才,审势观理以求因应之道,方能于人己、物我之间皆得其宜。虽然天下之声、色皆能启人之视、听,而天下之人亦皆有耳目视听之才,但只有百姓中优秀而卓越之人,方能以其耳目合于心思之用,而使其视听皆当于天则。其中,圣人更能以其学修所成之至德,于造化致以裁成辅相之功,制作礼乐文章,以尽民之性;君子则能以修德凝道之功,当物我相接之际,于万物之声、色审辨精择,以立百姓依循之则。① 以船山之见,上之所述惟圣人、君子所能为,至于万有不齐之众庶实未能与焉。对此,船山指出造化不齐、物变杂生,天下自有不正之色、不度之声,众庶因未能立志从学,其心不免为耳目所役,迷惑陷溺于不正、不度之声、色,渐丧其本心之灵。于是而有耽耽贪婪之视,纷扰昏聩之听,物欲丛生,不断习染其身心,使其渐忘耳目心思固有之才。虽称之为民,实已化同于物。

船山又曰:

> 夫物之视听,亦未尝非天之察也,而固非民之天也。非民之天,则视眩而听荧,曹好而党恶,忘大德,思小怨,一夫倡之,万人和之,不崇朝而喧阗流沔,溢于四海,旦喜夕怒,莫能诘其所终。若此者,非奉天以观民,孰与定其权衡,而可惟流风之披靡以诡随哉?故曰"天视听自民视听",而不可忽也;"民视听抑必自天视听",而不可不慎也。

船山指出对于几似化同于物之众庶,其视、听亦未尝非天所察以彰显风俗之移易,但因其与人固有之性多有相违而"非民之天也"。在船山看来,政弊教衰之世,百姓之视听多违于其性之天则,善恶不辨、好恶不正、喜怒无常,于其私利稍有损伤,便不顾大德公义而兴怨构乱,一人所倡而万人相从,乱言鼎沸相延,其害不久即盈于天下而莫能诘其所终。船山之论,正有感于明代亡于李自成所领导之农民战争,终致满清入主中原的历史变局,故其对乱世之民风与众议深有戒惧。由此,船山指出君子为治,不可随顺依循乱世之流风,对于一时之民情众议,必奉天则权衡以辨其得失。以船山之见,《泰誓中》"天视听自民视听"之说,虽不可忽略,

---

① 此段引文所涉及之问题,可参看笔者于第五章第一节对于船山《引义·顾命》篇所作之分析。

但必同时兼知"民视听抑必自天视听"之意,方能慎择其所从。

至于如何权衡审辨民言众议之得失,接下来一段,船山则由深观天之造化,为此提出一可供参考之标准。船山曰:

> 今夫天,彻乎古今而一也,周乎六合而一也,通乎昼夜而一也。其运也密,而无纭然之变也;其化也渐,而无猝然之兴也;穆然以感,而无荧然之发而不可收也。然则审民之视听,以贞己之从违者,亦準诸此而已矣。一旦之向背,骛之如不及,已而释然其鲜味矣。一方之风尚,趋之如恐后,徙其地而漠然其已忘矣。一事之愉快,传之而争相歆羡,旋受其害而固不暇谋矣。教之衰,风之替,民之视听如此者甚伙也。

船山深观天之造化,见其绵延古今而相续不绝,周遍四方上下而共成一体,通贯昼夜而相反相成,其运作周密而无杂然之变,其更化缓渐而无猝然之兴,其与人、物相感皆沉静深微而无荧然骤发之势。在船山看来,君子审察民之视听以抉择己之从违,亦当准此以为参照,方能合之于正。由此,船山反观民情众议,见一时之从违,虽趋之唯恐不及,但不久即不再感新鲜;一地之风尚,虽相从而恐后,但徙居异地,即漠然相忘;一事之称快,风传而争相羡慕,但不久即反受其害而救过不暇。以船山之见,此本为社会民情之常态,而教衰风替之末世,民之视听如此者,不过更为多见而已。

继此,船山又分辨引动民情之两类不同方式,以讨论君子处民之道。船山曰:

> 故酷吏之诛锄,细人之沽惠,奸人之流涕,辨士之立谈,以及乎佛、老生死苦乐之猥言,视之而目不给于观感,听之而耳不厌于称说,亦民情也,而固非天所予也。抱幽独之孤志,持静正之风裁,虑远而妨小利,执古而矫颓风,以及乎君子高坚中道之至教,视之而不惬于目,听之而不辨于耳,亦民情也,而固非天所夺也。

船山指出酷吏之诛杀剪除豪强、小人之行小惠以谋私利、奸人之流泣以博取同情、辨士以高谈阔论而取信于人,以及佛、老以生死苦乐之说宣其教化,皆易感动百姓之情而使其视之为快、听之不厌,然若衡之于理,固非天之所赞许。而另有为君子者,其常抱幽独孤愤之志而不求为人所知,持静正之心以裁断众议之得失而不为外境所动,思虑深远而不碍于小利,持守圣贤古道以矫挽世俗颓风,由之以合乎孔子高坚中道之至教,但此却不易为民所知,百姓视之未必能明其理,听之亦未必能解其意,然此不易为众所感之情,却合于天则,固非天之所夺。

船山再以周之代商一段史实,对其观点再加以分析与说明。船山曰:

> 惟夫如纣者,朋凶播恶,积之已深而毒民也亟,民之视听,允合乎上帝之鉴观,则顺民以致讨而应乎天。然且文王俟之终身,武王俟之十三年之后,不敢以一时喧腾之诅咒、一方流离之情形,顺徇其耳目。徐而察之,"独夫"之定论果出于至公,然后决言之曰"此民之视听,即天之视听所察也","上帝临女",可"勿贰尔心"矣。

> 虽然,武王于此重言民而犹有所未慎也。既曰"民之视听即天"矣,则今日亿万人之倒戈以北者惟民也,他日《多士》、《多方》之交作不典者亦惟民也。民权畸重,则民志不宁。其流既决,挽之劳而交受其伤,将焉及哉!

船山指出商末纣王之统治残暴酷虐、穷凶极恶、积怨深重、毒民亟甚,当此之时,百姓之视听理应符合上天赏功罚罪之标准,而顺民怨纣之情而致讨于商,亦当合乎天意与民心。但船山据史实指出,文王终身事纣而未兴反商之兵,而武王亦待即位十三年之后方举伐纣之师[①]。由此可见,即使以文、武之圣德,当商纣暴虐之乱世,对于一时喧腾之民怨诅咒,一地百姓流离疾苦之情形,亦不敢简单循其耳目之视听,即确信以为天意,必待慎观而徐察,见商纣为"独夫"之言果出于至公之论,然后

---

① 关于武王克商之具体时间,历来有各种争议与说法(可参见杨宽《西周史》,上海人民出版社 2003 年版;许倬云《西周史》[增订本],北京三联书店 1994 年版),此处所谓"武王亦待即位十三年之后方举伐纣之师",其所作之考证详于《尚书稗疏》卷 4 上,见《船山全书》(二),第 117—121 页。其说虽不合于今人研究之所得,但因此仅作为其所引之例证,故其考证之得失,于全篇论旨关系不大,笔者亦不于此加以深究。

方如《尚书·泰誓中》所载而决言"此民情众议即天意之所在",至此才确信伐纣之举必为上天所护佑而无需再有疑心。

但即使如此,船山仍认为武王于《泰誓中》之辞中直言"天视自我民视,天听自我民听",实有过分畸重民权之倾向而有失慎重。在船山看来,若片面突显"民之视听即天"之意,当伐纣之时,亿万商众临阵倒戈以助武王而灭商者为民,他日商奄之殷遗民起兵叛乱,《多士》、《多方》之作以训诫不法者,亦同样为民。由此可见,若过分畸重民权,则民志亦将随之甚嚣不宁,待其流横决,再欲矫挽其势,必致上下交受其伤。

由此,船山得出结论曰:

> 民献有十夫,而视无不明矣,听无不聪矣。以民迓天,而以天鉴民,理之所审,情之所协,聪明以亶,好恶以贞,德怨以定,赏罚以裁,民无不宜,天无不宪。则推之天下,推之万世而无敝。故曰:"天视听自民视听,民视听自天视听。"展转绎之,而后辞以达、理以尽也。

船山引《尚书·大诰》"民献有十夫"之言,指出"天视听自民视听"所言之民,必特指耳目聪明之贤者。若泛论于民,则必兼重"以民迓天"、"以天鉴民"之二意,方能诚以视听之聪明审于事理之当然,以好恶之正则协于众情之所宜,据此以定民之德怨,行赏罚之权,方能法天而宜民,推之万世而亦可无敝。因此,船山认为必于《尚书·泰誓中》"天视听自民视听"之外,补入"民视听自天视听"之意,方尽理而达辞,反复绎之而无憾。

第四节 "五行、三正"与帝王赏罚

"正名",见于《论语》孔子与弟子子路的一段对话。子路问孔子,若卫君任命孔子为政,孔子将以何事为先。孔子自言当以正名为先,并指出"名不正,则言不顺;言不顺,则事不成;事不成,则礼乐不兴;礼乐不兴,则刑罚不中;刑罚不中,则民无所措手足"。孔子所谓正名,主要指对各种社会关系中,处于不同名位者,各自所应尽的伦理责任与义务,做出正确之规定与说明,并以此为原则,制定礼乐制度与刑罚措施。名教也成为后世奉行儒教体制的王朝政权,推行社会教化的重要形式之一。在《引义·甘誓》篇中,船山对于儒家"正名"的政治主张展开深入讨论。船山认为正名不仅通过明确功罪赏罚的原则与标准,具有社会教化的功能与意义,同时也关系到政权存在的正当性问题。在船山看来,后世政权片面强调忠君、为国与重民,皆有失政治名义当然之理,并由此导致了政治社会风俗日趋败坏的严重后果。针对于此,船山根据《尚书·甘誓》"威侮五行、怠弃三正"之说,主张应以能否率行五行、三正作为判断政治功罪与权力正当性的原则与标准。在本节中,笔者将围绕《引义·甘誓》篇,对相关问题展开详细之论述。

《引义·甘誓》开篇曰:

> 功罪者,风化之原也。功非但赏之足劝,罪非但刑之足威也。虽其为不令之人与,然而必避罪之名,以附于功之途。夫人自伸之情,相奖以兴,莫知其然而自动,无贤不肖一也。故正名之曰功,而天下趋之;正名之曰罪,而天下违之。帝王尤慎之矣。①

《尚书·甘誓》本为夏启征伐有扈氏的誓师之辞,船山开篇即直言"功罪者,风化之原也",以"功罪"作为政治与道德风化的本原,显然并不回避以暴力形式施行惩罚,或以惩罚措施警戒潜在违犯者,是维系现实政治存在的必要手段。但船山同时指出此所谓"功罪",并不仅限于以赏功罚罪的奖惩行为来劝导立威于人。船山认为相较于奖惩的实际政治作为,经由"正名"的方式,确定功罪的标准,则更为重要。在船山看来,正"功罪之名",不仅能为奖惩措施的制定与实行奠立价值原则与道德依据,而且更为奖惩得以实行之背后的政治存在,确立正当性之基础。此外,船山还基于其对一般人性的经验观察,指出"避罪之名,以附于功之途",乃发诸人之常情,"无贤不肖一也"。在船山看来,作为社会存在

---

① 本节引文未做特别说明,皆出自《引义·甘誓》,收入《船山全书》(二),第281—284页。

中的个人，对于"名义"之看重，不仅出于道德意识的自觉，也体现出其在社会中追求自我实现的内在要求，正所谓"夫人自伸之情，相奖以兴，莫知其然而自动"。正"功罪之名"使之符合道德与价值的标准，并以之作为伦理教化的方式之一，不仅相较于利益引诱与惩戒强制等外在政治手段，更能激发人的道德自觉与主体性，还可对统治者自身权力之运用，形成必要的约束与节制。因此，古帝王对于正功罪之名以确立赏罚之标准，极其审慎与重视。

船山纵观古今政治兴衰，指出自古帝王之治以来，政治功罪之名大体经历三种变化，与之相应的政治形态亦愈趋于下。而船山本篇正力图通过诠释《尚书·甘誓》之文，重述古帝王功罪赏罚之名，由此以对权力之正当性原则，提出其个人的看法与主张。由于奖劝本属儒家礼乐教化之范围，而惩罚则更体现出政治的权威，因此本篇论述之重点亦主要着眼于后者。

船山曰：

> 世之降也，风日窳，化日靡，民日偷，国日乱；非徒政不纲、教不伤也，功非其功、罪非其罪也。功非其功，未尝非功；罪非其罪，未尝非罪；而古帝王之功罪不尚焉，后世且以为迂远而不切于治乱。故功罪之名三移，而风化之衰也，三变而益趋于下。最下，以臣与民之不顺于君者为大罪，而忘其民。其次，以君与吏之不恤其民者为大罪，而忘其天。君依民以立国，民依天以有生。忘天，则于民不忘，而民暗受其戕贼矣。忘民，则于君不忘，而君必受其戕害矣。

船山认为自古帝王之治以降，随世衰道微，后代君臣不仅不能效法古帝王之治教以行其政，连古帝王功罪赏罚之名义标准亦不再被尊尚与依从，反被后人视为迂远不切于治乱而遭废弃。由此政治社会风化愈趋败坏，民风偷薄，国家日乱，赏罚虽然犹存，但其名义实已悖于古帝王之教。船山指出功罪之名，由依天、依民、依君国，历经三种变化，三变"而益趋于下"，风化亦由此而日衰。以船山之见，名义之最下，乃奉君主为至高之权威，"以臣与民不顺于君者为大罪，而忘其民"；名义之次下，则以百姓众民之好恶而为治理原则，"以君与吏之不恤其民者为大罪，而忘其天"。船山认为"君依民以立国，民依天以有生"，故当奉天以为治道之最高原则，而在此所言之"天"，则当由《引义·皋陶谟》篇中，船山所诠释之"民之天"以得其意①。在船山看来，若忘天以为治，即使为政者之内心未忘于民，百姓仍不免暗受其戕贼；若忘民以为治，即使臣下尊君不忘而无所悖逆，君主却必受灾害。

接下来，船山则据古今为治之迹，将古帝王之治与后世之法，加以对比说明。船山曰：

> 古帝王之亟赏以为功，亟诛以为罪者，惟天为重。故尧知鲧之方命，无君也；其圮族，无民也；而姑试以五行之政。夏后之征有扈也，不斥其叛天子、虐下民，而鸣钟击鼓以声其罪，曰"威侮五行，怠弃三正。"得罪于天者，虽无虐于民，无犯于上，而天讨勿赦，如此其严也！
>
> 后世之法，目为大罪而不赦者，曰"罔上"，曰"误国"。苟有欺隐营私之迹，则虽呴燠其民，民争怀之，弗可贷也。其次曰"伤民命"，曰"侵民财"。苟无淫刑科敛之愆，则虽获罪于天，天所弗佑，所弗问也。呜呼！夫孰知不畏于天，名为恤民，而民实贻以戚；不恤于民，名为忧国，而国实受其败也！
>
> 惟古帝王，知国之所自立，民之生所由厚、德所由正也，克谨以事天，而奉天以养民。方命、圮族之辜，视威侮五行、怠弃三正者而可从末减，岂世主具臣之所能知哉！

船山指出古帝王之赏功诛罪，皆以天为重。船山据《尚书·尧典一》所载②指出，帝尧自言"鲧之方命"，刚愎自用、违逆上令，正见其无君；又言其"圮族"，败坏族类，与众不合，正见其无民。③ 但即使如此，帝

---

① 可参见本章第一节相关之论述。
② 《尚书·尧典》原文作："帝曰：'咨！四岳，汤汤洪水方割，荡荡怀山襄陵，浩浩滔天。下民其咨，有能俾乂？'佥曰：'於！鲧哉。'帝曰：'吁！咈哉，方命圮族。'岳曰：'异哉！试可乃已。'帝曰：'往，钦哉！'"
③ 笔者所释乃据蔡沈《书经集传》之说解，原文作"盖鲧之为人，悻戾自用，不从上令也。圮，败；族，类也。言与众不和，伤人害物"。

第七章　王船山天人视野中的民本思想与政治正当性问题　223

尧仍命鲧治水,"姑试以五行之政"。船山又举《尚书·甘誓》所载,指出夏启征伐有扈氏,于出征誓师之辞,鸣钟击鼓以声有扈之罪,不斥其叛君、虐民之罪,只言其"威侮五行,怠弃三正",故当行天之伐而剿绝其命。由此可见依古帝王赏罚之准,若得罪于天,即使无虐民、犯上之实,亦行天讨而无赦,其严竟至如此。

船山继此以言后世之法,被视为大罪不容赦免者,首为欺君与误国,若臣下有欺瞒主上、营私误国之行,即使其有爱民之名而为民所拥戴,亦严惩而不赦;列为大罪之次者,则为"伤民命"与"侵民财",若为政者无淫刑科敛、侵夺害命之行,即使其"威侮五行、怠弃三正",获罪于天而天所不佑,亦不知其有罪而加以追责。因此,船山慨叹由于先王功罪之名不讲,后世无人能知,苟不畏于天,君、臣名为体恤百姓,而百姓实受其伤;苟不恤于民生疾苦,大臣名为忧国,国实难免于败亡。

在船山看来,唯古帝王能知国家存立之基础,以及生养、教化百姓之大道,故能克勤敬谨以事天,而奉天之则以养民。因此,即使如鲧虽有违上、败族之事,但相较于"威侮五行、怠弃三正"之大罪,亦可从轻而缓论,故帝尧仍命其治水以试其功。由此,可见船山正以"三正、五行之政"诠释本天为治之内涵,并以其得失作为判断政权是否具有正当性的原则与标准。

接下来三段,船山则从正、反两面诠说"五行、三正"之内涵。船山曰:

> 曷言乎威侮五行也?五行者,天以其化养民,民以其神为性者也。是故浚川以流恶,改火以养正,拔木以昌民气,藏金以戢民心,平土以安民志。不使不足也,枵匮以吝于用;尤不使有余也,淫佚以荡其情。弗慎其节宣,而俾愚氓之自登自耗也,则其威侮也甚矣。苟威侮之,而五行之害气,以亏人之养而铄人之性也,不可胜道矣。

在上一章中,笔者曾通过诠释《引义·洪范三》篇,对于船山之"五行"观有所论述。船山认为"五行"之金、木、水、火、土,乃阴阳之化而用于人者,人秉五行之神以成仁、义、礼、智、信之性,故品物之中唯人能兼备(亦必全备)五行之用以资其生,而王者亦以五行之政而行厚生、利用、正德之道。在本段引文中，船山则对五行之政的内涵，加以具体之阐述。船山指出五行之政，大要在治理水利，疏导川流，以免除水患；四时改火，以救时疾①，而养民于正；伐木开道，交通四方，以昌民气；收藏兵器，节制武力，以收敛民心；平整土地，使民安居耕种，以定民志。以上船山依五行之类，例举王政之事，实借此为例说明"五行"之政，皆以辅相百姓之生养而为目标。此外，船山还特别指出，五行虽为百姓生养所必需，若空乏匮缺则不足以资生，故王者不可吝于用而使其不足，但若淫佚过度以为用，亦将荡人之情而趋之于邪，故王者必有所节度而尤不使其有余。在船山看来，王政之要，正在为政者谨慎操持以节宣百姓五行之用，宣疏与节调兼具并重、相辅相成，实即以此而将教化之道寓于百姓生养之中。在船山看来，为政者若不能尽其节宣之道，而放任百姓于五行之用，自登自耗，必将使五行之害气，伤人之生而害人之性，如此正犯"威侮五行"之大罪。

船山又曰：

> 曷言乎怠弃三正也？三正者，天所示人以气至而主其感者也。是故以天统事天而迎其阳，以地统事地而敦其质，以人统治人而兴其用。占星以修祀，知神之格，以精之至也。候气以吹律，知和之至，以风之应也。序辰以课耕敛，知生成以时而协也。顺节以诘兵刑，知明威以度而行也。弗谨其候，而任情之动以作以辍也，则其怠弃者多矣。苟怠弃之，而三正之和气已先人而逝，后人而弗逮也，人罹其灾矣。

至于"三正"之意，船山乃以"天所示人以气至而主其感者"为释，指四时节气之变迁，合天、地、人三统以为事。船山列举王政所修三正之事，主要有占星依时而修祭祀，以精诚之道感神之降；用律管吹灰以侯气，因风应而知和气之来；序十二辰以督促耕种收获，知万物生成以时而相协不乱；顺时节以修武备、治刑罚，使民知法度威严而行之不悖。船山认为为政者，若不能治历谨严，因时为政，反随其情之所动，作、止无

---

① 《周礼·夏官司马第四》载"四时变国火，以救时疾"。

恒，则其所当修之政，必不能与三正之和气相应，而于其恰当之时或早或迟，终必使政事荒疏而令百姓遭受其害，如此正犯"怠弃三正"之大罪。

船山继此又曰：

> 夫和气者，气之伸也；害气者，气之屈也。五行之英，在形之未成而有其撰，迨形之已成而含其理。三正之常，往过者退而息机，来续者进而兴事。是屈伸之化理，所谓鬼神也。鬼神则体物不遗矣。威侮而怠弃之，是遗之矣。遗之而孤行其意欲，或弛事而不修，或疲民而妄作，曰自我尸之，以使民奉我而我以临人，复奚忌哉！是则显与天争胜而不恤，一言一动，莫非鬼神所应违也。君与吏尚何有于民，臣与民复何有于君乎？故帝王之奉词以讨必诛不赦之罪者，在此而不在彼。世主具臣，何足以知此哉！

船山认为五行、三正皆有屈伸之化理，并以此诠释《中庸》所谓鬼神体物不遗之意。在船山看来，"三正之常"乃指天、地、人因四时之节序，呈显寒暑之进退迁移，万物之生长收藏，人之少长生死诸种变化，其中可见进退、衰亡、死生之律则；"五行之英"，则指造化流行之中，万物依品类各秉天命所成分殊之性，"在形之未成而有其撰，迨形之已成而含其理"，此即船山于《尚书·太甲二》篇言气化、形化之中所蕴含之"生理"。阴阳之有屈伸，其实本为造化自然之理，"往过者退而息机，来续者进而兴事"，周而往复、绵延不息，但船山又以"气之伸"为"和气"，以"气之屈"为"害气"，实因人之价值立场与利用厚生之道而有此分别。以船山之见，王者当乘顺三正、五行之和气，因时以兴王政而成民事，亦必于平日备荒防灾，以免三正、五行之害气伤生而害民。与此相反，为政者若不顾三正、五行之化理，凭恃权力而孤行其意欲，或废事不修，或劳民妄作，在船山看来，其所作为乃与天争胜，一言一行皆悖于屈伸之化理。由此，君与吏无所顾于民，臣与民亦无所顾于君，其政权存在之正当性亦不复存在。故帝王奉词以讨必诛不赦之罪，必言"威侮五行、怠弃三正"，而未及于"欺君"与"害民"。

接下来三段，船山又将后世论定功罪之标准与古帝王功罪之名加以比较，并展开详细分析。船山曰：

且夫后世之功罪，以民事为殿最，以国计为忠邪者，救末之术，彼亦有所不容已焉。天之弗畏，五行乱矣，三正忽矣，于是而民窳，而吏憍；水、火、金、木且为敓攘刑杀之用，祁寒、烈暑且为残暴怨恣之尤，民乃孔棘而俗乃益偷。为君子者，重念其颠隮憔悴之荼毒，则录救民之功，而严殃民之罪，弗暇问天矣。

天之弗恤，而胥怨胥诐，以与上抗；吏因其乱，威胁其下，以诬上而营私；苟利于己，国危而不恤。民之既离，君孤而莫援，世主之所怼，而亦忠臣之所愤，则卫国者为功，而负国者为罪，且弗问民矣。

乃从其本而言之，秉五行、三正之纪者，天也；妙五行、三正之化者，鬼神也。忘乎天而天绝之，忽鬼神而鬼神怨恫之，则五行之害气昌，三正之和气斁，人理微而人心迷以不复。天下师师，相奖于功利，干百姓之誉者贤矣，逢人主之欲者忠矣，志偷而不警，智悟而弗择。浸淫及于后世，不复知有五行、三正屈伸之化理，司生成祸福于体物不遗之中。知有其名者，又徒九黎之邪妄，通地天以乱人纪。则子可不知有父，人可不异于禽，于以败国亡家，驱民于死地。始以殃民病国之刑书督于其后，不已晚与！

船山认为后世功罪之名，或以民事之利害而为考核官吏政绩高下之依据，或以国计之得失而为区分大臣忠邪之判准，虽皆为救末之术，但其中又有不得已之情实，不当一概加以否定。船山指出由于主政者不畏天命，息忽五行而淆乱三正，百姓愈趋贫弱而官吏却益加骄横。于是五行本为资生之具，却为官吏以作劫夺刑杀之用，严寒、酷暑之天灾，加以贪渎弊政之人祸，合为残暴虐民之毒祸，民生艰困以生怨尤，风俗亦由之而益趋偷薄。当此之世，君子重念民生困顿憔悴所遭荼毒之害，故褒奖救民之功，严惩害民之罪，而无暇顾及其所为是否有当于天则。

由于赏罚不恤天则，百姓不免怨恨、谗毁，相与抗上；贪官污吏则因百姓之乱，乘机欺上胁下以营其私利，苟有利其私欲，国家危亡亦不顾惜，由此民心离散，君主亦处于孤立无援之地。当此之时，时君怨怒臣下背主而叛国，忠臣以国家为念，亦愤恨叛国背君之行为。于是赏罚之则，转以卫国者为功,以负国者为罪,国家存亡之际,民事之得失亦不足恤。

船山指出依民、依君国以为赏罚之准,仅为救末之术,若从其本而立功罪之名,则必奉五行、三正以为天则。船山指出五行、三正之纲纪秩序,乃天之造化所成,而五行、三正之化,亦本于阴阳屈伸之化理。若人置天于不顾,则必为天所绝;若忽略阴阳屈伸之化理,则必致五行、三正之和气失而害气昌,人道之则晦暗而不明,人心亦将限于迷乱不复之境地。由此,天下之众,崇奖功利并相互效法而成风气,以巧取百姓之赞誉者为贤才,以逢迎人主之贪欲者为忠良,志趣偷薄而不自警,心智昏乱而不善择。流风蔓延于后世,不复有人能知天地之间,实有五行、三正屈伸之化理,以主生成祸福于体物不遗之中。而尚知有天者,又如九黎之邪妄,杂糅人神、混淆天人之分,以乱人道之秩序。由此,人伦、礼秩皆所败坏,子不知有父、人无异于禽兽,以至国败家亡,民皆迫于死地,于是方制害民、误国之重刑,以督责臣吏之行事,实已过迟而难救。

最后,船山又对后代言天之妄,加以批评。船山曰:

呜呼!莫威匪天也,莫显匪鬼神也。天之化隐,而鬼神之妖兴。愚者以孤虚、生克窜三正之显道;妄者以狐祥、物魅擅五气之精英。慧者厌弃之,则又谓天壤无鬼神,五行皆形器之粗,三正抑算术之技,恃气而陵轹焉。古帝王为万世忧,亟正其刑,以代天而伐罪。商、周以降,此法不行,无怪乎风化之日颓矣。

汉人仿佛其意,以灾异免三公,以五德辨禋祀,而拘牵名迹,固非五行、三正之贞也,是以不可以训。自是而后,风化益以陵夷,佻达之子,沉没于名利,不知何者之为天,而彝伦因以泯丧,非九黎则有甚也。安得修帝王之刑赏者,正名定罪以矫之正也!

船山指出为治之道,莫不以天为威,而欲知天之化理,则必即于阴阳屈伸之显迹。由于后代不能知天之化,故而鬼神妖妄之说大兴。愚者用时日孤虚、五行生克之法,推算吉凶祸福,以乱三正之显道;妄者则以狐媚鬼怪当五行之精英,邀福而避祸。略有聪慧者,见此而厌弃,又矫抗对反其说而谓,天地本无鬼神之可惧,五行皆形器之粗迹而不足以知,三正亦不过历算术数之专技而无当兴治之用，故专恃意气以行事而欺蔑于天则。帝王忧及万世，视"威侮五行、怠弃三正"为不赦之大罪而代天以征伐。商、周以降，此功罪之名，却渐不为人所知，故后代政治、社会风化亦日趋于颓丧。船山认为汉代，虽略知天人相关之理，欲仿效古帝王重"五行、三正"之意，以灾异而罢免三公，以五德终始之说辨本朝之祭祀，但却陷于天人感应之说，拘牵名迹，而非合五行、三正之正理，故不足以为后世之训。此后风化日益败坏，上下尽趋于名利，不复能知天秩天则，非如九黎以鬼神之说乱天人之分，即如有扈氏蔑五行、三正于不顾，人伦之序亦因而沦丧。而船山命篇之意，即主张重修古帝王刑赏之则，正功罪之名以拨乱而反正。值得注意的是，船山标举"五行、三正"之化理，作为奉天行政之准则，实以政府所应承担的治教功能，作为权力正当性的原则与基础。其中，船山特别强调政府在组织社会生产，满足社会生养需求的同时，当节宣民用于礼乐教化之中，实有其深刻之洞见。

第八章　王船山的制度论与其政治思想

在本章中,笔者将主要讨论船山有关三代制度的论说,及其中所蕴含的政治思想。儒学向有经以载道的观念,宋儒更有道统相传的主张,特别是理学诸儒,大多认为三代与后代历史之间,有王政与霸道的截然区别。在他们看来,三代在圣人的治理之下,"道"得以完全实现于天下,并备载于六经当中。后代为学之君子可即圣人之遗经,以得其治理天下之大道,并应当将先王之制度,在其所处的时代中付诸实行。但船山却对此持有不同之见解。笔者认为《引义·立政周官》开篇中"王者创制显庸,有传德而无传道",对于理解船山有关制度问题的思考至为关键。笔者即以分析《引义·立政周官》开篇一段文字,作为本章之引论。

船山曰:

> 孔子曰:"殷因于夏礼,所损益可知也。周因于殷礼,所损益可知也。"由此言之,王者创制显庸,有传德而无传道也。体仁以长人,利物以和义,嘉会以合礼,贞固以干事,君子行此四德耳。千圣之教,百王之治,因天因人,品之节之,分之合之,以立一代之规模者,不度其终以善其始,乃曰吾固以前王为师,是犹操舟者见上游之张帆,而张之于下游,不背于彼之道而背于其道矣。故传道者非道也。有所传,无所择,唐、虞、夏后、殷、周,胡为其有损益哉!

船山结合孔子有关三代之礼因革损益的论说,提出"王者创制显庸,有传德而无传道也"。在此句中所谓"道"主要指与具体历史条件相匹配的礼乐典章与制度设施。船山认为由三代制度的沿革变迁可知，每一朝代之始建，开国君臣皆需根据立国之形势，顺应时势人情，吸取历代制度得失之经验，分合、品节以成一代之规模。对于历代制度，有取择亦有开创，所谓"度其终以善其始"，其中又尤以对前朝制度得失经验的总结与吸取最为重要，此即孔子所谓损益因革之意。船山指出如果认为王者确有相传不易之道法，模仿依循先王之制即可坐收至治之效，则"犹操舟者见上游之张帆，而张之于下游"，看似不背于先王之道，实已错失其所当因时自尽之道。船山论史有理势合一之说，强调理随势易，事变而理异，正基于此，船山指出"传道者非道"，圣贤必因时以尽道。船山在提出王者"无传道"的同时，又主"有传德"之说。推究船山之意，所谓圣人相传之德，其内涵则指因应时势以施政兴治的德性能力，又以创法立制的政治能力最为主要。在船山看来，先王之制虽不能直接取用于当代，但如果后代学者能够由先王制度之详情及有关圣人创制之记载，体察圣人创法立制之精义，并透过历史的探究，由深察三代制度因革损益之史实，而对制度运作与因革之原理性有所体认，必将有助于培养制度创作所需之政治智慧与能力，以回应其当身时代所遭遇之问题。笔者下文即由《引义》有关制度的论说中择取三项议题展开讨论，船山所论虽为上古三代之事，但其背后所关切者，实与明代之政治问题紧密相关。

第一节　禅让与传子

上古帝王尧、舜禅让传贤，因其大公无私之德而为后人所称颂。但船山却不以尧舜传贤为"盛德之极致"，而是从制度沿革与比较的眼光，考察禅让与传子两种王位继承制度之得失。笔者下文即围绕《引义·尧典二》篇，对相关问题展开讨论。

《引义·尧典二》一开始，船山即指出"昔夫子之赞尧、舜，至矣；而其舍子以授贤，未之及焉"，可见孔子不以尧舜之禅让，"舍子以授贤"为圣德之极致。在船山看来，"人之亲其子也，而靳与之位以授异姓"，权力之占有与保持本为现实政治的基本逻辑，亦为人之常情，因此三代以下有国者皆贪吝其位而传子，未再有传贤之事发生。船山认为孔子称赞尧舜却不及禅让之事，亦说明夫子不以尧舜禅让为非常不可训之异行特例，其中实有待发之覆,必结合历史分析方能明其所以。

船山曰:

> 古者无君存而立世子之礼。其立嗣也,肇于夏而定于周也。古之有天下者,皆使亲而贤者立乎辅相之位,储以为代;其耄且没矣,而因授之,人心定而天位以安。黄帝以前,不可考也。继黄帝而兴者,率循其道。然则以相而绍位,其轩辕之制乎!故少昊,轩辕之孙也,降江水,就侯服,入而代黄帝;颛顼,少昊之弟也,佐少昊十年而代少昊;高辛,颛顼之从子也,佐颛顼二十五年而代颛顼;尧,帝挚之弟也,佐挚五年而代挚。盖古之命相,犹后世之建嗣。尧不传子,亦修轩辕之法尔。①

船山基于历史分析指出,立嗣传子之制始于夏而定于周,三代以前,本无君存而立太子之礼。船山指出黄帝之前的情况,由于历史资料缺乏而无法查考,但从黄帝之后所存之历史记载可见,少昊为黄帝之孙,受封于江水,终以王侯代黄帝之位;颛顼为少昊之弟,辅佐少昊十年而代其位;高辛为颛顼之侄,辅佐颛顼二十五年而代其位。尧为帝挚之弟,佐挚五年而代之。船山基于这些事例,认为夏以前的王位继承方式主要为,当前王在世之时,即命"亲而贤者"立居辅相之位,并参与政事,当其年老死后,即由辅相承继王位。在船山看来,上古王位继承制度的关键在于立相以为储君,并推测"以相而绍位"之制,始创于黄帝。由此,船山指出尧不传子,不过相沿黄帝以降之旧法,并非其所开首创之特例。

船山又曰:

> 少昊、颛顼、高辛,以洎于挚、尧,亲以贤者近取之兄弟子姓,而前可以相,后可以帝,地迩势易,不假于侧陋而事顺。其事顺,故

---

① 本节引文未做特别说明,皆出自《引义·尧典二》,收入《船山全书》(二),第242—245页。

以帝挚之不顺，弗能违焉①。尧之在位七十载，而亲以贤者未有其人，亦迟之七十载而未有相也。而尧已耄期矣，故不获已而命之四岳②。使微舜，四岳虽欲终让而不得矣。若舜之倦勤，禹已久即百揆之位，无异乎颛顼之十年，高辛之二十五年也。终陟元后，又何疑焉！故曰：五帝官天下。官天下者，五帝之通典，岂尧、舜之仅德哉！

船山认为帝尧所处，与少昊、颛顼、高辛、帝挚相较，事有顺逆难易之别。黄帝以讫帝挚，皆于兄弟或同族后辈之中，预择亲以贤者使居相职，以备将来承继帝位。"地近"则其人品才性具易于了解，人所熟知亦易为人所信从，故其"势易"。因此择贤多取之亲族之中，而不远求于偏陋之地。但帝尧在位七十年，却仍未能于亲族之中得遇堪承帝位之贤才，故亦"迟之七十载而未有相"，不得已方命四岳征贤才于"侧陋"。在船山看来，若尧终不能得舜，则四岳自当循旧制以继尧之统，欲终辞让而不得。船山再以舜禹之际为例，指出舜之晚年，政务即已交付禹来处理，而此时禹已久居百揆之位，其承位于舜，亦同颛顼、高辛之故事。由此船山得出结论，五帝皆不传子而官天下，故"官天下"为五帝之通制，并非尧、舜之仅德。

船山又运用历史分析的方法，解说尧舜禅让之事的原由及其所蕴含的政治启示。船山曰：

> 尧在位七十载而未有相，变也。使四岳而不得辞，则以侯陟帝，循少昊之已事，而不必于相。舜举侧陋，非有江水可兴之素，则必以相承统，用颛顼、高辛之典礼。故由征庸、总揆、宾门、纳麓，以讫受终，凡三十载而后格于文祖，事以渐而信从壹焉。浸使四岳受巽位

---

① 《史记》载"帝挚立，不善，而帝放勋立，是为帝尧"。清人马骕《绎史》卷8《高辛纪》引《纲目前编》则曰："挚荒淫无度，诸侯废之，而推尊尧为天子。"马骕并在后加按语云："按帝挚或崩，或禅，或废，诸说各不同也。"

② 船山据《周官》"内有百揆四岳"之言，认为百揆为朝廷九官之长，四岳则为地方诸侯十二牧之长，分掌内外之事，皆位居辅相之职。《尚书稗疏》以"四岳"为四人，此处似以"四岳"为一人，不同其旧说。

之命，固不待于此矣。

　　船山认为尧舜之际，有通有变，必当明辨。尧在位七十年未于亲族中得遇贤才，是其所遭逢之特殊境况。尧命四岳举贤才于侧陋而终得之舜，由征召，到授事试用，使居百揆之位，主宾迎之事，总揽万机之政①，三年后始摄尧之职，舜摄位二十八年后尧崩，舜方正式承继尧位，前后已历时三十年。船山分析指出"舜虽摄政，而居必有位，号必有官。既无二天子之理，又不应如王莽之称'摄皇帝'，为不正之名实。然则升闻之日位百揆，而通居摄之时，位亦止于百揆也"。船山认为尧最初使舜居百揆之位以试用之，三年后舜受终于尧，此后二十八年，舜皆以百揆之职摄政，直至尧崩，即以相位承继帝统。在船山看来，唐虞之际所谓禅让之事，不过乃因循颛顼、高辛"以相位承统"之旧典，尧所变通之道，仅为征舜于侧陋而非举贤于亲族而已。当然，也正因为舜出身寒微，故必历位久而事功显，方能得众人之信从。若使四岳受翼位之命，因其已久居方伯之任，又位列诸侯之长，则"以侯陟帝"即可，而"不必于相"。

　　船山根据以上之分析指出，由五帝禅位所得之启示，其中较为重要的一点，即在于当尽早确立承位者之名分，"帝之援立也夙，三王之建储也早"，如此方能使远近贵贱之人，"耳目一，听从审"，随其日久而相习以安，"四海翕从而莫有异志"，民心所向，天亦无违。在船山看来，尧虽征舜于侧陋不同于以往举贤于亲族之旧例，但仍循立相之法以通其变，使舜早居百揆之任，历职日久使民心顺服，此乃因法而从时，因人而顺天，并非大异于此前诸帝，故仅于此事尚未能显帝尧所具圣德之深。

　　接下来，船山则将五帝传贤与三王传子之制度，对比加以分析。船山既未由所谓"公天下"与"家天下"之分别，引申公私之辨的道德说教，亦未得出类近于"大同"降为"小康"的历史退化论（如《礼记·礼运》篇所述）。船山较论"五帝"与"三王"之异同，其着眼则在衡量两种制度各自之特点与优劣，并基于维持政治秩序延续稳定之目标，考察王位继承制度中的关键问题要素及其原理之所在。船山曰：

---

① 有关"纳于大麓"之释义，此所采用乃据船山之考证，其说见《尚书稗疏》卷1"四门大麓"条，收入《船山全书》（二），第28—30页。

古之帝王，顾大位之将有托也，或命相而试以功，或立子而豫以教。立子以适而不以贤，立而后教之，故三代崇齿胄之礼。命相以德而不以世，故唐、虞重百揆之任。试而命之，以重其望也；立而教之，以成其德也。定民志者存乎望，堪大业者存乎德。德其本也，望其末也。本末具举，则始于无疑，而终于克任矣。试而后命，本先于末；立而后教，末先于本。先难而后以易，故尧迟之七十载，而以不得舜为已忧。先末而后本，则初吉而终或乱，故桀、纣、幽、厉、得奄有四海，待汤、武而后革。

上文已论及，船山指出五帝、三王于传位继承之事，皆提前做出安排，故"帝之援立也夙，三王之建储也早"，此为其同。若别其异，五帝之制，在尽早举贤而以功相试，并授予相位，使其长期居于要职；三王之制，则尽早确立太子，并预先教以为君之道。立子之制，在依长幼之序，重在嫡庶之分而不以贤否为辨，故三代太学皆崇齿胄之礼而尚年辈之序；命相之制，则重在德才之高下而不以世次为辨，故尧、舜之世皆看重百揆之职。前者先立而后教，以成其贤德；后者先试而后命，以增其声望。但在船山看来，"定民志者存乎望，堪大业者存乎德"，虽以德才为本、声望为末而有其分别，但王位之承继，则需于二者本末并举，方始能无疑于民心而终能克任于君位。船山经由比较五帝、三王之制，见出王位继承制度中民望与德才乃最为关键之要素，前者关乎其继承之正当性；后者则为其承位后能否持续保有权力之关键，五帝、三王之制虽有不同，但对二者皆予看重。船山此上由辨异以得同，此下则较论传贤、立子之制于施行中所见之难易及其短长，又由同以辨其异。船山分析指出"试而后命"，先本而后末，先历试辨德以授其职，再因其事功而长其声望；"立而后教"，末先于本，先据嫡庶之序以立太子，依循轨则而能使民望有归，再以君道为教，使其渐成贤德。但在船山看来，必待为学力行方能成就德才，而但依法循礼即可先得民望，二者实有难易之别。由此可辨，五帝传贤实先难而后易，故迟至尧之晚年仍以不得贤才为忧；三王传子，实先易而后难，初吉而终或乱，桀、纣最初亦循制而得位，虽能一时保有四海，但因不能修君德而行王道，反残暴而施虐民之政，最终为汤武革命所取代。

船山又曰：

> 虽然，法岂有定邪？知人之哲如尧、舜，不易得也。教胄有恒而中主可守则试而后命，立而后教，义协于一而效亦同。迨其敝也：秦失其本于后，而胡亥速亡；汉、魏乱其末于先，而逆臣继篡。所必尽者人也，不可恃者法也。固不得以尧之授舜，舜之授禹，为必治不乱之道；又恶足以为二帝之绝德哉？况尧之以因而不以创，即有德焉，亦归之轩辕，而尧不任受乎？苏轼曰："圣人之所大过人，而天下后世之所不能"，斯亦未达于时之剿说已！

正是基于以上之分析，船山最终得出结论曰："试而后命，立而后教，义协于一而效亦同"。以船山之见，五帝传贤与三代传子之制，皆期待承位者能兼具德才与民望，其"义协于一"，然其使承位者获致"德"、"望"之方，则有先后难易之别，若能于具体运作中扬长避短，则两种制度皆可达致其效。由船山所论，可见其对制度与人之关系，实有复杂与深刻之理解。船山一方面重视制度之功用，他通过历史分析指出尧舜禅让之事，本相沿黄帝以降选贤立相之旧章，功在制度之设计而非二帝之绝德。而其别出新解以立相之制诠说禅让之事，亦是对明代皇帝专权而不设宰相之位所进行的隐微批评。另一方面船山又提出"法无有定"，指出制度皆有其所适用的历史条件，当历史条件变化时，制度也必须作出相应的调整；而且制度的好坏，并非完全取决于制度创立者的设计理念，在很大程度上则同制度的运作者及制度运作的过程更为密切相关。在船山看来，"知人之哲如尧、舜不易得，教胄有恒而中主可守"，"传贤"之制对于主政者自身知人善任的德性能力要求更高，而"传子"之制则通过常规化的太子教育制度来保证继任者的基本素养，中人之才亦可循此相守而不乱。相较于"传贤"之制对于卓异之才的要求，"传子"之制则与一般人性的道德状态更相适应，亦使制度运作过程中的偶然性因素大为降低，反而显得更为稳妥。至于后代历史中所见王朝之动乱，在船山看来，如"秦失其本于后"，乃因秦始皇不能教子以成德而致"胡亥速亡"，"汉、魏乱其末于先"，则因不能守嫡子继承之制而致"逆臣继篡"，皆有人为运作不当之因素使然，故不可将其简单归咎于"传子"制度本身，亦不当因此而虚推尧舜禅让以为"必治不乱之道"。由此船山提出"所必尽者人也,不可恃者法",在肯定制度之功能作用的同时,亦强调制度之创建与运作皆与人之主观性因素密切相关,故不能简单以为依赖好的制度,便自然能够达致治平之效。人才之培养亦是确保制度得以良好运作之关键。

第二节 立相与分权

上节所论《引义·尧典二》篇中,船山曾将尧舜之禅让,归于五帝相沿举贤命相之制。在《引义·立政周官》篇中,船山则指出三代建官之制的一大变局,乃始于周代文王不设宰相之位,并对废相不立对于周代及后世政治所造成之影响,展开详细论述。由船山之论明显可以看出,明太祖废除宰相之制对于明代政治所产生的政治后果,正是船山撰作此两篇文章背后的重要关切。[1]

《引义·立政周官》开篇首段,已在本章引论中有所分析。在提出"王者创制显庸,有传德而无传道"的重要观点后,船山曰:

> 《立政》曰"克知三有宅心,灼见三有俊心",微言之有所受者也。《周官》曰"制治于未乱,保邦于未危",大猷之自昔者也。此以仁守天下,以义经天下,阅千古而莫能易者也。若夫建官之制,周则损益乎殷矣,殷则损益乎虞、夏矣。世已易,俗已移,利已尽,害已生,其可相因而不择哉?[2]

船山言治道实包括两部分,一为君臣为学修德,从而对治国原理所达至之深刻理解与灵活运用,笔者以"治德"称之,船山所谓"有传德"之"德",即指此言;另一方面则指适用于具体历史形势的礼乐典章与制

---

[1] 有关船山《引义》中对明代政治的隐曲批判,可参考张学智先生《王夫之对明代政弊的隐曲批判》,收入《哲学门》(第二十二辑),北京大学出版社 2011 年版。文中张先生对《引义·立政周官》亦做出分析。此外,刘毓崧撰金陵本《船山遗书》跋语,对船山《引义》各篇与明代史事之关联,亦有所论列,见《船山全书》(二),第 439—440 页。

[2] 本节引文未做特别说明,皆出自《引义·立政周官》,收入《船山全书》(二),第 395—401 页。

度措施,笔者以"道法"称之,船山所谓"无传道"之"道"即指此而言。船山认为由三代历史可知,历圣相承而不易者,实在"治德",若论及三代之道法,则因革损益,代有不同,故船山有王者"有传德而无传道"之说。

船山举例指出《立政》所言"克知三有宅心,灼见三有俊心",周公以文王、武王之德劝勉成王应当知人善任;《周官》中成王称述治道古训"制治于未乱,保邦于未危",言保邦固国当兴治除弊于未乱之际,皆为治理天下之通则,"千古而莫能易"。但若论及道法,由三代制度因革损益的历史可知,虽然三代制度皆为圣王所开创,但由于"世已易,俗已移,利已尽,害已生",每代开国之王者,对于往圣之道法,亦非相袭而不易。

接下来,船山首先对于思考与处理政治问题(特别同政治制度与治理方式相关之问题)的原理与原则,展开论述。船山曰:

> 夫望治者,各以其情欲而思沿革;言治者,各以其意见而议废兴。虞、夏、殷、周之法,屡易而皆可师,惟创制者之取舍,而孔子何以云可知也?夫知之者,非以情,以理也;非以意,以势也。理势者,夫人之所知也。理有屈伸以顺乎天,势有重轻以顺乎人,则非有德者不与。仁莫切于笃其类,义莫大于扶其纪。笃其类者,必公天下而无疑;扶其纪者,必利天下而不吝。君天下之理得,而后可公于人;君天下之势定,而后可利于物。是岂泛然取似于古,有所托而遂无咎哉?

船山指出主政者期望平治天下,却常各以其私情与私欲思虑制度之沿革;士人探究讨论治理之道,却常各以其孤见与私意议论天下之兴衰。船山自问,唐虞以降,直至夏、商、周三代之法,其制度代有更易,皆可供后人参考与效法,而别择取舍之权全在后代创法立制者之心裁,而孔子何以敢言"继周者,虽百世可知"?以船山之见,孔子之自信,原于政治问题确有可察之理、势,非如私情、意欲之难测,故在面对具体政治状况时,可据以作为思考、判断之原则与方法。船山指出,事理因时而有屈伸变化皆当顺乎天则,权势因时而有轻重移易皆当顺乎人情,故因时必有调燮之功，此非有德者所不能与。在船山看来，人之为仁，莫切于笃厚同具贤德之人，故当公天下而无疑忌；人之为义，莫大于扶持纲纪伦常之序，故当利天下而无贪吝。同样，主政者必明乎为君之道，方能公天下于人，以分其权；必定乎天下之势，方能利用于物，以厚民生。此必深求治道以得其精义，方能因时为治以安天下，决非取似先王治迹，矫托于古道，即能有为而无咎。

继此，船山对于周官之制因革损益唐、虞、夏、商以降建官之制的情况展开论述。船山曰：

> 唐、虞之建官，内有四岳，外有州牧侯伯，此三代之所因也。总百官四国之治者，内有百揆，周之所不因也。故后世有天下而不置相，盖自周始。
>
> 孟子曰"禹荐益于天"，则夏有相矣。伊尹作阿衡，则商有相矣。抑《蔡仲之命》曰："周公位冢宰，正百工。"正百工者，亦总百揆也。奚以谓周之不置相也？命蔡仲之时，盖宗礼未定之先，居忧总己之日也。若其后，则冢宰与五官分治，而上有坐论之三公，故成王顾命太保，与五官列序而未有殊。迨其末造，喧、纠、周、孔且仆仆衔命以使侯国，而不适有尊矣。若夫三公职专论道，则以议道而不任以政。且曰"官不必备，惟其人"，是又有无废置之不恒也。
>
> 盖周公之不置相也，前乎此者无所因，而始之者文王也。《诗》云："勉勉我王，纲纪四方。"合四方之纲纪，操之于一人之勉勉，《周官》之制，其昉于此矣。故立政三宅，立事庶尹，取天下之经提携于一人，而天工无与代焉，故曰文王始之也。

船山指出尧舜相承建官之制，内有四岳以为州牧侯伯之长，此亦夏、商、周三代之所因。此外，朝廷之内另有百揆之官，以总领百官四国之治，此为夏、商所相沿，却不为周所因袭。在船山看来。后世为君于天下，有不置相以为治，即自周而始。船山又指出《孟子·万章上》载禹曾荐益于天，《尚书·太甲》载商代伊尹曾任阿衡之职，据此可见夏、商皆曾立相。船山自问《尚书·蔡仲之命》中曾记载"周公位冢宰，正百工"，"正百工"，即"总百揆"之意，揆度百事而为群官之首，可见周公

第八章 王船山的制度论与其政治思想

亦曾担任周相,何以言周不设相?船山认为当成王命蔡仲为诸侯之时,宗礼尚未厘定,成王亦因武王之亡而居忧守丧,周公暂摄相位而总理朝政,乃周代处特殊历史时期所暂行之制。后来,冢宰与五官同列而分治,其上又有太师、太傅、太保主坐而论道之三公,可见冢宰并非总领群臣之宰相。又由《尚书·顾命》载成王遗命群臣,太保奭与其他五官同列,并未特别突显,可见太保亦非宰相之位。① 而当周末春秋时期,周朝王官之宰,如宰咺、宰渠伯纠、宰周公、宰孔②,皆曾受命出使奔走于诸侯之国,更不复有尊贵之地位。船山指出,周命三公专职论道,却不委以政事,且《尚书·周官》言三公必举有德之人为任,宁缺勿滥,不必齐备,可见三公之位,并非定有其人。船山认为周公设官分职而不置相,有别于唐、虞、夏、商之制,其所沿用者,实文王之制。船山认为由《大雅·棫朴》"勉勉我王,纲纪四方"之句,可见文王为政勤勉,纲纪四方之政事而总揽于其一人;《尚书·立政》载周公告诫成王,当任三宅主政务,任庶尹理庶事,而治理天下之大经则操于王者一人,而权无旁落。由此可知周不立相,始于文王而为周公所沿用,并定型于《周官》之制。

船山认为正是由于周不立相而集权于王者一人,最终导致了周代国势的衰弱。船山曰:

> 乃今论之,则国势之强弱,自此而分矣。强弱之分者,势也。势之顺以趋者,理也。则唐、虞、夏、商之统御万方,而周之陵夷以迄于战争分裂者,何非理也!是故后羿之篡四十祀而少康复振,武丁去汤二十世而天下咸归,纣之不道而牧野之会且如林也。厉王流于彘而天下无君,幽王死于戎而西周无土,平王迁于东而四海无王,故曰:"赫赫宗周,褒姒灭之。"平王之居郏鄏,亦虞宾、周客之类,而周实灭矣,故曰:"瞻乌爰止,于谁之屋!"齐僖主参盟,晋献灭屈、魏,楚蒍绞、罗、申、息,秦据旧京,而乌止于霸者之屋,七雄之势

---

① 《尚书·顾命》载:"惟四月,哉生魄,王不怿。甲子,王乃洮颒水。相被冕服,凭玉几。乃同召太保奭、芮伯、彤伯、毕公、卫侯、毛公、师氏、虎臣、百尹、御事。"

② 《春秋》经载隐公元年秋七月"天王使宰咺来归惠公、仲子之赗"。《春秋》经载桓公四年"夏,天王使宰渠伯纠来聘"。僖公九年《春秋》经载"夏,公会宰周公、齐侯、宋子、卫侯、郑伯、许男、曹伯于葵丘"。《左传》载"王使宰孔赐齐侯胙"。

成，天下苦战斗不休，而周不可复兴矣。

船山曰"强弱之分者，势也。势之顺以趋者，理也"，"因势见理"正是其观看与探究历史的一条重要原则。船山指出唐、虞以降，直至夏、商，皆国势强大，统御万方。夏代虽遭遇后羿之篡，但四十年之后，少康即重新复国。武丁距商汤已历经二十代商王，却能使商代中兴而令天下归顺。即使末代纣王统治残暴，丧失人心，但据《大雅·文王之什·大明》所载，牧野一战，殷商兵众参与会聚者，亦如林木之盛。相较于此，周代自厉王出逃死于彘地，即已逐渐丧失天下共主之地位，到幽王为犬戎所杀，镐京被占，西周故土亦已丧失。平王东迁以后，为大国所要挟，已处名存实亡之势。列国间相互征战兼并，渐成七国并立之局，周亦终亡而不能复兴。船山认为将唐、虞、夏、商与周代立国盛衰之势相对比，前者之所以强，后者之所以弱，正蕴含彼此政治制度优劣得失之理，为后代读史者所当用心探寻。虽然在此船山因立论之需要而将周之衰亡归于单一因素，或有片面之嫌，但其强调"因势观理"，主张由制度实际运作之效果检讨其得失，正见其有独到之眼光。

船山继此又对周官之制的得失展开具体分析，船山曰：

> 是何也？天下之情，独则任，众则委，贤不肖之所同也。上界之则不容辞之，人分之则不容任之，贵贱之所同也。贵以其名而不贵以其实，则三公弗容自任矣。贤以其人而不贤以其事，则虚有论道之名而政非其任矣。虽有极尊之位与其尤贤之才，而上不敢僭天子之威，下不能侵六官之掌，随乎时而素其位，大舜、孔子莫之能踰，而况其下焉者乎？

船山本之人情，以对政治运作中权责集中与分散的问题展开分析。船山指出在政治运作中，权责集中，独任者较能承上之命而尽心尽责；权责分散，分任者不能独自有所作为，不免相互推诿，此乃人之常情，贤不肖皆所不免，贵贱皆无不同。由此，船山指出周官虽设三公之位，但实际而言：其一，三公分设不能独任，乃"贵以其名而不贵以其实"；其二，三公仅有论道之责而无治政之权，乃"贤以其人而不贤以其事"。虽然三公居于最高之位，又求之以尤贤之才，但其上不敢纠劾天子之过，下又不能指正六官之事，即使帝舜、孔子居于此位，亦只能尸位素餐，顺时空过，而不能逾越其权责而有所作为。

船山又曰：

> 故其得也，则以皇父之贪，仅营其多藏，师尹之不平，但私其姻亚，而不能有后羿移神器、崇侯毒四海之权，则惟威之薄而不足以有为。而其失也，则王臣不尊而廉级不峻，政柄不一而操舍无权，六师无主而征伐不威，名位相若而礼乐下逮；乃使侯国分割、杀掠相仍者五百余年，以成唐、虞、夏、商未有之祸，而封建之制，遂以瓦解而不可复。呜呼！文已密而实不固，上无辅而民无依，《周官》之下游，其势固有如此者。读《周官》而可早识其衰，虽百世何为其不可知哉？

论及周官制度之得失，船山以《诗经》作史实为证，指出《小雅·十月之交》言"皇父孔圣，作都于向。择三有事，亶侯多藏"，以皇父之贪亦不过任聚敛之臣而营其私利；《小雅·节南山》言"琐琐姻亚，则无膴仕"，刺太师尹氏乱政，亦不过用人不公而私其姻亲，皆无有如夏之后羿篡夺政权、商之崇伯虎毒害天下之权力，此或为其得。论及其失，王臣不尊，则王者威严亦不能彰显；权责不能专一独任，则政令举废亦无法有效运作；六军无有专征之将领，则征伐亦不能有取胜之军威。上下名位相当，不免礼乐下逮、权力下移，以至列国割据相争、杀戮频仍，相延五百年以成前代未有之大祸，随周之覆亡，整个封建体制亦随之瓦解。在船山看来，周官之制，虽文法细密，但治权无法集中以致政权不能稳固，上无辅相之大臣而官民亦无所依从，其末流必致如此。后人读《周官》之文，以其史识便可判断其后必有渐衰之势，孔子所谓"百世可知"，即建基于人因对历史经验与政治原理之把握，而对未来发展形势与走向，可有之先见与预判。

周官之制始于文王、定于周公，何以二位圣王要废唐、虞、夏、商四代之旧典，而创立三公论道、六官分政之制，终成罢相之势，船山亦有其理解与分析。

船山曰：

乃周之所以断然废四代之典，而立三公论道、六官分政以成冢相之制者，文王、周公何为其然邪？古之君子，备道自己而于物无忧，故能为治任功，而不能为乱任咎，正其谊而先其难，惟其自慊而已矣。代天理民者君也，承君分治者臣也，此天下之通义也。任人者逸，自任者劳，此人情之至顺也。尧、舜与天同体，而情无非道，则因其至顺，而不必厚求己而薄责于人，安其身而天下自定。

文王与天同用，正其通义，躬自厚而薄责于天下，勤其身而不求备于人。《诗》曰"文王既勤止"，以勤为纲纪也。《无逸》曰"自朝至于日中昃，不遑暇食"，无与分其勤也。此文王之所以开周也。故周公见其心而以赞《易》曰："君子以自强不息。"盖自后稷、公刘以来，佩玉容刀，左右于流泉夕阳、桋椐灌梱之间，犹一日也，匪居匪康，其勤无逸，而王业以成。昭兹来许者，亦此祗勤于德，夙夜不逮之祖武而已矣。惟其然也，则天子之耳目心思，殚用之天下；百姓之日用饮食，徧德于一人；道有所未讲，三公诏之；治有所欲宣，六官奉之；而又何借乎承其下者之有相邪？

乃其虑子孙之不己若也，则豫修其胄教，而青宫之旧学，即以膺公孤之任。抑恐左右便嬖得密迩于君，操六卿之从违也，则寺人奄尹，领于太宰，但以供埽除浆酒之役；而《立政》之所申戒者，惟虎贲、缀衣之饬。呜呼！咸若是，而天下之治可不待相而裕如矣。

故尧忧不得舜，舜忧不得禹，忧之已得而沛然无劳，此文王所不敢以自逸。而为子孙谋逸者，其亦不敢以尧、舜望子孙，不能以舜、禹、皋陶期天下之士，则亦迫之、琢之于皇躬，操四海兆民于勉勉之中也。若夫昭穆已降，《关雎》、《麟趾》之精意已微，而趣马、师氏、膳夫、内史，且以斗筲分大臣之权，则文王应已早知其弊，而行法俟命，知无可奈何而安之矣。呜呼！缘此而后世之以勤劳开国者，恃其精明刚健之才，师《周官》而一天下之权归于人主，禁制猜防，上无与分功，而下得以避咎。延及数传，相承以靡，彼拱此揖，进异族而授之神器，师古无权，而为谋不远，又岂非理势之必然者乎？

第八章 王船山的制度论与其政治思想

船山认为古之君子为学力行，以道义为重而先难后获，但求尽心备道于己，无忧天下之从违，故其开治有功，而不应为后代之乱承担咎责。在比较与分析君主个人独任专权、与君主立相代其总理政务两种统治模式时，船山提出两种观察视角。其一，君主承天之命以御民，大臣受君主之命分理政务，此乃治理天下之通则；其二，分任于人则其自身能获得安逸，自任于己则不免勤心劳苦，喜逸而恶劳，此乃顺乎人之常情。

基于此两种不同之角度，船山指出尧、舜为治，乃与天同体，因顺人情以合道义，不厚求于己而薄责于人，故能禅让分权于人，自安其身亦使天下自定；文王为治则与天同用，亦合乎治道通则，躬亲自任，厚求于己而薄责于天下，勤劳其身而不求备于人。在船山看来，《周颂》之诗、《无逸》所载，皆可见文王勤劳自任，不求与旁人分劳，此其所以能开周朝一代之王业，而《周易·大象传》赞乾卦之德曰"天行健，君子以自强不息"，正有感于文王之心而发。船山指出周自始祖后稷以至公刘迁豳、太王迁岐[①]，数代先王不求安逸、辛勤无倦如一日，终至王业之成，并以其勤敬修德、夙夜不息之行，昭示后人。如果周之后王亦能如其先王之德，则尽天子一人之耳目心思，可治天下百姓日用之事，其余则可诏三公以讲道、命六官以宣治，似亦不必于天子之下专设相位一职。

此外，先王一方面忧虑子孙不能如己，故预先令太子接受教育，而三公、三孤之职亦担负教授太子之责。另一方面则担心子孙为君者被左右近侍蛊惑挟持，从而使宦寺之人得操六官行政之权，故设太宰统领宦官近侍，将其权责严格限制于侍奉酒食及洒扫之事，故《立政》特别对虎贲、缀衣等近侍之官加以申诫。在船山看来，如果周官之制可以如其设计理念而正常运作，则不待立相于天下亦能达于善治。但其正常运作之关键，则在后代为君者必能如前王敬勤修德而不贪逸懈怠。

由本章第一节对《引义·尧典二》所作之分析可知，船山认为即使暂时抛开由于贪恋权力之常情而令禅让之法难以为继因素，单就制度本身而言，传贤与传子两种王位继承制度实互有短长，亦各有其困难之处。禅让之不易在贤才之难觅，故尧以不得舜为忧，舜以不得禹为虑，一旦贤才

[①] 船山论中所谓"佩玉容刀，左右于流泉夕阳、柽梧灌梂之间"，乃化用《诗经》之《大雅·公刘》、《大雅·皇矣》两篇中，对于公刘与太王不辞辛劳之描述。

已得，其个人即可功成身退而释然无劳。传子之难则在恐子孙之不贤，既不能期待子、孙能如尧舜而有让贤之德与察人之明，亦不能期望天下能有舜、禹、皋陶之贤才可得以为用，故文王不敢效舜、禹之自逸，必于政事亲躬履践，操治民、生养、教化之权于勤勉不息之中，由此以为子孙谋逸。至于，周代昭穆以降，周公创制之精意不能为后世为政者所深察与实行，于是趣马、师氏、膳夫、内史等小官，亦得与大臣分权相抗，文王虽早知不设相位或将带来此种弊端，但亦只能行法俟命，无可奈何而安之若素。由此，船山感慨后世勤苦开国创业之君，自恃有精明强健之雄才，亦效法周官之制而将统治权力一切收归于君主，对于大臣、军将皆因猜忌其或有篡夺之心而严加禁制防范，以致上无可与分劳之官长、将领，下之臣属、士兵亦得以敷衍避责。由此相沿数代而不更革，必致积弊难返，益趋贫弱，不免将王位拱手让于乘机崛起之强大异族。在船山看来，效法古人却因谋略短浅而不知慎加别择，以致为害深重，此亦理势之必然。

综上可见，船山所论虽为上古三代之事，然其问题之关切实聚焦于秦汉以降中央集权国家体制的政治统治与治理问题。而船山对于文王集权于君王以成罢相之制的得失评说，不言自明地指向由明太祖废宰相之位所导致的明代统治问题。

对于废置丞相所带来的政治后果，船山指出：

> 夫子孙之有夷、厉，不能必之天者，均也。虎贲、缀衣之不谨，而且使寺人操政府之荣辱矣。三宅、三俊之不克灼知，而以资格为黜陟矣。司吏者与群吏同其进退，司兵者无一兵之听其生杀，名则六卿，而实同府史矣。其进如客，其退如贾，九载无簿书之失，则弛封任子，而翛然谢去矣。天子无亲臣，大臣无固位，国蹙民贫，虽有贤者，亦坐叹而无能为矣。屑屑然取四方之纲纪，责之深宫高拱之一人，而求助于刀锯刑余之厮贱；贤者无才以治不肖而相与为窳，贵者无以治贱而相与为偷；不肖师贤者之窳而以淫，贱者师贵者之偷而以窃；筋力弛，手足痹，目盲耳聋，心顽思短，异类之强者，其不乘短垣而踰之也乎？故曰："有《关雎》、《麟趾》之精意，而后《周官》之法度可行。"学《周官》而弊焉者，未曙于斯义也。

> 孟子曰："为天下得人谓之仁。"尧之大也，舜之君也，未之强

而卒不可弱，得其理而势自顺也。仁以厚其类则不私其权，义以正其纪则不妄于授，保中夏于纲纪之中，交相勉以护人禽之别，岂必恃一人之耳目以弱天下而听其靡哉？

船山认为对于开国之君而言，后代有若周夷王、厉王之不肖子孙，乃无法完全避免之历史偶然因素，无论对于三代以至三代以降之天下而言亦皆如此。此外，不能慎防如虎贲、缀衣等近臣干政，以至如明末政府统治大权旁落于宦官之手。不能有效选拔政治人才居于要职，统治制度愈趋官僚化，仅以资历浅深而为升降之标准。司吏之臣与所属之群吏同其进退，掌兵之将却不能独任治军之权，名义上虽居六卿之显位，实则所掌之权力亦不过同于府史之官。其进如客居不能久任，其退亦如商贾之迁徙，数年无有大失，即得封荫子弟而致仕而退。由此以致天子无亲近可信之臣，大臣亦无久居常任之位，政治积弊渐深以至国困民贫。此皆由制度不善所致，或以四方之政责诸久居深宫不习政事之天子，或只能求助于为天子服劳贱役之宦官，即使贤者与政，亦不能有所作为。贤者无权以治不肖而懒于任事；贵者无才以治贱吏而苟且应事。于是，不肖者效贤者之懒惰而益趋淫佚，贱臣法贵者之偷薄而以窃国为事。由此，将渐致族类整体素质之下降，以致筋力弛懈，手足疲敝，眼界心思皆痼弊短浅，终必为强劲之外族入侵而遭灭亡，如明亡之惨祸。船山转引大程子"必有关雎、麟趾之意，然后可行周公法度"，指出程子所言意在强调必有文王之德，方能运作周官法度而得其善治，后世效法周官之制而引致弊端，正在不能理解程子所言之深意。

船山又引孟子"为天下得人者谓之仁"之言，指出尧、舜不恋权私己，并能为天下求得贤才而禅以君位，天下亦得以持续强大稳固而不弱，此正因其能得为治之理，故发展趋势亦由之而顺遂。在船山看来，为政之道正在以仁义而治天下，仁则能厚待同类之贤才而不以私心贪据权力，义则能建立举贤任人之善制而不妄授于人。由此上下方能同心协力，长保华夏之族纲纪伦常之秩序，以彰人禽之辨而免于夷狄之祸。不可专恃君主一人聪明才力之强而弱天下，使其渐趋于衰亡。

最后，船山对集权于君主而不设宰相的制度设计，于封建与郡县体制中所产生的不同后果，亦做出对比与分析。船山曰：

乃周公之称古也，曰："迪惟有夏，乃有室大竞。"岂其以唐、虞为弱，而以家天下自私者为强乎？而抑非也？尧、舜之以天下为公者，秩然于天理之别，使中国恒有明王而竞中国也。三代之以世及为竞者，廓然于封建之义，使诸侯各勉于治，而公诸诸侯也。周公以此意而制《周官》，六官分建，公孤无权，君无逸则天下纲纪于一人，君或逸则天下纲纪乎天下，其为元德显功之后，而在分土分民之列者，莫不资以可竞之势也。天子无私竞而竞以诸侯，诸侯无私竞而竞以巨室，则其为齐、晋、秦、楚也，犹其为周也；其为田氏六卿也，犹其为齐、晋也。系出神明而功及民物，皆可使嗣我以兴，仁之至，义之宜也。故周之亡，亡于六国；六国之亡，亡于伯益之子孙；秦之亡，亡于三户之楚；而以授之帝尧之苗裔，则封建之遗意犹未斩也。

《尚书·立政》中曾记载周公称颂自夏朝以来，王室乃始强大，船山认为周公称颂之义，并非意在将唐、虞公天下与三代家天下进行对比，从而突显三代私己一家而始强。而是着眼于三代封建制度，虽立传子之制，但实亦蕴含公天下之义。船山指出尧舜以天下为公，行禅让传贤之制，明乎天理公私之辨，使中国代有明主而竞逐天下之位。三代以世袭为制，将公天下之义寄寓于封建之制中，使诸侯各自勤勉治理一国，此即以天下公于诸侯。船山认为周公即以此意制作《周官》之制，王国六官分建以治理政事，三公有论道之责而无治事之权，君主若能勤勉无逸则可总领天下之治于其一人，君主若放逸恶劳则治理天下之权亦归于天下。在船山看来，列于诸侯之位者，莫非开国贤良功臣之后，其有分土治民之势，亦可资此以角逐天下之位。即使天子立长无有私竞，强大之诸侯亦有角逐争胜之势；即使诸侯传嫡无有私竞，诸侯国内世家大族亦有角逐争胜之势。船山认为假使齐、晋、秦、楚亡周而代之，如齐之田氏、晋之六卿取代姬姓而为齐、晋诸侯，以周公之见其皆出于华夏之族裔，若能有功于百姓，皆可继周以兴，此亦显示封建之制，实有至仁大义寄寓其中。在船山看来，周亡于六国，六国亦皆华夏之族裔；六国亡于秦，实亦亡于颛顼之后、伯益之子孙；秦亡于楚之项羽，楚亦先王之后；项羽亡于刘邦，刘邦亦帝尧之后裔[①]。帝位相代却仍限于华夏之族的范围之

---

① 《汉书·高帝纪》颂曰："汉帝本系，出自唐帝，降及于周，在秦作刘。"

中，封建创制之精义亦犹未斩绝。

船山又曰：

> 秦、汉以降，封建易而郡县壹，万方统于一人，利病定于一言，臣民之上达难矣。编氓可弋大命，夷狄可窃神皋，天子之与立者孤矣。则即以文王之勤，若将病诸，而概责之锦衣玉食之冲人，散无友纪之六卿，以虚文而理乱丝，彼已不相知而功罪不相一，欲无日偷日窳，以听封豕长蛇之吞噬也，其可得邪？况乎胄之教不先，中涓之势日固，师师相窃，率土成风，迨其末流，安所得五伯、七雄、三户而使之崛起，且将无从得莽、操、懿、裕而畀之乘权矣。以此而号曰师《周官》也，是赢病者奋拳以效贲、育也，速仆而已矣。

船山指出自秦汉以降，废封建而行郡县之制，此乃古今天下一大变局，由此四方郡县之治皆统于帝王一人，举措利弊之取舍皆决于帝王之一言，臣民之谏言亦难以上达于天听。在对地方统治上，郡县亦不能如封建之制，形成大小封国夹辅王都之势，以致君主处于孤立无援之地，民众与夷狄皆能乘乱推翻政权、夺取王位。船山认为处后代郡县之形势而行周官废相之制，即使以文王之勤加以运作，亦有其难为之处。更何况后代长于深宫锦衣玉食之君主，互无关联、无所统纪之六卿，对于复杂之政事，不过以旧章虚文相敷衍，彼此不相知而赏罚之则亦不能一致。加之不能豫教太子于先，太监势力日益强大，上下相效皆营私舞弊、偷薄苟且以度日，由此渐致整体社会风气之败坏。当其末流，不仅中夏不能如春秋战国之末，有五霸、七雄、强楚等地方势力之兴起，朝廷亦不能有王莽、曹操、司马懿、刘裕之强臣可夺取权位，最终不免被势力强大之夷狄外族入侵而推翻。船山感叹后代虽号称效法《周官》以废相，实则好比久病瘦弱之人，欲效法强健勇士而奋拳相击，终必因力竭而速毙。

第三节　刑法与教化

在《引义·舜典二》中，船山相较于法制刑罚，对于礼乐教化之精义进行了集中阐发。船山不仅比较了礼乐教化与法律刑罚运用原理之不同,并且对于君子在礼之制作与推行过程中,如何处理修己与治人之关系亦做出了深刻的讨论。①

船山本篇所论,大体围绕《尚书·舜典二》所载舜命契之辞"帝曰:契,百姓不亲,五品不逊。汝作司徒,敬敷五教,在宽"而展开。

船山开篇曰:

"敬"以严乎己也,"宽"以恕乎物也。严乎己以立法,恕乎物以达情。《春秋》立法谨严而宅心忠恕,"敬敷五教在宽"之见诸行事者也。②

文章首句即点明,在处理人己关系时,儒家主张严于律己,恕以待人,在帝舜之命辞中,则以"敬"与"宽"两种存心之德分别加以指称。船山本篇之立论,则主要围绕儒家以礼为主要形式的教化问题而展开,故其论及人、己关系,亦同礼之制作与推行中所涉及的问题密切相关,并非泛泛而言。此处船山曰"严乎己以立法,恕乎物以达情",其中"立法"即指"制礼"而言③,而此句则意在指出礼之制作与推行具有不同之原则。前文已述,在船山

---

① 前人研究中,张学智先生曾对《引义·舜典二》做出分析,见《王夫之对明代严刑峻法的批判——以〈尚书引义·舜典〉为中心》,《国际儒学研究》(第十七辑),九州出版社2010年版。

② 本节引文未做特别说明,皆出自《引义·舜典二》,收入《船山全书》(二),第248—250页。

③ 笔者认为本篇所讨论之核心问题,在于强调"以礼为形式之教化"与"以刑为惩戒之法令"在推行过程中所当采取的原则之差异,即其所谓"刑礼异施"之问题。由于船山牵连论及"立法"之问题,反而容易造成理解之混乱。由《引义》之后,船山著述的《读四书大全说》、《礼记章句》,可见在其成熟时期的礼学思想中,船山常以"礼乐刑政"界定"礼"之内涵。在船山看来,礼之内涵实包含两大部分,分别可由《周礼》与《仪礼》为代表,前者主要涉及同创法立制有关之政治制度建设与社会治理等问题,后者则主要涉及同社会日常伦理生活形式相关之教化问题,二者相关亦有所分别。在《引义·舜典二》中,船山所谓"严乎己以立法"、"君子所甚严者法,故能养之孝,而下斥之犬马"、"法立于划一,以别嫌而明微",其中所用之"法"字,其实皆可以船山后来所界定之"礼"字加以涵括,并兼具两方面之内容。在船山看来,礼与刑运用原则之差异,制礼与用礼原则之差异"和"礼之运用中对己与对人之差异,皆可以"严"与"恕"之对比加以分别。而"制礼与用礼原则之差异,礼之运用中对己与对人之差异",此两问题并非本篇论题之主干,而在行文中,船山往往将此两问题与前一问题牵缠而论,并未明确进行议题之切割,笔者为避免理解之混乱,故特为加以厘清。对于文中"立法"之意涵所指,笔者将根据船山前后文之语境,在论述中具体做出说明。

看来，礼之原则虽根于人性，但君子需于人我之间，以情理交推之方式致心以求，方能得人心同然之理。而礼度节文之制作，亦需达于时、合乎情、当于物，其中实有极其深密之学问与工夫。船山所谓"严乎己以立法"，强调君子制礼谨严，即需据此予以理解。至于"恕乎物以达情"，则强调礼之推行，当以宽缓为原则，顺情善导以渐成其善。① 而在船山看来，孔子著《春秋》即体现出"立法谨严而宅心忠恕"之精神，亦可视为"敬敷五教在宽"这一原则的全面落实。而船山也正是本此原则，诠释与解读孔子对于春秋人物史事的评论与褒贬。在《春秋家说》、《春秋世论》等著作中，船山一方面指出，孔子对于春秋大小诸国或不同之政治人物，依其在政治中所处之地位与身份，各自所应承担之责任义务，及所当遵循之行动原则，皆有严格之界定与说明。但另一方面，在对于具体人事的评论中，又能充分考虑当时具体之形势，及历史行动者自身之条件，而采取较为宽容之态度。船山认为在《春秋》这部以当代史之撰写与评论为形式，试图通过褒贬之义影响与导引现实政治的著作中，孔子正是以兼重原则与人情的政治现实感，教化当时之君臣，并试图将他们导引至孔子理想的政治方向。而船山对于孔子《春秋》精神的独特理解与详细诠释，当然亦是其个人对于政治问题之深刻洞识的具体展现。

接下来，船山则正式进入礼与教化问题之讨论。船山曰：

> 夫司徒之教，五品而已，人之异于禽，华之异于夷，此也。禽偏而不全，夷略而不详，偏则亦有至焉矣，略则亦姑备焉矣。然则以五教求异于彼，核其大全而致其精详，固不容于宽矣。易知简能而持以宽，无亦几微不审，名异禽狄，而实有同焉者乎！朱子曰"反之于严，矫之而后得其常"，职此谓也，而实有不然者。

---

① 至船山撰作《读四书大全说》，诠释有子论"礼之用，和为贵"章，指出"礼之用于天下者，使人繇之而人皆安之，非其情之所不堪，亦非其力之所待勉，斯以为贵。故制礼者当知此意，勿过为严束以强天下"，强调制礼者亦必宅心忠恕，使其所制之礼能和顺人心而无所矫强，方为可贵。如何能够使所制之礼，既合于人心同然之理，又能达诸人情而使行之者无所矫强，船山实对制礼者提出更高更严之要求。以船山之见，要求制礼者"严乎己以立法"，与在礼之制作与运用过程中同时做到"宅心忠恕"，二者并不矛盾。

船山认为舜命弃作司徒所布五品之教,即指儒家五常而言①。在船山看来,由五常所代表的五种伦理关系原则,以及由此所维系的社会伦理生活,是人禽之辨与夷夏之辨的核心标志。船山指出此五常之则,禽兽虽有偏至却不能兼备,夷狄虽能兼备其略却不能致其精详,作为华夏文明之国,以五品之教施之于民,理应"核其大全而致其精详"而不当宽假,若不能精择细辨,几希失察,即将"名异禽狄而实有同焉"。船山进而举出朱子之言"反之于严,矫之而后得其常"②,似正可奉为教化之准则,但船山却笔锋陡转,指出朱子所论,于教化之事"实有不然"。以船山之见,"严"与"恕"恰恰显示出法律刑罚与礼乐教化在推行中所依据的不同原理与准则。无论是就礼之制作或运用而言,"严"都只应作为君子对于自我的要求,而不可苛责之于人。在船山看来,朱子所言乃是以法律督责的方式推行礼乐教化,将由此引发严重的弊害。

以下船山则对"刑"与"礼"的运用原理与推行方式之不同,加以对比说明。船山曰:

> 五教者,礼之本也。礼者,刑之相与为出入者也。出乎礼,斯入乎刑矣。刑者,箝之使合,抑之使受也。不亲者岂箝之而亲,不逊者岂抑之而可使逊哉?

船山首先指出,五常之教乃礼之根本,同时礼亦是推行五常之教的主要形式。而"礼"与"刑"在实际运用中,则相与为出入,出乎礼即入乎刑。由此可见,船山并非将"礼"与"法"两相对立,而是认为二者

---

① 船山以儒家五常解释五品之教,本自蔡沈《书集传》之说,蔡传曰:"五教:父子有亲,君臣有义,夫妇有别,长幼有序,朋友有信。以五者当然之理,而为教令也。"孔颖达《尚书正义》则根据《左传》记载,对此有不同之解释,《正义》曰:"文十八年《左传》云'布五教于四方,父义、母慈、兄友、弟恭、子孝',是'布五常之教'也。"

② 船山所引出自朱子之语录,原文作"古人为政,一本于宽,今必须反之以严,盖必如是矫之而后有以得其当。今人为宽,至于事无统纪,缓急予夺之权皆不在我,下梢却是奸豪得志,平民既不蒙其惠,又反受殃矣"。(见《朱子语类》卷108,又见《答廖子晦》,收入《晦庵先生朱文公文集》卷45)朱子原文本论为政之事,并未及于礼乐教化,船山此处引用似有脱脉络之嫌。但其所引之言,恰能代表理学家对于教化问题所采取之一种倾向,即使据此引用之言而责备朱子或有不当,但亦不影响其论述所针对问题之真实存在。

在政治中分别承担着伦理教化与治理惩戒之功能，皆属重要而缺一不可。同时，船山亦强调二者的运用原理与推行原则各有不同，必须加以分辨。船山指出，"刑"作为惩戒之手段，乃以强制性的方式加以推行，从而使作奸犯科者受到应有之惩罚，同时起到警戒之作用。但"礼"作为教化之手段，主要引导百姓通过日常礼仪之践行，得以体察五品之教所昭示之伦理原则本为人性内在之所固有，由此渐启人所同具的"爱、敬之心"与敦伦尽分的社会责任感。因此，礼之推行，其要在宽和善导，渐收其效，若因"百姓不亲，五品不逊"，便以法令督责，强制推行，以求速效，则"不亲者"箠之终不能使亲，"不逊者"抑之亦终不能使逊。

接下来，船山则基于其对人情之体察，对于以严厉之法推行伦理教化所可能引生之弊病，展开深刻之分析。船山曰：

> 且夫人之敢于无礼于君亲者，非尽不畏清议而肆为之也。其始也，茬苒于货财妻子以生嫌隙；其既也，瞪孤有鬼蜮之疑，而不蒙遇雨之释。操之已蹙，势重难反，则处无将之地，而见绝于贤人君子者，已无可湔洗之一日；于是以成不忠不孝之巨慝，君无所用其威，师无所用其戒，而帝王之教思亦穷。

船山指出人之无礼于君、亲而入于刑罚，并非全然不畏人言清议而敢于恣意妄为。最初，只不过因为贪爱妻子儿女之故，为家庭生计之所需以谋求财货之利，由此不免于行事之际，有违君亲而生嫌隙。但由于最初之嫌隙不能因彼此体谅、相互交通而释然得解，反因操之促迫，逐渐以成积重难返之势。由于违礼者，见绝于贤人君子，被严斥于小人之列而沦为名教罪人，自感已无可自新之日，故反激其孤注一掷而为叛逆篡弑之事，终成不忠不孝之巨慝。于是君王之威，师儒之戒，皆不足以为惩，古帝王之教法亦处于无用之地。在船山看来，篡弑者虽终成难挽之巨恶，其最初不过因贪爱妻、子而为人所难免之情，主政者若教戒有方，亦能坐消篡弑危亡之祸于无形。但由于教化失道，而养成其恶，复又绝之太甚，断其悔过自新之念，为政君子实亦有难以推卸之责任。

船山又曰：

是故夏楚之收，以施于弦诵之不率，而司徒之教，未闻挞子以使孝，扑弟以使顺也。夫人自有其父子、兄弟、夫妇、朋友之情，待教于人，然且不谨而又蒙刑罚，岂复有拂拭自新以立于人世之理哉？唐赐于公异以《孝经》，而公异落拓以终其身，况有加于此者乎？若夫中人以上，所遇不幸，用意未至，迷瞀以乖于亲逊者，无以利导而予之安，则亦周章繫棘，自困于名教之地，救过不遑，而忠孝之心，抑不足油然以生。

船山指出古代学宫虽以夏、楚鞭扑之刑，惩罚习艺不勤、不循教导之弟子，但却未闻司徒教民，挞子可使其孝，扑弟可使其顺。船山认为人本其五常之性，自有父子、兄弟、夫妇、朋友之情，待教于人已为君子所不耻，若率行不谨又蒙刑罚之施，恐将难以悔过自新而再立足于人世之间。船山以唐代于公异为例指出，公异为人所忌，被诬以家行不至，上赐《孝经》令其反省，虽尚未及于刑罚之施，仅此一事，已使公异潦倒坎坷，郁郁而终。① 由此，船山指出对于中人以上者，或因遭逢不幸，或因用意不周，一时迷惑而有违于亲顺之行，若不能以善巧之法，利导使其改过得安，反令其遭受刑罚而自困于名教之中，由此将使其救过不遑，忠孝之情，亦难以感动于中而油然以生。

由此，船山得出结论，曰：

是则严以教君子而阻其自然之爱敬，严以教小人而激其滔天之巨恶。通于古今，达于四海，咸以宽而成其涵泳熏陶之化。奈之何其欲"矫之以严"邪？

船山指出，教化推行之事应当以宽缓为要，以使百姓日用涵养熏陶于礼乐践行之中而渐成善化，不可如朱子所论"反之于严，矫之而后得其常"。在船山看来，若严以教君子，将阻碍其本性固有之爱、敬，循道自然之流露；若严以教小人，不免反激其蹈犯弑父、叛君等滔天之大恶。

---

① 此事载于唐李肇撰《唐国史补》卷上，原文为"公异后为陆贽所忌诬，以家行不至，赐孝经一卷坎壈而终，朝野惜之"。

第八章　王船山的制度论与其政治思想　　253

接下来，船山主要引据史事，对其观点进行说明，尤其对于受理学影响而出现的一些政治文化现象加以分析与反省。

船山曰：

> 宋之立国，宽柔已过，驯至不竞，君子之所伤也。然其所为敝者政也，非教也。教虽未纯乎先王之道法，而不以束湿待学校，俾得以宽衍之岁月，缉先王之坠绪，胡安定、孙明复倡之，寖昌寖明，底于濂、雒、关、闽之盛。"在宽"之效，亦可覩矣。

船山指出由于宋代立国，政风过于宽柔，故终至贫弱不振，为后代读史之君子所感伤。但以船山之见，导致宋代贫弱之根源，其弊在于政治统治与治理方式，而非在其教化之道。船山指出，北宋建立之初，虽未能完全率由古圣先王之道法，但却不以急政督责的苛刻方式对待学校，从而使学者可以在较为宽缓的政治环境下，逐渐恢复儒家的学术思想传统。在船山看来，在胡瑗、孙复最先倡导下，儒学逐渐复兴、发展与昌明，终成理学濂、洛、关、闽之盛局，此皆教化之道重在宽缓之效验与显证。

相较于此，船山又从反面举例指出：

> 萧梁之世，戚近之臣，除丧初见而无毁容者，皆切责而废弃之。于是有含辛以为泪，及禫而节食者，罔上欺天，以避诽谪，而天真泯绝。驯至其极，侯景一叛，父子兄弟相戕相灭，彝伦斩而国亦随亡。无他，弛敬于立教之身，而过严于物也。

南朝齐、梁之世提倡孝道，但却苛责于人而不近情理，姻亲近臣遭逢亲丧之事，当服丧期满上朝觐见时，其形貌若无消瘦悲戚之状，必深加刻责而罢官不用。于是而有虚伪矫饰之人，口含辛辣之食以催其泪，临近除丧之期故意节食以消毁其容，欺天罔上以免讥谤贬黜之祸，其心本然自具的怀亲哀戚之情，反因此而泯绝殆尽。其害渐积日深，极至侯景之乱，父子兄弟之间亦不免相杀相灭，彝伦之序败坏斩绝，国家亦随之而覆亡。此皆由于为政立教者不切责己身以为民之表率，反苛责过严于人所致。

继此，船山得出结论，曰：

故君子所甚严者法，故能养之孝，而下斥之犬马；所必宽者情，故闺门秽乱，而仅曰帷薄不修。惟其敬也，则亦重爱其名，而不忍以不亲不逊之大憝，加诸与同覆载之人群。藉其不然，闺庭小有不谨，忮媢者翘之以相告讦，形迹可摘，证佐罔征，蒋之奇以陷欧阳修，温体仁以杀郑鄤，毒流于缙绅，害倾夫人国。自非汉高之明，景帝之察，陈平伏死于欧刀，直不疑赭衣于司寇，天锡烝民之五品，为酷吏奸臣之罗织经而有余矣。

船山指出君子立教谨严，别嫌明微以制礼，故孔子以能养而不知敬者，其行非孝，并斥其事父母如犬马；但推行教化，则应宽待以情，故批评男女秽乱之事，只隐讳而曰"帷薄不修"，以养人廉耻之心。在船山看来，君子之敬人，亦注重爱惜保护人之声名，故不忍心以不孝亲敬长之恶名，加于同生天地之人群；若不如此，则嫉妒他人者见其于家内细行之事稍有不慎，便借机争相告发，被告发者形迹虽若有可讥，但却常无确凿实据可征，其毒流于士大夫之身，其害可亡人之国。如北宋蒋之奇以乱伦之事诬陷欧阳修使其险遭杀害，明代温体仁以不孝之罪诋毁郑鄤致其被凌迟处死，皆彰显其害之烈。又如西汉陈平与直不疑皆曾被人诬陷有盗嫂之行，若非汉高祖、汉景帝之明察，则二人恐皆冤死于刑狱刀具之下。由此可见，若以刑罚督责的方式推行教化，则本为天性伦常之事，反成为酷吏奸臣罗织他人罪名之把柄。

船山又曰：

法立于画一，以别嫌而明微；教养以从容，或包荒而养正。君子所甚惧者，以申、韩之酷政，文饰儒术，而重毒天下也。朱子于此，有遗议矣。唐仲友之不肖，夫人而知之也。王淮之党奸，亦夫人而知之也。蠹国殃民，党邪丑正，暴之市朝，彼何所辞？而以醉饱房帷之事，假严蘂以致之罪，则仲友之罚，可矜疑于风波，而锻炼钳网之名，反归之君子。矫之以严，欲辞申、韩之过而不得矣。

士师之职，"惟明克允"，司徒之命，"敷教在宽"。刑礼异施，驰张顺道，百王不易之则，以扶进人心，昭明天彝者，此也。子曰：

"欲速则不达,见小利则大事不成。"小快其疾恶之心,速效于一切之法,作之君,作之师,以绥四方,讵胜其任与!

船山指出制作典礼、建立法度,重在整齐划一以别嫌明微,而推行教化、生养百姓则要在能含蓄宽弘,以礼乐为导引,养其性情之正,使之渐向于善。船山特别强调指出,教化之道最忌以申、韩法家之酷政文饰儒术,不惜运用法令督责、刑罚惩戒等方式,强制布施与推行教化,以急求速效,此正为君子所甚惧。船山认为朱子在此方面亦有可议之处,并举朱子弹劾唐仲友一事为例,指出唐仲友为人贪渎不肖,宰相王淮为仲友姻亲对其纵容偏袒,此为天下之人所尽知。以船山之见,朱子若将二人害国殃民、结党营私、诋毁君子之罪行,公之于众,其必难辞其罪。而朱子却反以宴饮男女之私行,假唐仲友狎妓严蕊之事以致其罪,则仲友受罚,却因罪起私行而不免引人疑议,而罗织苛酷之名,反归诸君子之身。在船山看来,正如开篇所引朱子"矫之以严"之说,合诸其弹劾仲友之事,朱子亦不免蹈犯申韩之过而难辞其咎。

船山特别指出刑狱之官,重在明辨罪责、量刑谨严;司教之职,则要在以敬设五常之教,宽缓以行、宽裕以待。由此可见,刑、礼之用,虽设施有别,张弛不同,但皆承顺乎道,二者相互为用,以扶持世道人心,昭明人伦天则,而为百王之治所不易之则。最后,船山引《论语》所载孔子"欲速则不达,见小利则大事不成"之言,再次强调主政者布施教化,必当制礼谨严、宽缓以行,如此方能克胜君师之任,以安天下之人,切不可图一时小快疾恶之心,而以整齐一律之法令刑罚,督责速效以期骤成。

结语

　　最后，笔者对本项研究之主要观点再做一简要概述。在明清之际的历史变局中，对于明亡教训之反省成为当时士人聚焦的重要思想课题。王船山对此问题的思考，不仅局限在具体制度与举措的得失，更能针对如何突破"对内实现秩序稳定与有效治理，对外随时抵御周边民族入侵"这一秦以后中国史的结构性困境，展开长时段的历史探究；而较时人将明亡简单归咎于"阳明之学"或"晚明党祸"等观点更为深刻的是，船山亦能从士大夫阶层精神主体的道德人格、知识能力与宋明儒学的深层关联，展开思考。由于意识到担当治世责任的士大夫群体政治能力的缺乏，进而对宋明儒学加以检讨，更成为船山学术探究的重要切入点。

　　由反省明亡原因导向学术史的检讨，使船山意识到，由于宋明理学将修己与治人做一体贯通式的理解，会使从学者以为仅靠君子个人德性的修养，或当政者道德实践的示范效果，便自然可以取得治平天下的功效，从而轻忽了政治实践所面对状况与问题的复杂性，以及对于德性能力的特殊要求。因此，船山强调修己与治人虽然理有相通，但显立两纲，实有所分别。船山将修己与治人做出相对的区分，意在将君子治国平天下的"政治作为"，视为一个相对独立的行动领域，并与君子成德修己的为学工夫加以区别。在船山看来，修己的内涵为君子之学，目标在培养治世人才；治人则关涉整个社会的治理与教化，关键在礼乐刑政之建立。在道德目标与内涵上，二者亦需分别。修己在于培养君子的政治德性与治世能力，此非一般百姓所能知能为。治人则在于通过礼乐刑政之建立，引导民众通过孝弟慈的伦理实践，渐进达致社会风俗的改善，却不可"以君子自尽之学修，取愚氓而强教之"。船山强调政治问题应当作为相对独立的课题加以探究，其关注点在于礼乐刑政的制度设计，与治国相关的专门知识与技能，以及在错综复杂与变化莫测的政治形势中，针对具体状况因时因地做出正确的判断与决策。而政治课题的确立，也使得船山对于君子德性的内涵以及成德工夫的规划，提出了与理学程朱与陆王两派皆有所不同的见解与主张。

船山人性论的最大特色乃在于以一种生成变动的宇宙论为基础，经由诠解《周易》"继善成性"说，所提出的一种变化发展的人性观。有关"继善成性"的诠释，船山不同于朱子将"善"与"性"皆以"理"字作贯通之理解，而将"善"与"性"加以区别，指出"善"乃指人类区别于其他物类所具有的共通属性，而"性"则为人之个体所独有，具有发展变化的特点。在此基础上，船山又有先天之性与后天之性的分辨。针对先天之性，船山又从"先天之性理"与"先天之德能"两方面加以论述，一方面船山以人类初生所具共通之性及普遍当循之理则界定"先天之性理"的内涵，并将"先天之性理"作为人类伦理生活基本形式（礼）的根源，同时强调人类的演进需透过文明创造的方式，不断为这种伦理生活形式充实以历史内容，并展现丰富性。另一方面，船山则以"先天之德能"指个人先天禀赋的认知与实践能力。至于"后天之性"，船山则通过诠解《尚书》"习与性成"之说加以论述，强调个人应当以其先天所禀赋的认知与实践能力，通过后天为学力行的持续努力不断充实与长养其德性。但也同时指出，人亦可因社会习染与好恶偏习而陷溺于恶，由此呈现出人之个体善恶不齐的差别。此外，船山又以"天曰命，性曰成"之说，作为其重构"天人关系"的切入点，并对人性之形上根源做出讨论。针对朱子建基于"理气二元论"的对天命之性与气质之性所作的区分，船山则以其"理气一元"、"形气合一"之说，一方面主张"形色非恶"，亦为天之所命，反对以先天气质的差别，解释人之善恶不齐的原因；另一方面，又强调基于宇宙不断生成变化所具有之不测性，君子必须以其致学力行所养成之德性，在吉凶顺逆等各种历史境遇中，不断以适时的判断与作为，回应时代最新的挑战。船山的"继善成性"论，分别"善"与"性"之不同，并以个体性界定"性"之内涵，同时强调人性发展的动态性与可变性。这也让他不再局限于从抽象单一普遍性的角度把握人性，而能够从人性实际的存在状态出发，体察不同生存境况下的人群在情感心理、伦理精神状态方面，所具有的差别性。

船山基于对人性的经验性理解,在理欲关系方面则主张"人欲之各得,即天理之大同;天理之大同,无人欲之或异",提出了一种能够包含人欲合理性的新天理观。笔者认为在晚明思潮中,很多儒家学者在对人欲之合理性加以肯定的同时,亦包含了礼秩重建的问题取向,这在船山的思想中有非常深刻的展现。船山既指出饮食男女之欲,为君子小人之所共,主张政治必须满足百姓的生养需求。同时,亦强调人之生养需求的满足,应当内在于一种伦理生活的形式之中,并指出"礼"作为百姓日常伦理生活的形式,与儒家道德教化的主要方式,乃是人禽之辨的关键所在。在《引义》中,船山对于礼之形上基础与制作、运用之原理,皆有深入之探讨。

由于船山看到,在晚明党争中,许多士大夫不惜牺牲个人生命而与朝廷小人,所作的政治抗争,反而导致政治局面的决裂,加速了明代的覆亡。这让船山意识到,如果士大夫群体缺乏对于社会现实与政治事务的必要了解,即使他们具有担当的责任意识,也无法真正有效解决现实的政治问题,甚至那些原本出自道德动机的政治行动,反而会导致事与愿违的后果。正是以此经验反省为切入,船山认为应当以政治实践为取向界定君子的德性之内涵,强调一种同礼乐制作、创法立制相关的政治能力,与一种可以在具体状况中,有效因应现实的政治判断力。

因此,船山基于其对德性内涵的新理解,针对朱子、阳明之教法于后学承习中所产生之流弊,对于儒家成德工夫提出了新的设想与规划。船山批评阳明标榜"致良知以诚意"之说,屏弃格致实学,"并戒惧于慎独以蔑存养之功",徒恃恍惚空冥之见,其末流不免流于空疏与狂荡。而朱子敬义夹持的修养论,又不免将持敬存养的心性工夫与格物穷理的致学工夫分作两截。其后果一方面使其存养之功务于持守虚明之心而偏主于静,另一方面又易使格物之功专务于外,不求心得,从而流于泛览无归之俗学。船山对于朱子、阳明工夫论的反省,又同其对二家心说的检讨紧密相关。船山反对以虚灵知觉为心之本体,认为虚灵之心为人与禽兽之所共有,朱子与阳明皆误将此视为人之本心。船山基于人心、道心各有体用之说,指出所谓虚灵不昧之心,乃"人心"感物而动、变合之几,仅为耳、目效知觉之用,只与情相感,而不与性相应;船山又于虚灵之心外,别说有所谓"道心",强调"心官之思"乃本仁义之性所生之能,若以思御耳目知觉可即物而穷理，离耳目知觉而心官独致于思，则又能得理之会通。由此，认知过程亦被船山以"耳目与心官合用"与"心官独用"分作渐进之两层，前者重在对于社会与政治现实形成客观性的了解，后者则要求由经验认知提升至理论思维之层次，并能够根据致用目标与价值原则，在临事应物时形成具体的作为策略。船山强调存养之功，非如朱子所谓持敬以守虚明，而当以思为主，以学问辅之，必求"极思之深"、"致思之大"两者之兼顾，从而使其仁义之性不断得到充实与长养。船山于《引义》之后，在撰作《读四书大全说》时曾指出"'思'之一字，是继善、成性、存存三者一条贯通梢底大用，括仁义而统性情……与《洪范》之以'睿作圣'一语斩截该尽天道、圣功者同"，正是强调其所谓"继善成性"之说，在君子成德之学上的最终落实，便是以其致知存养之功，透过对历史与现实经验的深刻反省，从而养成能够持续回应现实课题的政治德性能力。

船山的儒学改造设想，主要企图将义理学与经史学加以会通，其主要方式有二：其一在于以哲学性的思维，处理经史学中的治道问题，将一般历史经验性的反省，提升至原理性的思考；其二，以义理性的思维，将对历史中人之作为得失的考察，同对历史行动者认知与德行能力的反省相结合，从而使经史学的探究成为能够提升与滋养人之政治德性的重要方法。

在《引义》中，船山从天人分合关系的宏观视野，对于政治秩序成立的原则展开论述，并通过深入诠释《尚书·洪范》，对于儒家的治道原则，做出新的阐发。此外，船山还从天人关系的角度，基于其政治现实感，对于儒家民本的政治理念，及政治正当性基础等重要问题，提出新的论述。

船山反对将三代历史，以及圣王德性，以一种非历史的方式加以过度美化。而是从历史视野出发，讨论经典中有关三代与圣王的记载。船山认为经典中所记载的制度，必须置于当时具体的历史状况中加以探究，以考察具体制度设计背后所体现的制作原理；而三代圣王的德性，亦主要体现在政治方面，后人亦应从圣王在解决其所面对之现实政治课题时，所展现的政治判断与行动，去体会圣人的政治智慧。笔者认为船山政治思想的精微之处，不仅表现在他对与治道相关之具体问题的讨论，还集中体现于，他如何在儒家价值观的导引下，基于一种现实主义的态度，观看历史与政治的眼光与分析方法。船山反对以一种外在于历史的抽象道德原则,对史事施以褒贬,而强调要设身于历史当事人的具体境况中,"因其时,度其势,察其心,穷其效",以审量其言行之得失。这从船山《引义》中有关"禅让与传子"、"立相与分权"、"刑法与教化"等问题的讨论中,皆可见出。

由本项研究可以看出,考察船山对于政治德性内涵的分析,以及探究其以培养政治人才为目标而对儒家成德之学所作的规划,对于我们今天反省究竟一种什么样的学术与知识工作,才能有效地面对时代课题,才能培养出能够回应时代挑战的人才,亦具有启发性。此外,船山反对时人过分尊信经典,以为将三代圣人之制,付诸实践便自然能够解决现实问题,强调任何过往成功的制度或经验,都有其适用的具体时空状况,不可任意施用于当下。只有通过历史性的反省对具体问题形成原理性的理解,方有助于我们面对当下问题,因时创制。这些思考对于我们面对今天的政治现实问题仍具有启示性。

参考文献

一 基本文献

（东汉）班固：《汉书》，中华书局1962年版。

（元）脱脱等撰：《宋史》，中华书局1985年版。

（宋）程颐、程颢：《二程集》，中华书局2004年版。

（宋）张载：《张载集》，中华书局1978年版。

（宋）朱熹：《四书章句集注》，中华书局1983年版。

（宋）黎靖德编：《朱子语类》，收入朱杰人等主编《朱子全书》（十四至十八），上海古籍出版社2002年版。

（宋）朱熹：《晦庵先生朱文公文集》，收入《朱子全书》（二十至二十五）。

（宋）苏洵著，曾枣庄，金成礼笺注：《嘉祐集笺注》，上海古籍出版社1993年版。

（宋）蔡沈著：《书经集传》，中国书店1994年版。

（明）王阳明：《王阳明全集》，上海古籍出版社1992年版。

（清）王夫之：《周易外传》，收入《船山全书》（一），岳麓书社1996年版。

（清）王夫之：《尚书引义》，收入《船山全书》（二）。

（清）王夫之：《诗广传》，收入《船山全书》（三）。

（清）王夫之：《礼记章句》，收入《船山全书》（四）。

（清）王夫之：《春秋家说》，收入《船山全书》（五）。

（清）王夫之：《春秋世论》，收入《船山全书》（五）。

（清）王夫之：《四书稗疏》，收入《船山全书》（六）。

（清）王夫之：《四书笺解》，收入《船山全书》（六）。

（清）王夫之：《读四书大全说》，收入《船山全书》（六）。

（清）王夫之：《四书训义》（上、下），收入《船山全书》（七、八）。

（清）王夫之：《读通鉴论》，收入《船山全书》（十）。

（清）王夫之：《宋论》，收入《船山全书》（十一）。

（清）王夫之：《俟解》，收入《船山全书》（十二）。

（清）王夫之：《思问录内篇》，收入《船山全书》（十二）。

（清）王夫之：《噩梦》，收入《船山全书》（十二）。

（清）王夫之：《黄书》，收入《船山全书》（十二）。

（清）王夫之：《家世节录》，收入《船山全书》（十五）。

（清）王夫之：《夕堂永日绪论》，收入《船山全书》（十五）。

（清）王夫之：《显考武夷府君行状》，收入《船山全书》（十五）。

（清）王敔：《大行府君行述》，收入《船山全书》（十六）。

（清）黄宗羲：《孟子师说》，收入《黄宗羲全集（一）》，浙江古籍出版社1985年版。

（清）陆世仪：《思辨录辑要》，影印文渊阁四库全书本。

（清）陈确：《陈确集》，中华书局1979年版。

（清）顾炎武著，（清）黄汝成集释：《日知录集释》，岳麓书社1994年版。

（清）顾炎武：《顾亭林诗文集》，中华书局1983年版。

（清）李颙：《二曲集》，中华书局1996年版。

（清）颜元：《颜元集》，中华书局1987年版。

（清）朱彝尊：《点校补正经义考》，中研院中国文哲研究所筹备处1997年版。

（清）焦循：《孟子正义》，中华书局1987年版。

（清）魏源：《大学古本发微》，收入《魏源全集》（二），岳麓书社2004年版。

（清）郭嵩焘：《中庸章句质疑》，《续修四库全书》，上海古籍出版社2002年影印本，第159册。

（清）郭嵩焘：《大学章句质疑》，《续修四库全书》，第159册。

（清）刘毓崧：《王船山先生年谱》，收入《船山全书》（十六）。

（清）王之春：《船山公年谱》，收入《船山全书》（十六）。

陈玉森、陈宪猷：《周易外传镜诠》，中华书局版。2000 年

黄怀信：《论语汇校集释》，上海古籍出版社 2008 年版。

程树德：《论语集释》，中华书局 1990 年版。

二　近人论著文章（按作者姓名音序排列）

陈荣捷：《宋明理学之概念与历史》，中研院中国文哲研究所筹备处 1996 年版。

陈荣捷：《朱学论集》，华东师范大学出版社 2007 年版。

陈荣捷：《朱子门人》，华东师范大学出版社 2007 年版。

陈荣捷：《朱子新探索》，华东师范大学出版社 2007 年版。

陈祖武：《清初学术思辨录》，中国社会科学出版社 1992 年版。

陈来：《诠释与重建——王船山的哲学精神》，北京大学出版社 2004 年版。

陈来：《有无之境——王阳明哲学的精神》，人民出版社 1991 年版。

陈来：《朱子哲学研究》，华东师范大学出版社 2000 年版。

陈来：《宋明理学》，辽宁教育出版社 1991 年版。

陈振：《宋史》，上海人民出版社 2003 年版。

董洪利：《孟子研究》，江苏古籍出版社 1997 年版。

戴景贤：《论戴东原章实斋认识论立场之差异及其所形塑学术性格之不同》，收入《明清学术思想史论集》（下编），香港中文大学出版社 2012 年版。

戴景贤：《王阳明哲学之根本性质与其教法中所存在之歧义性》，收入《明清学术思想史论集》（上编），香港中文大学出版社 2012 年版。

戴景贤：《论姚江学脉中之龙溪、心斋与其影响》，收入《明清学术思想史论集》（上编）。

戴景贤：《论清代义理思想发展之脉络与其形态》，收入《明清学术思想史论集》（下编）。

戴景贤：《论王船山性理思想之建构与其内部转化》，收入《王船山学术思想总纲与其道器论之发展》，香港中文大学出版社 2013 年版。

戴景贤：《论王船山哲学之系统性及其基本预设》，收入《王船山学

术思想总纲与其道器论之发展》。

龚鹏程：《晚明思潮》，商务印书馆 2005 年版。

沟口雄三：《中国前近代思想的演变》，中华书局 1997 年版。

侯外庐：《船山学案》，岳麓书社 1982 年版。

黄俊杰：《中国孟学诠释史论》，社会科学文献出版社 2004 年版。

黄俊杰：《朱子对中国历史的解释》，收入《国际朱子学会议论文集》，中研院文哲研究所 1993 年版。

黄俊杰：《中日〈四书〉诠释传统初探》，华东师范大学出版社 2008 年版。

黄进兴：《优入圣域——权力信仰与正当性》，陕西师范大学出版社 1998 年版。

胡发贵：《王夫之与中国文化》，贵州人民出版社 2000 年版。

嵇文甫：《王船山学术论丛》，三联书店 1962 年版。

季蒙：《主思的理学——王夫之的〈四书〉学思想》，广东高等教育出版社 2005 年版。

梁启超：《先秦政治思想史》，天津古籍出版社 2004 年版。

梁启超：《中国近三百年学术史》，天津古籍出版社 2003 年版。

李纪祥：《两宋以来〈大学〉改本之研究》，台湾三民书局 1988 年版。

李明辉：《四端与七情——关于道德情感的比较哲学探讨》，华东师范大学出版社 2008 年版。

李存山：《从民本走向民主的开端——兼评所谓"民本的极限"》，收入《从民本走向民主——黄宗羲民本思想国际学术研讨会论文集》，浙江古籍出版社 2006 年版。

李存山：《宋学与〈宋论〉：兼评余英时〈朱熹的历史世界〉》，《儒林》（第一辑），山东大学出版社 2005 年版。

李存山：《中国气论探源与发微》，中国社会科学出版社 1990 年版。

李存山：《气论与仁学》，中州古籍出版社 2009 年版。

林庆彰，蒋秋华主编：《明代经学国际研讨会论文集》，中研院中国文哲研究所筹备处 1999 年版。

林庆彰：《刘宗周与〈大学〉》，收入钟彩钧主编：《刘蕺山学术思想论集》，中研院中国文哲研究所筹备处1998年版。

林安梧：《王船山人性史哲学之研究》，台北东大图书股份有限公司1987年版。

林存阳：《清初三礼学》，社会科学文献出版社2002年版。

吕妙芬：《阳明学士人社群——历史、思想与实践》，中研院近代史研究所2003年版。

李明辉：《孟子王霸之辨重探》，收入《中国文哲研究集刊》第十三期，中研院中国文哲研究所1998年版。

李明辉：《〈中庸〉、〈大学〉变成经典的历程：从性命之书的观点立论》，收入黄俊杰主编《中国经典诠释传统（二）：儒学篇》，华东师范大学出版社2008年版。

李红霞：《吕大临〈中庸解〉简论》，收入陈来主编《早期道学话语的形成与演变》，安徽教育出版社2007年版。

刘家和：《史学、经学与思想——在世界史背景下对于中国古代历史文化的思考》，北京师范大学出版社2005年版。

刘述先：《朱子哲学思想的发展与完成》，台湾学生书局1984年版。

刘春建：《王夫之学行系年》，中州古籍出版社1989年版。

蒙文通：《儒学五论》，广西师范大学出版社2007年版。

蒙培元：《中国心性论》，台湾学生书局1990年版。

钱穆：《中国近三百年学术史》，商务印书馆1997年版。

钱穆：《中国思想史》，收入《钱宾四先生全集》（二十四），台北联经出版事业股份有限公司1993年版。

钱穆：《孔子与论语》，收入《钱宾四先生全集》（四）。

钱穆：《宋明理学概述》，收入《钱宾四先生全集》（九）。

钱穆：《中国学术思想史论丛》，安徽教育出版社2004年版。

钱穆：《中国思想通俗讲话》，三联书店2002年版。

钱穆：《朱子新学案》，台湾三民书局1989年版。

钱穆：《论语新解》，三联书店，2002年版。

容肇祖：《明太祖的〈孟子节文〉》，收入林庆彰主编《中国经学史论文选集》（下册），台北文史哲出版社1993年版。

唐君毅：《中国哲学原论·原教篇》，中国社会科学出版社2006年版。

王俊义，黄爱平：《清代学术与文化》，辽宁教育出版社1993年版。

王汎森：《晚明清初思想十论》，复旦大学出版社2004年版。

汪学群，武才娃：《清代思想史论》，中国社会科学出版社2007年版。

汪学群：《王夫之易学——以清初学术为视角》，社会科学文献出版社2002年版。

萧公权：《中国政治思想史》，新星出版社2005年版。

萧萐父：《船山哲学引论》，江西人民出版社1993年版。

萧萐父，许苏民：《王夫之评传》，南京大学出版社2002年版。

萧萐父，许苏民：《明清启蒙学术流变》，辽宁教育出版社1995年版。

徐复观：《释〈论语〉"民无信不立"——儒家政治思想之一考察》，收入《中国思想史论集续编》，上海书店出版社2004年版。

徐复观：《孟子政治思想的基本结构及人治与法治问题》，收入《中国思想史论集》，上海书店出版社2004年版。

许冠三：《船山学术思想生命年谱》，收入《王船山的致知论》，香港中文大学出版社1981年版。

余英时：《朱熹的历史世界》，三联书店2004年版。

余英时：《士与中国文化》，上海人民出版社2003年版。

余英时：《中国思想传统的现代诠释》，江苏人民出版社2003年版。

杨儒宾，祝平次编：《儒学的气论与工夫论》，华东师范大学出版社2008年版。

杨儒宾：《儒家身体观》，中研院中国文哲研究所筹备处1999年版。

杨念群：《从"文质"之辩看清初帝王与士林思想的趋同与合流》，《清史研究》2008年第2期。

杨立华：《气本与神化——张载哲学述论》，北京大学出版社2008年版。

袁保新：《孟子三辨之学的历史省察与现代诠释》，台湾文津出版社1992年版。

袁愈宗：《王夫之〈诗广传〉成书年版代考》，《衡阳师范学院学报》，第 28 卷第 4 期。

曾昭旭：《王船山哲学》，台北远景出版事业公司 1996 年版。

张立文：《正学与开新——王船山哲学思想》，人民出版社 2001 年版。

周兵：《天人之际的理学新诠释——王夫之〈读四书大全说〉思想研究》，巴蜀书社 2006 年版。

钟彩钧主编：《国际朱子学会议论文集》，中研院中国文哲研究所筹备处 1993 年版。

张寿安：《十八世纪礼学考证的思想活力——礼教论争与礼秩重省》，北京大学出版社 2005 年版。

张寿安：《以礼代理——凌廷堪与清中叶儒学思想之转变》，河北教育出版社 2001 年版。

张学智：《王夫之对明代严刑峻法的批判——以〈尚书引义·舜典〉为中心》，《国际儒学研究》（第十七辑），九州出版社 2010 年版。

张学智：《王夫之〈尚书〉诠释中的天人关系论》，《国际儒学研究》（第十八辑），九州出版社 2011 年版。

张学智：《王夫之〈尚书〉诠释中的实心实学——以〈尧典〉为中心》，《北京大学学报》2009 年第 1 期。

张学智：《王夫之心性观新论》，《中国儒学》（第六辑），中国社会科学出版社 2011 年版。

张学智：《王夫之对明代政弊的隐曲批判》，《哲学门》（第二十二辑），北京大学出版社 2011 年版。

赵伯雄：《春秋学史》，山东教育出版社 2004 年版。

赵园：《明清之际士大夫研究》，北京大学出版社 1999 年版。

赵园：《制度·言论·心态——〈明清之际士大夫研究〉续编》，北京大学出版社 2006 年版。

周淑萍：《两宋孟学研究》，人民出版社 2007 年版。

衷尔钜：《王夫之》，吉林文史出版社 1997 年版。

三　硕博士论文

戴景贤：《北宋理学周张二程综合研究》，硕士学位论文，台湾大学中文研究所，1974年。

  戴景贤：《王船山之道器论》，博士学位论文，台湾大学中文研究所，1982年。

后　记

　　即将出版的这部书稿，在我自己看来只是一本稚拙的习作，纪录下自己在学术道路上最初尝试与探索的足迹。其中意识到与尚未意识到的不足，以及在付诸出版的此刻，种种令自己虽然感到不满意，却又由于种种原因无法一时弥补的遗憾，只能成为一种鞭策，激励自己在今后的日子里更加努力。

　　想到自己最初走上学术道路，源自中学时代对于人生意义的困惑与思考，高考时之所以选择被周边亲友视为冷僻的历史学，亦是期待从历史与古人那里寻求自己人生问题的答案。但当自己真正开始进入大学接受训练，才发现在学科益趋专门化，问题关注益趋细密化的学术风气中，自己所焦灼的问题不仅无法找到答案，甚至无法在学科内作为学术问题加以定位，于是如何在学术与自己的人生之间建立起内在的关联，曾一度令自己陷入更深的困惑与焦虑。正是为这种困惑与焦虑所驱使，自己的求学旅程，经历了从北京师范大学，到北京大学，再到中国社会科学院，专业从历史学，到古典文献学，再到中国哲学研究的数次转变。在这一过程中，我也慢慢懂得，对人生问题的求索，不应局限于个体的内部，而应与更广大的社会、历史相互连接，由此才能将自己的人生困惑变为一种契机，从而将个人的精神成长、学术的探索努力，以及对时代与社会的现实关切结合为一体。最终我决定要将中国哲学、中国学术思想史作为自己的学术关注，希望经由与那些历史上伟大思想人物的相遇，深入地理解与体会他们如何以创造性的思想工作，承继传统、面向未来，去回应与解答他们各自所面对的时代课题，并期待由此能够有助于滋养与培育我们认知与解决自己时代问题的品质与能力。

　　博士学习期间，曾读到钱穆先生讲到，研究传统学问，最好于历代学术思想大家中择定一位与个人性情相近者，沉潜深入于其中，由此入门并奠立基础。受此启发，我最终选择了明清之际的思想大家王船山作为自己学术入门的向导。个人虽与船山性情未必相近，但却有感他于明清之际极端艰困的境况之中，仍坚持以其学术思考为中华文化继往开来而不息努力，而他基于对所承续学术传统之反省而重构理想学术的努力，与自己在求学期间所感诸多困惑正好相关。此外船山于儒家性理、经史与子部、文章之学皆曾涉猎并有精深著作传世，由他来深入传统学术正不失为一位良好的向导。于是，在研读船山著作的过程中，自己以船山所讨论之议题为线索，对于相关学术与思想脉络加以了解，逐渐对性理与经史之学有所深入，确感于钱穆先生所示之方法受用不浅。由于个人偏好性理之学，博士阶段即以《王船山之四书学研究》完成学位论文，此后于博士后工作期间又以船山《尚书引义》为中心展开研究，本书即在博士后出站报告的基础上修订完成。

对于个人之所以决定将博士后阶段成果先于博士论文修订出版，在此还想略作交待。由于宋明理学相关思想问题之阐发，多围绕四书诠释而展开。自己也正是经由将船山《读四书大全说》等著作，放置于宋明以降诸家有关《四书》诠释分歧演变之脉络，深入理学与船山之思想问题。而船山之《尚书引义》多引借《尚书》文句，并以较为抽象的观念分析与逻辑推演方式展开思想论述，若非有博士论文的研究基础，实难以深入理解与把握。然而在博士后出站报告完成后，再回看之前的博士论文便觉又有很多问题尚待深入思考与重新修订。由于，船山《尚书引义》撰作时间，早于其四书类著作，加之其书对于问题之阐发更具结构性与完整性，待此项研究出版之后，再对博士论文进行修订，则对于相关问题之论述或将更为清晰，亦方便对其思想演进发展之进程加以把握。

在自己的第一本学术成果即将出版的时候，首先要感谢我的父母，他们不仅一路抚养培育我长大成人，而且对于我的人生选择始终予以最大的理解与支持，自己成长的每一步无不倾注了他们的爱与辛勤。父母赐我生命，老师则予我慧命，感谢在求学过程中，曾令我受教的每一位老师，特别是我的硕、博士导师董洪利先生、博士后合作导师李存山先生，以及一直以来关心我的学术成长并予我指导的刘林海、罗新慧、张志强、江湄、孙歌、贺照田、台湾高雄中山大学的戴景贤、王瑗玲诸位老师。虽然受教于这些师长的因缘，及他们予我的帮助在此无法一一讲述，但师长的恩德与教诲将铭记在心。还要感谢社科院哲学所的各位老师在博士后工作期间，予我的指导与帮助，并有幸在出站后能够成为他们的同事。还要感谢那些曾经以至现在一起读书论道的学友们，是他们让我免于孤陋寡闻、独学无友的窘境，并予我以友辅仁的快乐与助益。在出站报告答辩会上，李存山、陈静、张志强、陈霞、张学智几位老师，提出了许多宝贵意见，在本书修订时都已尽量吸取。还要感谢中国社会科学出版社的编辑冯春凤老师为本书出版所付出的种种努力。最后还要感谢我的爱人朱迪博士，在我已将爱情、婚姻渐渐淡出自己人生规划的时候，竟奇迹般出现在我的生命中，从此在我们彼此学术与精神不断探索的人生道路上，可以幸运地携手努力，共同精进。